致 谢

本书出版先后得到了人事部博士后基金和国家社科规划办项目资金的支持,特此感谢!

ETHICS IN CRIMINAL JUSTICE

刑罚伦理

曾粤兴 ◎ 著

北京大学出版社
PEKING UNIVERSITY PRESS

图书在版编目(CIP)数据

刑罚伦理/曾粤兴著. —北京:北京大学出版社,2015.9
ISBN 978－7－301－26169－9

Ⅰ.①刑… Ⅱ.①曾… Ⅲ.①刑罚—法伦理学—研究 Ⅳ.①D914.04 ②D90-053

中国版本图书馆 CIP 数据核字(2015)第 185141 号

书　　　名	刑罚伦理
著作责任者	曾粤兴　著
责 任 编 辑	陈　康
标 准 书 号	ISBN 978－7－301－26169－9
出 版 发 行	北京大学出版社
地　　　址	北京市海淀区成府路 205 号　100871
网　　　址	http://www.pup.cn　http://www.yandayuanzhao.com
电 子 信 箱	yandayuanzhao@163.com
新 浪 微 博	@北京大学出版社　@北大出版社燕大元照法律图书
电　　　话	邮购部 62752015　发行部 62750672　编辑部 62117788
印 刷 者	三河市博文印刷有限公司
经 销 者	新华书店
	965 毫米×1300 毫米　16 开本　18.75 印张　261 千字
	2015 年 9 月第 1 版　2015 年 9 月第 1 次印刷
定　　　价	49.00 元

未经许可,不得以任何方式复制或抄袭本书之部分或全部内容。
版权所有,侵权必究
举报电话: 010－62752024　电子信箱: fd@pup.pku.edu.cn
图书如有印装质量问题,请与出版部联系,电话: 010－62756370

序

曾粤兴同志是我在北京师范大学刑事法律科学研究院指导的博士后。在博士后研究期间,他对刑法伦理学产生了浓厚兴趣,以优秀的成绩主持完成了博士后基金项目《刑法的伦理化与和谐社会构建》。出站后,又承担了国家社科规划项目"刑罚的伦理性分析",在此基础上撰写了《刑罚伦理》一书,这是中国大陆刑法学者第一部较为系统地研究刑罚伦理性问题的专著。听说本书即将由北京大学出版社出版,我由衷地感到高兴。

法伦理学或者说伦理法学的研究,在我国尚处于起步阶段,其中,刑法伦理学或者说伦理刑法学的研究,尚未引起同仁的广泛关注,然而,从刑事立法到刑事司法进而到刑事执法乃至公民自觉守法各个环节,刑罚以及刑法究竟应当追求什么样的价值目标?蕴含何种精神的刑事司法才能获得民众的普遍认可从而获得公信力?公民何以能够自觉遵守刑法规范?难道仅仅因为它是法律抑或其背后有国家强制力支撑?这些问题都需要刑法学者作出有深度的解释。我想,刑法伦理学的研究,可以从一个方面探索出新的内涵。

法文化学说明,一个民族的伦理观念和法律观念一样,都是该国文化的重要组成部分。法律文化、伦理文化是民族与国家建立和适用法律制度的基础。一般而言,什么样的伦理文化培育什么样的法律制度,但外源的法律制度有可能改造与之不相适应的伦理文化,或者在本土伦理文化中被融合、扭曲,甚至被抵触、淘汰。一切法律都不同程度地体现着立法者所奉行或者认可的伦理道德。法律在公民心灵深处的地位与影响,既取决于政府在各种社会伦理关系中的伦理形象,也取决于法律本身与社会伦理的符合程度,各国法律文化、伦理文化背景不同,就应当培育出不完全相同的刑法制度和刑法理论。

本书作者认为,在刑法理论上,从伦理角度重新审视中国刑罚理论,可以得出整体性的新感悟:刑法的基本原则实质上就是伦理原则;刑事责任的基础是伦理责任;刑罚目的离不开伦理原则的制约;刑种、刑罚制度和量刑情节都蕴含了伦理思考。具体说,法律不得溯及既往原则,体现的是"不教而诛,罪莫大焉"的伦理思想。罪刑法定原则、刑法平等适用原则、罪责刑均衡原则,体现的是尊重人权、维护公平正义、防止罪刑擅断的伦理要求。功利主义的特殊预防目的以及支撑该目的的新社会防卫理论,体现的是以人为本的人道主义精神。对未成年人、怀孕女性、心神耗弱者、盲人和聋哑者进行从宽化的处罚,体现的是同情弱者的伦理情怀。这些观点,不仅给人耳目一新的感觉,而且可以引发进一步的研究。

改革开放三十多年来,西方形形色色的法学理论包括刑法理论对我国青年学者产生了深刻影响,一些青年学者主张刑法学应当进行纯规范的研究,否定价值判断在刑法学研究中的价值,进而主张刑事司法应当抛弃价值判断,反对在定罪量刑过程中进行伦理道德的评价。对此,本书指出,这些不同观点的背后,实质上体现了不同的世界观和方法论。道不同,不相为谋。刑法学研究乃至整个法学研究,应当允许百家争鸣、百花齐放,但是,脱离共同世界观和方法论的共同平台,这样的争鸣是很难达成共识的。不过,我相信,"伦理是刑法的基础,刑法是伦理的体现和保障"不仅是刑法学传统的认识,而且在未来的学术发展中仍将保持生命力。

尽管伦理道德与法律具有不同的表现形式、作用范围和功能,但它们都起源于原始禁忌,都是人们的行为规范。如果说刑法是骨骼、皮肉的话,那么伦理道德可以说是刑法的灵魂和血脉。有了这样的灵魂和血脉,刑法就不会变成冰冷的物件,而是充满温情的规范,刑事司法也不会是机械的刑法操作,而是能够唤起民众感情共鸣的生动实践。

众所周知,以法西斯德国为主的轴心国挑起的第二次世界大战是反人类的非正义战争,因而遭到了以美、英、苏、中为代表的同盟国的反击,最终代表正义一方的同盟国取得了战争的胜利。战争结束后,同盟国在纽伦堡组成军事法庭对战败国的战犯们进行审判。面对指控,战犯们纷纷提出抗辩理由,声称自己所实施的屠杀平民、虐待战俘的行为是执行命令或履行职务的行为,而在当时的刑法理论中,这两条理由都可以成为刑法上的免责事由,因此,纽伦堡审判被迫中断。在这关键时刻,曾因反对纳粹主义而受到法西斯迫害的德国著名法学家拉德布鲁赫先生挺身而出,撰文抨击战犯的抗辩事由纯属狡辩。他指出,基于自然法保障人权的基本思想,任何精神健全的人都能根据自己的良知对上司命令的善恶作出清晰明确的判断从而选择履行职务的方式,明知自己的行为将违背自然法理念而导致反人权、反人类的严重暴行却执意而为,本身应当承担罪责,不能以执行命令或履行职务为由主张免责。拉德布鲁赫发表的文章为纽伦堡审判提供了有力的理论支持,使这场具有世界意义的正义审判得以顺利进行,战犯们为自己犯下的罪行付出了应有的代价。拉德布鲁赫先生所讲的良知,就包含了人类共同的伦理精神,这就是尊重生命、尊重人权和人道主义。试想,如果在刑事司法中切断伦理与法律的关系,纽伦堡审判会是怎样一种结局?

如果说纽伦堡审判属于历史,当代的刑法理论已经拥有不同于既往历史的社会基础、社会发展条件的话,那么,以无被害人行为的出罪、死刑的限制与废除、刑事和解、社区矫正为代表的刑法轻缓化运动能够摆脱伦理的思考吗?回答显然是否定的。同时,人们对卖淫嫖娼行为是否应当入罪、收受礼金是否应当入罪、夫妻或者恋人见死不救是否应当入罪以及醉驾、毒驾、恶意拖欠劳动报酬、婚姻关系存续期间丈夫强行与妻子发生性行为等是否应当纳入犯罪圈的争论,正反观点都少不了伦理道德的思考。道理越辩越明,我本人不作什么结论,但我认为,每个学者都有权利作出自己的思考、提出自己的观点,而刑法伦理学的研究,当然也是一种有益的尝试。本书即是这种尝试的成果。

在我看来,本书具有以下特点:

一、方法新、视角新。本书运用伦理学方法,从政治伦理和社会伦理视角分析刑罚问题,从而使论据具有哲学和文化学的意蕴。伦理学是哲学的重要分支,也是文化学的重要组成。对刑罚问题进行伦理思考，能够自然而然地进入本国法律文化的历史演变长河，发掘传统法律文化值得传承的精华，同时能够从上层建筑相互影响关系中横向探讨法律与政治、政治伦理与社会伦理之间的关系。比如，本书有关对 75 周岁以上老年罪犯免除死刑、对未成年罪犯免处无期徒刑、立法上废除无期徒刑、将行政法中有关资格"刑"的规定上升为刑罚以及重新审视亲亲相隐、存留养亲和八议制度的观点，论据即显示出其新颖性。

二、结构系统，内容全面。本书在完成基础理论分析之后，即对各种刑罚的伦理性问题作出了全面的阐释，从刑罚的制定、刑罚的量定到刑罚的执行，都阐释了公平、正义、谦抑、人道、宽容、中庸等价值原则，从形而下的具体问题阐述到形而上的抽象分析，形成了刑罚制度完整而体系化的思考，进而提出和谐是刑罚追求的终极价值目标这一命题，主张中庸、人道是达至和谐的价值原则，较好地完成了理论的逻辑自洽。其关于将中庸作为常态下的量刑原则的观点，相信能给司法工作者带来一定的启迪。

三、深入浅出，明白易懂。我一向主张，著作、文章是写给大众看的，道理应当明白易懂，语言应当通俗晓畅。本书作者一直将此作为写作原则和目标，不追求语言的华丽委婉，而力求将学术原理尽可能用平实的语言表达出来，追求将"阳春白雪"的问题"下里巴人"化，让学术圈外的社会大众能够读懂、能够接受，从而最大限度实现学术社会化的价值。学术思想、学术观点的传播与继受，应以读者的广泛面为首要。我希望以此与读者和青年同仁共勉。

是为序。

高铭暄
2015 年 3 月 17 日

摘　　要

伦理关注善与恶,刑罚着眼罪与罚。从表面上看,两者研究对象各异,互无联络,但本质上两者均是基于同一经济基础的社会上层建筑,相互之间存在着积极或消极的影响。其积极的结果,不外乎在伦理的渗透下,刑罚具有一定的伦理属性;在刑罚的引导下,形成新的社会伦理。其消极后果,可能在一定程度上模糊刑罚与伦理的界限,导致刑罚的某种情绪化,甚至导致社会伦理与某些刑罚规范的对立。因此,研究刑罚与伦理的关系,探讨两者之间的联系与异同,发现刑罚伦理性的价值与意义,从理论上看,有助于厘清唯道德主义和唯法律主义的错误之处,从实践上看,有助于明晰刑罚与伦理之间的契合之处,为最高决策层创新社会管理方式、推进构建和谐社会进程、完善刑罚制度提供理论依据。

传统刑罚学研究对刑罚与伦理、刑罚伦理性关注不多、研究不深,这一研究现状不仅制约了当代中国刑罚学整体研究水平的提高,而且还影响到当代中国刑罚的立法和司法实践,导致司法实践中在刑罚配置和适用方面出现极端化倾向,使公众对刑罚执行的认同度降低,影响社会对司法公信力的评价,不利于社会和谐。

法伦理学研究方法的引入,可以为刑罚学研究带来新的视角和研究活力。

本研究成果以刑罚与伦理的关系为切入点,结合法治、德治理论和伦理学原理,立足于我国刑罚制度,通过逻辑思辨、比较分析和个案实证方法的运用,挖掘我国传统法律文化中有益的刑罚制度,借鉴国外符合时代发展的刑罚内容,围绕刑罚伦理性这一主题就刑罚与伦理、刑罚的伦理性、刑罚伦理的价值目标、刑罚原则的伦理内涵分析、具体刑种的伦理分析以及刑罚体现社会伦理的基本途径等若干问题进行了全面分析。

全书共分六大部分。

第一部分是绪论。本部分首先阐明了研究刑罚伦理性的意义,指出适用刑罚应兼顾法律效果与社会效果的统一;犯罪的预防与惩处,需要法治与德治的相辅相成,只有用社会主义社会的政治伦理与社会伦理配合法治,才能实现和谐的社会管理与社会控制。其次,本部分重点介绍了国内外"刑罚与伦理""刑罚伦理性"的研究现状,并就目前的研究现状作了简要评析,指出了现有研究成果的可取与不足之处。最后,本部分还对研究刑罚伦理性的意义、基本思路、主要观点和研究方法进行了介绍。笔者认为,研究刑罚伦理性具有"实现社会和谐的政治伦理""体现社会一般伦理要求"以及"促进社会主义法律文化建设"三大重要意义。

第一,政治伦理是国家、集体、个人和法人等伦理主体在政治领域中从事政治活动时所应该遵守的伦理规范和行为准则。它是基于一定政治思想和维护一定政治需要而对伦理主体提出的道德要求,用以规范、调节主体的政治行为,调节各主体之间的政治关系,从而使统治得以良性进行。当代中国的政治伦理主要包括公平、正义、民主、以人为本、廉洁、务实、勤政、高效等内容,和谐是现阶段中国政治伦理的终极目标。由于刑罚肩负着维护社会民主法治、公平正义和安定有序等重要使命,因此当代中国刑罚的立法、司法和执行中必然包括有实现社会和谐政治伦理的内容。而且,当代中国的刑罚实践表明,这些政治伦理对刑罚的影响,不仅仅反映在刑罚条文的制定,而且还表现在政治伦理的变迁必然导致刑罚的变革,这种影响是不以人的主观意志为转移的客观实在。

第二,现代社会随着民主、宪政的发展,原本属于社会的权力(包括刑罚权在内的国家统治权)开始由国家向社会复归,国家权力开始尊重社情民意。刑罚作为国家维持社会基本秩序最为严厉的法律制裁手段和国家社会综合治理的最后手段,必须接受社会公众的是非善恶观念——社会一般伦理——的考量。刑罚体现社会一般伦理,不仅要求刑罚所反映和服从的伦理价值都应该是社会中最具有"普遍性"的伦理价值(更高的伦理价值的追求只能通过自觉自律的伦理规范来实现);而且要求立法者和司法者在创制刑罚、动用刑罚和执行刑罚的过程中,也应体现社会一般伦理要求。过度的刑罚分配和过分的刑罚执行,不仅不会得到民众的理解和支持,相反会增加罪犯及其亲属对司法官员、司法机关和国家的怨恨,使罪犯向社会的回归变成罪犯对社会更强烈的报复。

第三,法律文化是文化系统中独特的、不可或缺的组成部分,是在历史发展过程中积淀下来的,是社会或个人在一定的生产方式的基础上,于一定的社会环境(包括政治、经济、文化)中形成的对法律现象的认识、态度、信仰和期待的总称。法律文化作为人类在国家和社会管理中的探索与积淀,其本身具有民族性和传承性,是一种客观存在的社会现象。以中国古代刑罚为例,由于中国传统法律文化具有深厚的伦理道德属性,所以根植于中国传统法律文化的古代刑罚制度与传统法律文化有着天然的亲缘性。与古代刑罚不同,当代中国刑法以及其他一切现代法律制度都移植于外国,这种外源型法律的移植采用了自上而下的变革方式,因此公众的法律价值观、法律行为模式都跟不上法律制度变化的速度,法律文化与法律制度之间的不协调表现得尤为明显。因此,若想让外源性的现代法律制度(包括刑罚制度)在中国得以良性发展,就必须克服传统法律文化的障碍,通过立法、司法等过程,传播社会主义法律文化,对传统法律文化进行改造。

第二部分是刑罚伦理性概述。就刑罚与伦理、刑罚伦理性、刑罚伦理性的价值等内容进行了讨论,为后续研究提供理论基础。笔者认为:

第一,刑罚与伦理属于两个不同的范畴,但它们作为一种社会现象,都属于社会上层建筑,都由一定的社会物质生活条件所决定。在社会控制方面,伦理与法律共同执行维护社会秩序的职能,伦理是刑罚天然不可缺少的部分。一方面,纯粹的机械主义刑罚难以获得社会认可,要想取得社会效果与法律效果的统一,刑罚制度必须包含有伦理价值的评判和考虑。另一方面,伦理影响刑罚的具体实践,刑罚应当体现人道、公正、诚信、中庸、尊重和保障人权等基本政治伦理和社会伦理,只有从传统伦理和现代政治伦理中汲取符合和谐社会建设的养分,在刑罚立法、司法与执行的过程中把法律性与伦理性结合起来,才能促进和谐社会的构建。

第二,伦理分为政治伦理和社会伦理。前者的作用领域是政治生活领域,后者的作用领域则是社会生活领域,两者具有共同的价值目标即和谐,但也有不一致的价值目标,如社会伦理偏重于自由价值和结果正义,政治伦理偏重于秩序价值和分配规则正义,因而存在一定的矛盾,但在法治语境下,政治伦理与社会伦理应当具有一致性。一般来说,刑罚的选择、配置应当符合政治伦理的价值目标;刑罚的适用与执行应当与社会伦理保持一致,只有这样才可能获得公民的信服,才能有效实现刑罚目的。

第三,刑罚伦理性,主要是指刑罚蕴含的政治伦理和一般社会伦理的原则和精神,换言之,即刑罚应当体现和满足政治伦理和一般社会伦理的要求,与政治伦理和一般社会伦理保持高度一致的属性。所谓一般社会伦理,即社会普遍的伦理,是指社会公众、法人和国家共同信奉和愿意自觉遵守的伦理规范。社会普遍伦理的内容来源有三:(1)尊重和保障人权、禁止酷刑、禁止强迫自证其罪等伦理原则来源于国际法律文件;(2)和为贵,仁爱,矜老恤幼,罪责刑均衡,已所不欲、勿施于人等伦理原则来源于中国传统伦理道德;(3)罪刑法定、平等适用刑罚、人道主义的伦理原则来源于法律至上、法律面前人人平等、以人为本等现代政治伦理。这种政治伦理也可以说是来源于外国的法律文化。刑罚伦理性是基于对现行刑法伦理性的程度达不到"愿望的道德"的要求而提出的自省式构想。以刑罚伦理性为判断标准,当代中国刑罚制度与全球已经形成的共同伦理存在一定的距离,如死刑设置过多,死刑适用过滥;没收财产刑缺乏伦理基础,等等,因此,有必要予以完善。

第四,刑罚伦理性的价值,主要是指刑罚体现伦理性的过程与程度对社会发展的正价值。刑罚以公平正义、自由、秩序、人道、谦抑、宽严相济等为自己的伦理价值。从道德主体效用方面讲,刑罚体现伦理性的价值就是它对道德客体和道德主体欲望、利益和需要的满足程度。由于公平正义、自由、秩序、人道、宽容、谦抑、宽严相济等价值都有手段性特点,因此和谐才是人类社会的目标性价值。刑罚惩罚犯罪,保障公民自由,维护社会秩序,保障犯罪嫌疑人、被告人人权,恢复社会正义,改造犯罪人的种种努力,最终目标是维护社会和谐。刑罚体现伦理性的最大价值就是促进社会和谐。

第三部分是刑罚伦理的价值目标。本部分对刑罚伦理的一般价值目标与最终价值目标进行了详细的分析。

第一,研究成果在深入分析"伦理""刑罚""价值"的基础上,认为伦理价值目标是指主体作出符合自我发展的行为,以期达到符合伦理的结果和要求。因此,刑罚的伦理价值目标应当是指刑罚主体根据刑罚的属性和本质,从其本身的愿望和需要出发,通过行使刑罚权所期望达到的结果。一方面,由于伦理原则和伦理规范没有普适性,具体的伦理原则和伦理规范是与具体历史条件和特定社会环境相适应的;另一方面,伦理在现实生活中的运用是有层次性的,因此刑罚伦理价值目标中所指的伦理是处于理性伦理分析层次的、受特定社会生存环境影响的常规伦理。

第二,刑罚伦理的两大价值目标是自由与秩序。自由是人与生俱来的最重要的价值,专指属于个人的一切不被任何他人违背本人意愿的占有和控制,是指他(她)希望、要求、争取的生存空间和实现个人意志的空间,这个空间包括社会、政治、经济、文化及传统等外部条件,同时也包括个人体质、欲望、财富、世界观价值观及理想观的表达欲望等个人因素和内在因素。秩序是人与人之间和谐的有条理的状态。秩序体现的是一种结构、过程和模式,秩序的一致性、连贯性和确定性能够给人们提供一个稳定有序的生活环境,使人能对自己的行为作出评估和预测,知道"什么可为""什么不可以为",从而作出正确的决策。由于自由与秩序之间存在天然的张力和矛盾,因此必须运用中庸之道在自由与秩序之间寻求平衡。这种平衡对于统治者来说,是在选择社会控制手段时,用最少限制个人自由的方法来治理国家,维护社会秩序;而对于广大民众来说,是要用有限的秩序来约束自由。在伦理价值目标的问题上只有做到用尽可能少的刑事强制手段维护社会秩序,并尽可能多地保留公民的个人自由领域,才能做到自由和秩序的合理平衡。这种平衡状态的出现和形成,标志着刑罚符合法律的正义价值。

第三,和谐是对失和、失衡、失序、失度等不良状态和错误倾向的否定,和谐具有追求正确性的本性,因此和谐是一切伦理价值追求的终极目标。基于此,可以说刑罚的终极伦理价值目标是构建和谐社会。和谐社会主要体现为国家、社会和公民个人之间的和谐关系。当代中国所要建设的社会主义和谐社会是一个以人为本、经济社会全面发展的社会,是一个把公平正义作为核心价值取向的社会,是一个创造活力得到充分激发的社会。对于和谐社会的建设来说,公平正义是实现社会和谐至关重要的条件。犯罪作为犯罪人蔑视社会秩序的行为,是社会不和谐关系极端、集中的反映,而刑罚作为惩罚犯罪的工具,只有做到了公平正义,才能确保促进人与人、人与社会的和谐;才能维护最广大人民群众的根本利益,实现以人为本;才能真正贯彻统筹兼顾的原则,促进每个人自由自觉地全面发展。可以说,没有公平正义,就没有社会的和谐稳定。因此刑罚应积极追求哲学上所认同的公平、正义价值,将维护社会"真、善、美"的公平正义作为恒定追求,通过保障程序公正以实现实体公正,确立和保证法律的绝对权威,弘扬和实现公平正义,最终达成和谐社会。

第四部分是刑罚原则的伦理分析。本部分全面分析了罪刑法定、刑法平等适用、罪责刑均衡、刑罚个别化等刑罚原则的伦理内涵。笔者认为,刑罚的原则体现着刑罚的基本价值取向,刑罚原则天然地蕴含伦理精神,通过刑罚原则所蕴含的伦理精神引导人们的行为,整合人们的德性,能够为实现人的全面自由发展提供最基本的道德理性基础。就罪刑法定、罪责刑均衡、刑法平等适用、刑罚个别化四原则来说,四原则不论历史渊源还是现代发展,不论是形式侧面还是实质侧面,都具有相应的伦理内涵,各原则的构成要素中均或多或少地体现了和谐、公正、平等、宽容、博爱、人道、正义、保障人权等伦理法则,刑罚四原则的伦理内涵与当代中国社会推进和谐社会建设的总体价值目标相契合,应在刑罚实践中加以体现。然而,由于这些原则引入我国的时间不长,同时源于实践条件所限,刑罚四原则的伦理价值未能在中国刑罚的立法、司法、执法过程得到全面发挥,影响了我国刑罚的现代性、科学性。

第五部分是刑罚的伦理分析。本部分全面分析了死刑、自由刑、财产刑、资格刑的伦理价值。不仅依据伦理学的善、恶评判标准对各刑种进行了伦理上"善与恶"的分析,而且还依据刑罚伦理性的终极价值目标——和谐——对各刑种的未来发展阐述了研究者的认识:

第一,死刑。以伦理学来看,死刑因为必须建立严格的证据规则和繁琐的诉讼程序,变得极其昂贵,所以用死刑来维持社会秩序,没有任何功利价值,因此死刑的目的、手段皆恶。从实践来看,中国传统法律文化认同"杀人者死"的观念,死刑在我国有相应的社会基础,但我国庞大的死刑罪名数量和执行数量,与大国的国际形象不符,违背了"慎刑""恤刑""以人为本"等伦理原则。着眼于未来,在尚不能废除死刑的条件下,死刑只能适用于社会公认的"最严重的犯罪"。死刑应从"扩大不适用死刑主体的范围"以及"在死缓刑制度中引入存留养亲"两个方面予以完善,才能确保死刑惩罚功能与扬善功能之间形成良性互动。

第二,自由刑。从善恶的角度看,由于自由刑具有剥夺、威慑、矫正、安全阀、鼓励等功能,因此自由刑体现了公平、公正、中庸、理性、人道、正义的伦理价值。从实践上来看,我国的自由刑在制刑、量刑和行刑诸阶段都有不尽如人意之处,离和谐的状态尚有一定距离。就未来而言,在自由刑的制刑阶段有条件地吸收中国传统法律文化中"重重轻轻""亲亲相隐"的伦理内容,在自由刑的量刑阶段肯定判例法的先例作用,在自由刑的执行阶段吸收人道行刑理念,开展社区矫正,均有利于提升自由刑的伦理价值,确保自由刑的良性适用。

第三,财产刑。从伦理的角度上看,金钱是耐耗品、可替代品,即使出错,计算了利息退还即可基本恢复原状,因此财产刑具有其他刑罚无可比拟的"善"。但由于没收财产刑缺乏"以人为本"的道德根基,罚金刑存在"以钱赎罪""株连他人"的伦理缺陷,因此财产刑也具有明显的"恶"。就财产刑的未来而言,废除没收财产刑、优化罚金刑才是财产刑"去恶扬善"的必要选择。

第四,资格刑。由于资格刑具有非物质性、经济性、轻缓性、刑种多样性、手段灵活性、调整范围宽广等特点,因此体现出伦理上的"善"。然而,由于我国资格刑制刑不均衡,在源头上造成了资格刑功能的缺损,不仅没能充分发挥资格刑自身的功能,体现出资格刑的正价值,反而影响了我国刑罚体系的和谐运作,放大了"恶"的成分。着眼于伦理完善,未来的资格刑在内容上有待扩充,应当更多地考量社会、经济方面的资格准入;在资格刑的主体上应实现自然人与法人一律平等。

第六部分是刑罚体现社会伦理的基本途径。本部分从政策、立法、司法、执行等几大方面就当代中国刑罚伦理性的完善进行了讨论。

第一,政策调适。我国现行刑罚政策是"宽严相济"。由于我国原有的刑罚政策,要么过分张扬了报应,要么功利受制于报应,导致刑罚制度随着刑法的不断修订而迅速走向严厉化,司法官员已经形成"严打"和报应的惯性思维,因此,尽管在逻辑上,宽严相济与原有刑罚政策之间存在矛盾,应当取代原有刑罚政策,但在实践中,原有刑罚政策的影响依旧存在,原有刑罚政策对现行刑罚政策进行着延续性渗透。刑罚要体现社会公众的"愿望道德",实现刑罚的伦理性,必须根除原有刑罚政策对现行刑罚政策的影响。包括:在总体的刑罚政策上树立刑罚轻缓化的认识;在死刑政策上树立限制死刑的认识;在刑罚执行政策上树立行刑方式人道化的认识。

第二,立法完善。从社会伦理的角度看,我国刑罚的立法存在若干不足,如死刑设置过多;没收财产制度不合理;剥夺政治权利内容有失当之处;重刑色彩浓厚等。为了弥补以上不足,有必要在立法上进行相应的修正,包括:将限制死刑的内容写入刑法,规定人道的死刑行刑方式;规定对独生子女犯罪人一般不适用死刑立即执行;在刑事责任上,明确规定对未成年人不得适用无期徒刑或者终身监禁;废除没收财产刑;修改剥夺政治权利刑的内容;将刑罚轻缓化的内容写入现行法律;规定对老年人免除死刑和无期徒刑;等等。

第三,司法实现。刑罚司法体现社会伦理的关键在于如何将刑罚立法中的伦理属性表现出来,实现法律效果与社会效果相互之间的统一。从理论上看,刑事责任的评判包含了道义和价值的内容,因此决定了刑事司法不可能也不应当独立于伦理道德之外进行。在我国刑事司法实践中,伦理性的司法取得了很大进步,但仍需进一步加强,如规定辩诉协商制度、对封建刑罚中合理的内容予以继承、刑罚适用应当以中庸为常态等。

第四,行刑实践。在刑罚的立法、司法已经体现伦理性的前提下,刑罚体现社会伦理要求刑罚必须以人道主义的方式来执行。人道主义的行刑方式是刑罚体现社会伦理的最终实现形式。人道主义行刑是指将人当做人来看的行刑方式,这种行刑方式拒绝对受刑人施加额外的痛苦。它表现在人道地执行死刑和自由刑、开展行刑社会化、肯定资格刑的复权等方面。

必须说明,对刑罚与伦理关系的不同认识,实质上体现了不同世界观和方法论的对立。截然分割刑罚与伦理关系的主张,不符合唯物辩证法的基本原理;既肯定二者之间的一致性,又正视其差异的观点,才应当是马克思主义哲学指导下研究刑罚关系的基本认识。

综上,笔者认为:在社会控制方面,伦理与法律共同执行着维护社会秩序的职能,伦理是刑罚的血脉。要想取得社会效果与法律效果的统一,刑罚制度必须包含伦理价值的评判和考虑。伦理影响着刑罚的具体实践,刑罚应当体现人道、公正、诚信、中庸、尊重和保障人权等基本政治伦理和社会伦理,只有从传统伦理和现代政治伦理中汲取符合和谐社会建设的养分,在刑罚立法、司法与执行的过程中把法律性与伦理性结合起来,才能促进和谐社会的构建。

目　　录

绪论 ·· 001
 一、研究现状述评 ··· 001
 二、研究刑罚伦理性的意义 ·· 025
 三、基本思路、主要观点及研究方法 ································ 055

第一章　刑罚伦理性概述 ··· 057
 一、刑罚伦理性的含义 ··· 057
 二、刑罚伦理性的价值 ··· 076

第二章　刑罚伦理的价值目标 ··· 080
 一、刑罚伦理价值的涵义 ·· 081
 二、刑罚伦理价值目标 ··· 098
 三、刑罚终极伦理价值目标 ·· 116

第三章　刑罚原则的伦理分析 ··· 126
 一、罪刑法定原则的伦理分析 ··· 127
 二、罪责刑均衡原则的伦理分析 ······································ 158
 三、刑法平等适用原则的伦理分析 ··································· 174
 四、刑罚个别化原则的伦理分析 ······································ 185

第四章　刑罚的伦理分析 ··· 196
 一、生命刑的伦理分析 ··· 198
 二、自由刑的伦理分析 ··· 206
 三、财产刑的伦理分析 ··· 217

四、资格刑的伦理分析 …………………………………… 223
第五章　刑罚体现社会伦理的基本途径 ………………………… 227
　　一、刑罚体现社会伦理的观念准备 ……………………… 227
　　二、刑罚体现社会伦理的实现途径 ……………………… 236

参考文献 …………………………………………………………… 261
主题词索引 ………………………………………………………… 275
后记 ………………………………………………………………… 279

绪 论

作为制裁严重违法、维护社会秩序、保护社会利益之利器,刑罚的制定和适用,在解决一定范围的社会矛盾冲突的同时,也可能会引发甚至产生新的矛盾,如刑罚所及之罪犯及其亲属对政府某种程度的怨恨,对被害人的迁怒以及被害人的失望等,因此,刑事司法的过程以及结果,需要防止新的矛盾的出现,这是刑事司法存进社会之于和谐社会之构建的题中之意。进一步推论,刑事司法不能陷入机械的法律主义而应当追求法律效果与社会效果的相互统一。这两种效果的相互统一,不是刑罚本身的功能。刑罚自身的功能,除了惩罚犯罪,就是教育和改造罪犯,警诫社会上潜在的犯罪分子,同时安抚被害人,在一定程度上恢复被侵害的社会秩序。适用刑罚而兼顾社会效果,既是刑事政策需要认真考虑的问题,也是治国方略所应蕴含的政治智慧。刚柔相济的社会管理与控制,包括犯罪的预防与惩处,需要法治与德治的相辅相成。现代中国的德治,已经远非封建时代圣明君主以自身德的形象处理政务、教育臣民的含义,而是指国家通过建立社会主义道德体系,加强公民道德意识,用社会主义社会所需要或者说应当具备的政治伦理与社会伦理配合法治,实现和谐的社会管理与社会控制。由此,研究刑罚的伦理性,显然具有重要的现实意义和实践价值。

一、研究现状述评

遗憾的是,大多数刑法学人似乎习惯于仅仅关注严格意义上的刑法问题,不大愿意关注具有边缘性、学科交叉性的刑法问题,或者说不习惯进行跨学科、跨领域的研究,甚至认为这样的研究缺乏"学术性"。尽管有一些同仁愿意进行这样的研究,但各自的学术兴趣有别,因此,关注和研究刑法与伦理、刑罚与伦理关系的学者极少,这既与中国庞大的刑法学人队伍不相称,也与中国的人口比例悬殊,更与复杂的刑事领域的社会实践的需要相脱节。其结果是,在每年公开发表的上千篇论文和正式出版的上百部著作中,几乎没有专门研究刑罚伦理性的,涉及该问题的著作也寥寥无几。在笔者收集的近30年来有关法律与伦理的110多部著作中,直接涉及近代和当代的刑法与伦理关系的著作主要有陈兴良教授的《刑法哲学》及其延伸性研究成果《刑法的人性基础》《刑法的价值构造》,马克昌先生的《近代西方刑法学说史》,张武举博士的《刑法的伦理基础》,孙万怀博士的《刑事法治的人道主义路径》等,此外,陈忠林教授的《刑法散得集》与台湾地区刑法学者林东茂先生的《一个知识论上的刑法学思考》则间接涉及刑法与伦理的关系。《近代西方刑法学说史》比较完整地阐述了从资产阶级启蒙思想家到以德国、意大利为主的刑法学家的刑法思想,由于这些学者深受自然法思想的影响,因此,他们辉煌的刑法思想学说中充满了对刑法与伦理关系的思考,此书的出版时间虽然晚于《刑法哲学》5年,但实际上陈兴良教授的三部曲(《刑法哲学》《刑法的人性基础》《刑法的价值构造》)的思想来源都来自于此书所介绍的西方学者的学说,当然,值得肯定的是陈兴良教授关于刑法谦抑性的思考,已经进入国家与社会应当遵守的政治伦理的范畴。① 《刑事法治的人道主义路径》是国内第一部专门阐述刑法与人道主义关系的重要著作,作者从价值冲突、刑事法治、刑罚运作、酷刑与非人道主义处遇、行刑制度等方面阐述了它们与人道主义的矛盾和契合,其关于秩序伦理、底线伦理、宗教伦理与刑事法治人道主义的分析,间接阐明了刑罚与伦理的关系。其关于人道主义应当是当代刑法的伦理基础的观点,显然具有古典学派或者说该学派所信奉的自然法思想的烙印;其关于人道主义应当包含宽容价值的观点体现了作者关于刑法与政治伦理的思考。

集中于研究中国古代法律与伦理关系的著作相对多一些,主要有

---

① 有意思的是,研读陈兴良教授的三部曲和近几年来的论著,不难发现其学术立场已经由自然法转向法律实证主义。

高绍先教授的《中国刑法史精要》,任喜荣博士的《伦理刑法及其终结》,范忠信教授的《中西法文化的暗合与差异》,瞿同祖先生的《中国法律与中国社会》,武树臣教授的《儒家法律传统》和《中国传统法律文化》,杨鹤皋教授的《中国法律思想史》,马小红教授的《中国古代法律思想史》以及台湾地区学者林端副教授的《儒家伦理与法律文化》。《中国刑法史精要》的叙述与众不同,在客观介绍中国古代刑法制度的同时,加入了作者的价值判断,例如,作者关于封建法律儒家化的一个判断是"亲亲相隐,由道德规范堂而皇之地步入了法律的殿堂",保辜制度"有利于化解民间矛盾,减少社会冲突,遏制报复行为,所谓化干戈为玉帛,即在今天,也有借鉴作用"。① 有趣的是,《中西法文化的暗合与差异》一书在指陈中国古代法律属于伦理法的同时,也特别关注亲亲相隐制度。作者考证了当今西方发达国家大多都保留了亲亲相隐制度并发展出亲属免除作证义务的制度现实,呼吁我国立法者应当继承优良传统。②《中国传统法律文化》将中国古代法分为神本位的任意法、家本位的判例法、国本位的成文法和家与国本位的混合法,认为判例法和成文法都以宗法伦理作为神圣原则,而混合法以法律规范和半法律规范相结合,更利于稳定社会秩序。③

　　国内专门分析刑罚与伦理关系的著作仅见一部,即黄立教授的《刑罚的伦理审视》;从具体的伦理原则审视中国刑事政策的著作有童伟华教授的《法律与宽容》;从价值角度间接涉及刑罚与伦理关系的著作则有刘家琛大法官主编的《当代刑罚价值研究》。

　　此外,赵军所著的《惩罚的边界:卖淫刑事政策实证研究》涉及卖淫行为的道德分析;张光宇所著的《边缘刑法学》专章论述了"刑法的道德论",阐述了刑法与传统伦理的关系、刑法的道德启示和刑法的容

---

① 参见高绍先:《中国刑法史精要》,法律出版社1999年版,第221、228页。
② 这一努力虽未彻底实现,不过,2012年修订的《刑事诉讼法》关于免除亲属出庭作证义务的规定,也可谓有一定的进步。
③ 参见武树臣:《中国传统法律文化》,北京大学出版社1994年版,第745—747页。

忍问题;郑泽善所著的《刑法总论争议问题比较研究Ⅰ》从刑法思想与道德的关系、刑法理论与道德的关系、刑法的除伦理化、非犯罪化与犯罪化几个方面进行了有见地的研究;邱兴隆的《关于惩罚的哲学:刑罚根据论》《刑罚的哲理与法理》、谢望原的《刑罚价值论》、陈兴良主编的《宽严相济刑事政策研究》、何显兵的《死刑的适用及其价值取向》、赵秉志主编的《酷刑遏制论》等,在一定程度上涉及刑罚本身、刑罚适用以及刑罚执行的伦理评价问题。

一些法制史学者、理论法学学者和刑法学者发表了一些论文,如徐慧娟的"《唐律舒议》中的孝伦理思想"(《湖南社会科学》2011 年第 6 期)介绍了唐律中的存留养亲制度和同居有功相为隐制度,丁慧敏的"刑法目的观转变简史——以德国、日本刑法的祛伦理化为视角"(《环球法律评论》2011 年第 2 期)阐述了从启蒙时代到"二战"前后大陆法系刑法目的观从维护社会伦理到保护法益观念的变化过程。李蕴辉的"'和为贵'语境下我国刑罚制度的创新"(《政法论丛》2007 年第 3 期),金艳的"中国传统法律文化的亲属伦理取向"(《黄冈师范学院学报》2005 年第 1 期),时统君的"法律的伦理和伦理的法律"(《东岳论丛》2004 年第 1 期),黄立的"刑罚的伦理反思"[《中国人民公安大学学报(社科版)》2006 年第 2 期],姚建龙的"我国少年刑事责任制度之理论检讨"(《法律科学》2006 年第 3 期),王利荣的"减刑运作与刑罚合理弹性"(《云南法学》2000 年第 1 期),张传伟的"假释的基本趋向:从国家恩惠到罪犯权利"(《政法论丛》2006 年第 4 期),刘京华的"减刑假释制度的发展趋势和利弊"(《北京政法职业学院学报》2005 年第 2 期),陈兴良的"刑罚目的新论"(《华东政法学院学报》2001 年第 3 期),田宏杰的"刑罚目的研究:对我国刑罚目的理论的反思"(《政法论坛》2000 年第 6 期)"宽容与平衡:中国刑法现代化的伦理思考"(《政法论坛》2006 年第 2 期),谢望原的"实然的刑罚目的与应然的选择"(《浙江社会科学》2000 年第 5 期),王世洲的"现代刑罚目的理论与中国的选择"(《法学研究》2003 年第 3 期),李翔、韩晓峰的"自由与秩序的和谐保证:从刑罚目的谈起"(《中国刑事法杂志》2004 年第 3 期),对刑事责任、刑罚种类、刑罚制度和刑罚目的之研究在一定程度上涉及刑罚与伦理的关系,其中钟李钧的"社会呼唤宽容:兼论刑罚人道主义"(《法制与社会》2006 年第 4 期),陈朝勇的"刑罚与伦理冲突解决模式之构建可能性探求"(《文教资料》2006 年第 10 期),姜涛的"刑罚轻缓化与中国刑罚制度改革"(《四川警官高等专科学校学报》2006 年第 6 期),杨红文的"非监禁刑乃刑罚轻缓之必然"(《学术交流》2007 年第 3 期),孟辉、周云逸的"死刑存废伦理原则的辩护力探析"等论文已经触及刑罚伦理话题,可惜均未展开。罗翔在"从风俗到法益:性刑法的惩罚边界"(《暨南学报》2012 年第 1 期)一文中介绍了性刑法的历史嬗变,认为我国性刑法因为没有规定乱伦、露阴、公然性交等罪而存在惩罚不足和对淫乱犯罪惩罚过度的弊端,指出:"性从本质上说是一种私人行为,公共权力尤其是刑法的介入应该格外慎重。当权力假借道德名义渐次撩开私生活的时候,公民的自由迟早有一天会丧失殆尽。"主张道德风俗如果不能转化为实质的法益是不能由刑法进行保护的。此外,大量关于社区矫正的研究成果,如刘强的《各国(地区)社区矫正法规选编及评价》,郭建安、郑霞则的"略论改革和完善我国的社区矫正制度"等对于刑罚执行问题的研究,也涉及刑罚伦理问题。在刑罚执行环节,贾洛川的"伦理视角的监狱善恶标准研究"(《河南社会科学》2011 年第 4 期)认为监狱作为惩恶扬善之地,应当有对监狱现象、监狱活动进行判断和考评的善恶标准,并对这种标准的三个层次和评价原则进行了研究;该作者在"试论监狱行刑的伦理精神"(《河北法学》2011 年第 10 期)一文中提出监狱行刑应该有人文精神、科学精神、民主精神、自由精神与和谐精神,主张在行刑中尊重罪犯人格,对罪犯进行正确的自由观教育,在行刑思想上体现自由精神,切实保护罪犯应有的自由。个别学者对环境刑法的研究涉及刑罚伦理问题,比如陈异慧的"缺失与重构:生态环境刑法保护的伦理反思"[《河南师范大学学报(哲学社会科学版)》2011 年第 4 期]主张在环境刑法中增加、完善资格刑,认为较之于生命刑和自由刑,资格刑是更轻缓、更人道的刑罚。

（一）国内的研究

从手头掌握的资料来看，国内刑法学者较早涉及刑罚与伦理关系的成果之一，是陈兴良先生于 1992 年出版的《刑法哲学》。在这部奠定了陈兴良先生在中国刑法学界地位的经典著作中，介绍了刑法学史上关于刑罚的属性的观点并作出了自己的评价。首先，作者介绍了康德的道义报应论，指出："道义报应，是指根据犯罪人的主观恶性程度实行报应。根据道义报应的观点，对犯罪人发动刑罚，应以其道德罪过为基础，使刑罚与道德充分保持一致。"①由于康德的道义报应论主张刑罚本身蕴含正义、均衡的道德本质，含有等量报复的意义，主张道德罪过严重者应受重刑，道德罪过轻者只应受轻刑，作者评价道："康德的道义报应主义较之神意报应主义有所进步。但是，康德的道义报应主义把犯罪的主观恶性绝对化，夸大刑罚的道德意义，大有可责难之处。"②但作者认为"道义报应揭示了刑罚的伦理意义，因而是刑罚的题中应有之义"，并且从道义报应与生命刑、道义报应与自由刑、道义报应与财产刑、道义报应与资格刑等四个方面分析了刑罚的制定与执行中蕴含的道义报应内容，并阐释了刑罚的伦理根据：道德与法律（包括刑法在内）共同执行维护有利于统治阶级的社会秩序的职能，当然，伦理道德更侧重人们行为的内在动机；而刑法则侧重人们行为的外部结果。刑法的适用不能完全脱离伦理的因素，而应当把两者有机地结合起来：理与法融为一体，凡违法者也悖理，凡合理者也合法。刑罚手段的动用与分量的分配，都要受到伦理制约，过量的刑罚、滥用的刑罚不仅不能起到支持伦理道德的作用，甚至会破坏伦理道德。③ 马克昌先生总结说："（康德）用道德规律以及由此得出的责任原则作为判断行为内在道德价值的标准，并将道德与法律紧密联系起来，这在一定程度上正确揭示出法律与道德的关系，揭示出犯罪行为的违法性

---

① 陈兴良：《刑法哲学》，中国政法大学出版社 1992 年版，第 275 页。
② 同上书，第 275—276 页。
③ 同上书，第 277—283 页。

与反道德性的统一,从而也揭示出犯罪危害性的实质所在。"①

其次,陈兴良先生介绍了黑格尔的法律报应论,指出:"法律报应,是指根据犯罪人的客观危害程度实行报应。根据法律报应的观点,对犯罪人发动刑罚,应以其客观上对社会造成的危害为基础。"②黑格尔的法律报应观是等价报应观,排斥道德评价,仅仅把犯罪视为不法,以违法的客观危害作为量刑的标准。对此,陈兴良先生指出:"法律评价是建立在道德评价的基础之上的,它不能完全离开道德评价而存在。表现在刑法中,量刑就不能完全以客观违法程度为标准,而同时应当考虑犯罪人的道德罪过程度。""黑格尔的法律报应主义较之康德的道义报应主义有所进步",但"将法律评价与道德评价完全割裂开来,因而不能完整而科学解释刑罚"。③ 之后,陈兴良先生阐述了自己关于刑罚目的二元论的思想,主张道义报应与法律报应相统一,在刑事立法阶段以法律报应为主,兼顾道义报应;在定罪量刑阶段法律报应与道义报应并重;在刑罚执行阶段以道义报应为主,兼顾法律报应。④

随后,陈兴良先生连续出版了其刑法哲学系列的第二、第三部作品。在《刑法的人性基础》一书中,作者用"刑罚价值论"一节从罪刑关系角度阐述了刑罚一般化价值和刑罚个别化价值,认为刑罚一般化是从一般的社会报应观念和社会公正观念对犯罪人的行为进行刑罚价值评价,主张刑罚与犯罪行为的社会危害性相均衡,由此形成刑罚一般化;刑罚个别化是指对犯罪人的人格进行刑罚价值评价,主张刑罚与犯罪人的人身危险性相适应,由此形成刑罚个别化;刑罚个别化不是对刑罚一般化的否定,而是在刑罚一般化前提下的刑罚个别化。⑤在《刑法的价值构造》一书中,陈兴良先生不仅全面论述了刑法的公正

---

① 马克昌主编:《近代西方刑法学说史》,中国人民公安大学出版社2008年版,第122页。
② 陈兴良:《刑法哲学》,中国政法大学出版社1992年版,第286页。
③ 同上书,第287页。
④ 同上书,第335—336页。
⑤ 参见陈兴良:《刑法的人性基础》(第二版),中国方正出版社1999年版,第414—422页。

价值、谦抑价值和人道价值,而且对罪刑法定、罪刑均衡进行了深入细致的价值分析,把公正区分为立法上的公正和司法上的公正,认为公正蕴含了正当、公平和平等性;从罪之谦抑和刑之谦抑两个方面分析了刑法谦抑的国际潮流和中国途径;认为刑法的人道性蕴含了宽容性、轻缓性和道义性,并对刑种设置的结构和类型进行了分析。①

在行刑学科方面卓有研究的翟中东教授看来,"刑罚在犯罪控制中的基本价值就在于维护刑事正义:通过刑事惩罚使犯罪人得到报应;通过刑事惩罚向犯罪人、欲犯者、全社会阐明罪刑之间的关系;通过刑事惩罚申明犯罪的结果,从而指引人们的行为走向。维护刑事正义也具有功利价值"②。

陈忠林先生虽然没有直接论述刑罚与伦理的关系问题,但他提出了著名的"三常"理论,把常识、常情、常理奉为法治灵魂,奉为社会最基本的伦理要求,认为法和社会基本伦理的一致性,法作为调整社会的手段所具有的局限性,决定了法治必须以社会基本伦理为基础,这种基本伦理,就是"己所不欲,勿施于人"。③ 这些观点实质上间接阐述了刑罚与伦理的关系问题。

张武举撰写的《刑法的伦理基础》,是国内第一部系统研究刑法与伦理的相互关系的著作。这部著作在人性—道德—伦理—法律—刑法的逻辑关系中,推导出刑法不得违背民众的是非善恶观念的结论,并阐述了刑法的伦理解释方法。不过,张武举先生仅仅在"刑法基本范畴的伦理内涵"中对刑罚与伦理的关系作了简单归纳,认为作为国家除恶的手段,刑罚"除恶"效果的实现,离不开刑法的伦理属性的发挥,因为"不合理"的刑罚运用只会抹杀恶的界限,制造更多的恶。④

梁根林教授把法治——罪刑法定、谦抑、人道、科学、教育改善等

---

① 参见陈兴良:《刑法的价值构造》,中国人民公安大学出版社1998年版,第273—677页。
② 翟中东:《刑罚问题的社会学思考》,法律出版社2010年版,第110页。
③ 参见陈忠林:《刑法散得集》,法律出版社2003年版,第34—38页。
④ 参见张武举:《刑法的伦理基础》,法律出版社2008年版,第172页。

原则作为现代刑事政策的基本原则。认为人道原则要求刑事政策展现其道德蕴含和人文关怀,应当禁止设置残酷而不人道以及蔑视人性尊严和基本人权的刑罚手段及执行刑罚的方法,刑罚的科处和执行方式必须考虑被判刑人的个性,以负责任的态度人道地对待被判刑人,以便使其能够顺利地重返社会。①梁先生以较多的笔墨介绍了中外法学界关于道德与刑法的关系的对立性认识②,但没有直接分析道德与刑罚的关系问题。

任喜荣在其《伦理刑法及其终结》一书中,对中国古代刑法与伦理的关系作了深入研究和批判,认为"强调法律与道德的并重,最终会导致取消法律的法律虚无主义"③,但又认为:"法律义务与道德义务统一的价值取向,却值得我们郑重地考虑如何使刑法适应社会的传统道德观念。刑法的道德性的分析已经告诉我们,社会主义刑法必然反映社会主义的道德观念。"④

特别值得注意的是黄立教授所著的《刑罚的伦理审视》。黄立教授虽非专门从事刑法教学与研究的学者,但对刑罚与伦理道德的关系却有着独到而深刻的见解。在这部仅有 16 万字的著作中,黄立教授应用历史唯物主义原理阐述了法律和道德的同一性和矛盾性。其同一性体现在:首先,二者同属于上层建筑的范畴,都是对一定经济、社会生活的反映;其次,二者相互支持,共同促进社会的进步与发展。立法活动只有在很好地把握道德与法律的相互贯通性的基础上,才能真正制定出既有利于体现统治阶级的意志,又能为全社会认可的"公正"的法律条文。正是这种法律道德性的蕴含,既使得人们有可能产生自觉的认同感,又引导人们以道德的尺度去审视法律,对立法活动进行

---

① 参见梁根林:《刑事政策:立场与范畴》,法律出版社 2005 年版,第 96—122 页。
② 参见梁根林:《刑事法网:扩张与限缩》,法律出版社 2005 年版,第 35—46 页。
③ 任喜荣:《伦理刑法及其终结》,吉林人民出版社 2005 年版,第 230 页。
④ 同上书,第 236 页。

准确的引导;最后,二者的相互支持还体现在二者在基本精神一致的基础上的相互贯通、相互渗透和相互作用。其矛盾性体现在:自阶级社会出现后,法律实现了与道德的分立,走上了独立发展之路。现代法治的一个基本倾向是排斥道德和情感的作用,强调法律的客观公正性,这种法不容情的普遍要求容易导致二者在各自的领域中的相互排斥和对立——有的行为可能为道德所容许而为法律所禁止,有的为法律所容许而为道德所不容。① 这些基本原理,几乎在我国所有谈及法律与伦理道德关系的政治学教材、法理学教材中都有大同小异的阐述,也为笔者所坚持。由于这些通行的观点早已为社会所熟知,故在本书中不再重复。

关于刑罚与伦理的关系,黄立教授从刑罚的伦理根据和伦理价值两个方面作了分析。在刑罚的伦理根据上,犯罪行为是对社会伦理道德规范的违背;刑罚手段受社会伦理道德的制约——刑罚权的启动和刑罚量的分配,都应当受到一定伦理因素的制约。刑罚的存在必须具有充分的伦理根据才能证明其合理性,而刑罚的内容必须符合社会大众的价值观念,才具有正当性。关于刑罚的伦理价值,黄立教授认为,正义、功利和公平,是理性的刑罚所必须具备的三个价值属性。正义是发动刑罚的理由,本身就包含了功利价值,也应该是公平的;功利的实现离不开公平和正义;公平是正义和功利的结合。在三者的关系中,正义是基础,功利是核心,公平是贯穿刑罚始终的原则和方法。国家设置和动用刑罚应当出于正义的理由,按照公平的原则,达到功利的目的。② 最后,黄立教授以近 6 万字的篇幅展开了对死刑的伦理批判。③

(二) 国外的翻译成果

资产阶级启蒙学者的刑法思想奠定了古典学派刑法理论的基础,

---

① 参见黄立:《刑罚的伦理审视》,人民出版社 2006 年版,第 5—12 页。
② 同上书,第 13—22 页。
③ 同上书,第 148—229 页。

作为自然法学派的杰出代表,格劳秀斯认为,任何与合乎本性的理性相一致的行为,就是道义上公正的行为,反之,就是道义上罪恶的行为;正义的首要原则之一,就是建立罪与刑之间的等量关系;刑罚的第一目的是改造,即使一个罪犯变成一个好人;处死不可救药的人,可以比让他活着减少一些罪恶,也可以用来达到改造罪犯、预防犯罪的目的。① 作为自然法学派的另一位代表人物霍布斯认为,自然法的全部内容可以用"己所不欲,勿施于人"来概括;自然法是法律的一部分,凡是法律所禁止的言论和行动,凡是法律所规定而又不执行的就是恶,这种恶是构成犯罪的前提,犯法的意图是一种罪恶,但不是应受刑法处罚的罪行;在确定罪与非罪的界限之前,必须依自然法的规则来确定恶与非恶的界限;主张罪刑法定,反对溯及既往,主张罚当其罪。② 另一位自然法学派的代表人物孟德斯鸠认为,一个良好的立法者关心、预防犯罪多于惩罚犯罪;注意激励良好的风俗多于施用刑罚;惩罚犯罪应以恢复秩序为目的,如果刑罚破坏了道德风俗,就等于间接地破坏了秩序;刑罚应当以必要为原则,一切不是由于必要而施用的刑罚都是暴虐的。在刑罚与道德的关系上,孟德斯鸠认为,刑罚的繁简与人民距离自由的远近成正比,人民有品德就可以简化刑罚。刑罚的精神可以影响公民的精神,刑罚的精神应该体现宽和,在政治宽和的国度,伦理道德是约束和防止犯罪的力量;刑罚应当负有教化意义,它本身应当是一种教育手段,一个明智的立法者应当努力通过适度的刑罚与奖赏,适于国民性格的哲学、道德与宗教的箴规,法规的适当运用,羞辱刑的施行,长时期幸福与太平生活的享受等措施,去教养人民。孟德斯鸠一再强调,要把不名誉、感到羞耻等作为严厉的刑罚,他认为,严峻的刑罚比较适合于以恐怖为原则的专治政体,而不适合于以荣誉和品德为动力的君主政体和共和政体,主张刑罚的轻重应当与罪行的大小相协调;刑罚应当宽和,体现人道主义,死刑必须是不得已

---

① 参见马克昌主编:《近代西方刑法学说史》,中国人民公安大学出版社2008年版,第7—10页。
② 同上书,第13—16页。

而为之,反对酷刑。①

美国学者富勒在《法律的道德性》一书中对法律(个别地方明确提到了刑法)进行了有限的伦理评价。他认为法律不仅是工具规范,同时也是价值规范,是价值判断的尺度,是衡量正义与否的标准,是"外在道德"和"内在道德"的统一。"外在道德"是指法律必须符合社会的道德追求和理想;"内在道德"即法律本身的道德,是评价法律和官员行为的善恶标准。② 此外,富勒把道德分为愿望的道德和义务的道德,认为前者是善的生活道德、卓越的道德以及充分实现人之力量的道德,以人类所能达致的最高境界作为出发点,显示出自己与美学的亲和性,后者确立了使有序社会成为可能或者使有序社会得以达致其特定目标的那些基本规则,从人类道德的最低点出发。前者偏重于应然的提倡和鼓励,后者立足于实然的约束和评判。前者与刑法不具有直接的相关性,但其间接影响却遍布整个刑事法治的运行,后者是刑法的表亲,与法律有直接的相关性。富勒认为,在义务的道德中,惩罚应当优先于奖励。反推可知,在愿望的道德中,鼓励应当优先于谴责。③ 按照中国伦理学的观点,愿望的道德大致类似于道德境界,义务的道德大致相当于伦理规范。富勒说:"如果没有一幅关于人类生存之理想状态的图画摆在我们面前,我们就既没有标准来确定义务,也没有标准来为人类能力之表现开辟新的道路。"④

立足于启蒙思想,古典刑事学派明确提出了罪刑法定主义、罪刑均衡主义、刑罚人道主义等基本原则,并基于意志自由论而提出了道义责任论。道义责任论实质上即道德报应论,作为古典学派的杰出代表,贝卡里亚揭示了刑罚与伦理道德之间的内在关系。他把刑罚称为"易感触的力量",认为如果这种力量并不直接触及感官,又不经常映

---

① 参见马克昌主编:《近代西方刑法学说史》,中国人民公安大学出版社2008年版,第22—31页。
② 参见〔美〕富勒:《法律的道德性》,商务印书馆2005年版,第40—51页。
③ 同上书,第6—37页。
④ 同上书,第13页。

现于头脑之中,以抗衡违反普遍利益的强烈私欲,那么,群众就接受不了稳定的品行准则,他认为超越法律限度的刑罚就不再是正义的刑罚,它不但违背了开明理性所萌发的善良美德,也违背了公正和社会契约的本质。贝卡里亚认为,刑罚的目的仅仅在于阻止罪犯再次侵犯公民并规诫其他人不要重蹈覆辙;惩罚犯罪的刑罚越是迅速和及时,就越是公正和有益;对于贵族和贫民的刑罚应该是一致的。他主张,耻辱刑是必要但不应该经常被使用的刑罚,认为法律所处以的耻辱必须同产生于事物关系本身的耻辱相一致,必须同普遍道德和各个制度下的特定道德所倡导的耻辱相一致。他主张刑罚应当宽和,认为残酷的刑罚将造成同预防犯罪的宗旨相违背的有害结果:罪犯所面临的恶果越大,也就越敢于规避刑罚,与此相应,贝卡里亚反对死刑,认为"用死刑来向人们证明法律的严峻是没有益处的",认为奖励美德、完善教育可以预防犯罪。①

功利主义大师边沁对立法颇有心得,其思想包含了对政治伦理和社会伦理的思考。他在阐述立法原理时,开宗明义地指出:"立法者应以公共利益为目标,最大范围的功利应成为他一切思考的基础。"②他说:"热爱那些有益于我们的,痛恨那些有害于我们的,乃是人心的普遍原则。……人们对有益的或有害的行动报以同样的赞许或拒绝的感情。道德和司法,在这种本能的驱使下,经常在没有明确的关于功利的观念的情况下,达到了功利的伟大目的。"③基于功利主义,边沁反对报应刑④,并在孟德斯鸠和贝卡里亚的理论基础上,用五个规则进一步阐释了罪刑相称的原理:"第一个规则,刑罚之苦必须超过犯罪之利;第二个规则,刑罚的确定性越小,其严厉性就应该越大;第三个规

---

① 参见〔意〕贝卡里亚:《论犯罪与刑罚》,黄风译,中国方正出版社2004年版,第7—97页。
② 〔英〕吉米·边沁:《立法理论》,李贵方等译,中国人民公安大学出版社2004年版,第1页。
③ 同上书,第11页。
④ 同上书,第158页。

则,当两个罪行相联系时,严重之罪应适用严厉之刑,从而使罪犯有可能在较轻阶段停止犯罪;第四个规则,罪行越重,适用严厉之刑以减少其发生的理由就越充足;第五个规则,不应该对所有罪犯的相同之罪适用相同之刑,必须对可能影响感情的某些情节给予考虑。"①显然,其第五个规则已经蕴含了刑罚个别化原则的精神。不过,基于功利主义的立场,边沁并不主张将罪刑相称绝对化,他甚至主张"为了赋予刑罚更引人注目的效果,为了更好地鼓励人们对预备犯罪之恶的憎恨,可能牺牲彻底的相称性"。② 这种观点,与我们今天所讲的法律效果与社会效果相统一的观点显然具有异曲同工之处。基于刑罚本身是一种"恶"的认识,边沁认为:"当直接刑罚的后果降临到有罪者身上时,必须把可能落在无辜者身上的痛苦减少到最低限度。"他举例说:"全部没收其财产对其后代就是不公平的,或者至少对其妻子和孩子是不公平的。"③边沁主张建设仁善文化,要求立法者给仁善感情增添新的力量并根据功利原则规定对仁善感情的运用,认为"立法者如果希望鼓励一个民族具有人性,那么他自己就应该首先树立榜样"④。关于犯罪之恶害与经济补偿之间的关系,边沁提出了一个惊人但又发人深省的观点:"几乎所有的犯罪都可能减弱为可以用简单的金钱补偿予以弥补的行为,而且罪行的恶害几乎可以因此而全部消失。"⑤这一观点,既揭示了刑罚的安抚功能,在一定程度上,也可以为刑事和解找到理论注脚。

澳大利亚擅长于公法研究的凯恩教授从责任,特别是民事责任和刑事责任的角度,细致分析了法律与道德的区别,但同时认为法律和道德具有一定的共存关系。他反对人们在论述法律与道德关系的时

---

① 〔英〕吉米·边沁:《立法理论》,李贵方等译,中国人民公安大学出版社2004年版,第376—378页。
② 同上书,第378—379页。
③ 同上书,第382页。
④ 同上书,第485页。
⑤ 同上书,第537页。

候通常采用的将法律责任规则和原则与道德视为一致的先验主义的进路,原因不仅在于道德分歧的存在①,还在于"行为及其后果如果不是故意的仍然带来法律课责,法律与道德就发生了不协调"②,"在以行为人为中心的责任的选择理论中,无过错课责缺乏道德基础"③。不过,在最终的结论上,他认为:"即使在道德领域意见普遍一致的时候,法律也可以通过它的制度性资源加强道德。换言之,法律可以(也确实是)被用来弥补道德在制度上的不足。"④

两百多年来,关于法律与道德的关系,人们一直争论不休。为什么会出现这样的状况?美国著名学者德沃金指出:"在法理学课本中,这种争论被描述为两种语言学理论之间的抗衡:一种是法律实证主义,它坚持认为,通过每个人都承认的使用'法'这个词的词义规则,法律和道德就能被区分清楚;一种是自然法,它相反地坚持认为,正是那些语义规则把法律和道德联系起来。"⑤这一见解,一针见血地指明了不同理论流派的学术分野。我们只有弄清楚这种学术立场的差异,才可能对不同的主张作出正确的辨析,同时得出一以贯之的结论。

考察刑罚学发展的历史,不难发现,近代以来刑罚学(刑法学)经历了客观主义刑法理论阶段、主观主义刑法理论阶段和并合主义刑法理论阶段。

在第一个阶段,资产阶级启蒙思想家、刑法学家对刑罚乃至刑法与社会伦理、政治伦理之间的一致性给予了高度关注,认为犯罪就是极端的道德恶行,是行为人自由意志支配下的选择,具有严重的社会危害性,刑罚不外乎是对这种极端恶行的道德上的报应或者法律上的报应,因此,无论是道德报应观还是法律报应观,都强调刑罚是报应的

---

① 参见〔澳〕皮特·凯恩:《法律与道德中的责任》,商务印书馆2008年版,第22—24页。
② 同上书,第144页。
③ 同上书,第160页。
④ 同上书,第25页。
⑤ 〔美〕德沃金:《法律帝国》,中国大百科全书出版社1996年版,第90页。

手段。这一时期的刑法理论在哲学上主要受康德、黑格尔哲学思想的影响。黑格尔是辩证法的大家,康德虽然主张世界是不可知的,但其哲学思想也充满了辩证思维,因此,在其哲学思想影响下发展起来的客观主义刑法理论,与我国在马克思主义哲学指导下形成的刑法理论具有某种程度的契合性。

在第二个阶段,资产阶级刑法学者认为犯罪不是行为人自由意志的产物,犯罪的属性不在于其社会危害性,而在于其法益侵害性,刑罚处罚的不是行为而是犯罪人,刑罚不是报应的手段而是改造罪犯、预防其再犯的手段,功利是刑罚的目的,为了实现改造罪犯的功利目的,刑罚适用应当个别化。这一阶段的刑法理论仍然受德国古典哲学的影响,因而仍然具有浓厚的辩证思维色彩。

进入20世纪后,德国新西南学派接受了马克思主义哲学的影响,在新康德主义哲学思想的指导下,对客观主义刑法理论和主观主义刑法理论进行了整合、改造,形成了并合主义刑法理论,这些理论中的合理内容至今对我国刑法理论还有深刻影响。随后,在多元化的哲学思想,特别是海德格尔、伽达默尔等解释学以及分析主义法学、新分析主义法学思潮的影响下,当代刑法理论也呈多元化发展趋势,所谓"法律实证主义"就是分析法学派和新分析法学派在"价值中立"旗号下切断法律与伦理道德关系的一种哲学主张。在这样的哲学主张误导下,奉行者抛弃了辩证法的方法论,对刑罚与伦理的关系作出了机械主义的片面解读,无限放大了刑罚(刑法)与伦理道德之间的差异,产生了"将伦理逐出刑法(法律)"的主张。

改革开放后,形形色色的哲学思想、刑法理论通过不同途径涌入我国,以唯物辩证法和历史辩证法为核心的马克思主义哲学受到怀疑,其正统地位产生动摇,于是乎,西方法律解释学中的一些消极内容,如否定法律具有"原意"——实质上是否定法律是执政阶层意志的产物、是与社会各界妥协的产物的立法实际,强调解释主体对法律的任意解读,成为青年一代学者中有影响的观点,与此同时,分析主义、新分析主义法学派反对对包括刑法在内的法律以及法律现象进行价值判断、反对在刑罚学研究中运用公平、正义、自由、人权、人道主义等价值词汇的主张,很快在青年学者中找到了市场。

然而,国外的研究并非呈一边倒趋势,无论是在欧洲还是美洲,新古典主义学派正在崛起。新古典主义学派实质上是对古典自然法思想某种程度的回归,在刑罚学领域,强调刑罚的报应目的。① 在英国,新古典主义被称为右翼古典主义,主张采用强硬的刑罚措施以抑制犯罪,强调通过法律干预实现社会的稳定,通过刑罚的威慑维护社会传统道德的价值。即使与右翼古典主义相对立的批判犯罪学和左派现实主义,也主张关注社会的道德恐慌,只不过认为关注犯罪原因和道德恐慌比关注实际的犯罪人更重要。②

综上所述,对刑罚与伦理的分歧认识,实质上是世界观和方法论的对立或者差异。我们应当注意到分析主义法学思潮在西方的衰弱趋势以及新分析主义法学向自然法学的某种程度的回归,注意到新古典主义法学理论的兴起与发展,坚持辩证唯物主义和历史唯物主义的世界观和方法论,才有可能对刑罚与伦理的关系形成符合社会发展规律的认识。

(三)矛盾的分析与解决

值得注意的是,随着法学理论多元化的发展,清醒的法学家们对法律实证主义学派所主张的"恶法亦法"观点进行了深刻的反思,法伦理学应运而生。法伦理学以研究法律领域或法本身的道德问题为己任,研究法本身所蕴含的价值追求和伦理精神,对具体法律制度进行伦理评价并重视法律实践领域的伦理问题,认为法是一个以伦理精神为内核、以法律制度为支撑、以法律行为为表象的文化系统。法伦理学认为,分析实证主义法学曾试图排斥法学研究中的任何道德内容以保证法学研究的客观性和科学性,但事实上,对于法律这种由人创造

---

① 参见〔法〕卡斯东·斯特法尼等:《法国刑法总论精义》,罗结珍译,中国政法大学出版社1998年版,第419页。

② 参见李明琪、张光:《英国犯罪学的新发展》,载《刑事法学》2002年第7期,第73—76页。

并以此促进人性实现和社会进步的社会现象的研究,是根本无法排斥道德的,任何法律制度的合伦理性,是其存在和发展的前提。① 可以说,法伦理学的基本原理,开启了笔者的研究思路。

有学者指出,在规范意义上,道德与刑法不分、刑法高度道德化、道德高度刑法化,曾经是中外法律文化传统长期普遍存在的一种历史现象。20世纪50年代关于刑法与道德的关系的讨论,改变了西方国家刑事立法政策上道德与刑法不分、刑法高度道德化、道德高度刑法化的倾向。人们逐渐认识到,尽管刑法规范往往起源于伦理道德规范,伦理道德规范直接构成刑法规范的基础,刑法规范的有效推行需要以伦理道德为基础并获得支持,同时,刑法规范对犯罪的惩罚也可以加强道德的约束力,产生强烈的伦理效果,然而,道德与刑法(刑罚)毕竟不同,两者具有不同的存在与作用领域。道德对人的思想和行为提出的是高标准、严要求的"圣人标准",民商法、行政法等提出的是道德的"常人标准",而刑法(刑罚)设定人类行为规范的底线,是最低限度的行为准则,可以称为"小人标准"。违反道德的行为中只有极有限的部分才能进入刑罚视野,成为具有刑法上的可罚性的犯罪行为。社会的伦理道德不可能依赖刑罚予以提倡,刑事立法政策与刑事司法政策不应当基于维护道德秩序或者提高道德伦理水平的考虑任意地将不受欢迎的行为犯罪化。行为的不道德性只是构成刑法干预的必要条件,而非充足条件。只有当违反道德义务的行为同时对他人或者社会的利益构成损害时,才具有刑法上的可罚性的客观依据。② 立足于上述认识,我国刑法学者提出了避免刻意模糊道德与刑法的界限从而使刑法完全道德化,避免将道德与刑法的区别绝对化的主张。③ 笔者认为,上述认识与主张是深刻的。当然,在三种伦理道德标准的划

---

① 参见刘可风主编:《伦理学原理》,中国财政经济出版社2003年版,第383—386页。

② 参见梁根林:《刑事法网:扩张与限缩》,法律出版社2005年版,第36—44页。

③ 同上书,第44—45页。

分上,也存在刻意建立不同层次标准的痕迹,有一定的极端性。

在一个价值多元化的社会变迁时代,伦理道德的分层是十分明显的。因此,泛泛地说道德标准就是"圣人标准",在孔子时代、朱熹时代是可以的,在今天则不大符合社会现实。所谓"圣人标准"的伦理道德,不过是一种高境界的、理想化的道德,或者说是"愿望的道德"。一般社会大众的道德除了"圣人标准"的道德,还包括了底线的道德,如不杀生,不损人利己,更不要损人而又不利己,不盗窃,不贪财(君子爱财、取之有道)等。如果说"圣人标准"的道德是一种愿望的道德,"常人标准"的道德是一种大众化的义务的道德的话,那么,"小人标准"的道德恰恰可以说是一种普遍的、共同的道德。但实际上刑罚化的伦理道德不完全是义务的道德,许多愿望的道德内容也体现在刑罚当中,如人道主义的伦理要求,罪刑法定、无罪推定等基本原则包含的道德原则,等等。因此,刑罚中的伦理道德也不完全是底线的道德。或许用刑罚主要是用来防小人而不是防君子的法律来解释道德的"小人标准"才能说明划分这三种层次标准的意义。

随着国外法学理论在中国的登堂入室,许多令人眼花缭乱的观点对中国的法学理论包括刑法理论产生了不可忽视的影响。与本书论题有关但属于对立面的主张,莫过于分析实证主义阵营的纯粹法学派和新分析法学派的观点。作为纯粹法学派的代表人物,凯尔森主张只有使法律与道德分开,清除法律理论中的意识形态因素,法理学才能成为与价值没有关联的纯粹的规范科学。在对待"正义"的态度上,凯尔森认为这是一个意识形态的"非理性概念",只有在合法性意义上使用,才能进入法律科学,否则没有意义。同样,"平等"意味着法律规范在逻辑上的一致性。忠实遵守已然的法律规范,就是正义的、平等的。作为新分析法学的代表人物,哈特坚持法律与道德相分离的立场,认为法律与道德之间没有必然的联系,将法理学的研究对象限定于研究实在法的共同概念、原则和特征上。虽然哈特也承认法律与道德有一定的联系,但否定道德对于法律的基础意义,认为法律的实施依靠被授予的权力(第二性规则)来进行。① 作为当代分析实证主义法学最重要的成员之一,制度法学关注法律的价值问题并将正义问题纳入实践性的范围之内,但并没有试图确定普遍的正义原则或者价值观念,而是承认价值的多元化和各种价值之间的平等地位;制度法学承认法律与道德的紧密联系,认为法律原则体现着法律制度的价值,但认为法律的正当性论证不需要求助于制度外的伦理道德,而是求助于法律的制度道德——通过实践辩论这样的程序从社会习俗和道德观念转变而来的制度化的道德。② 纯粹法学视线中的法律,已经摆脱了伦理道德的善恶评价,变成了高高在上的神圣器物。其理论对于减少乃至排除对法律的质疑和责难,从而树立对法律的信仰是有意义的;新分析法学视野中的法律,体现了与义务的道德的内在重合,具有一定的折中性,既继承了分析实证主义法学的理论框架,又在一定程度上发展了分析实证主义法学,因而产生了更广泛的影响。但其与分析实证主义法学的共性在于摆脱了愿望的道德对于法律善恶的评价。

近几年,上述理论在我国得到了一些理论法学者乃至刑法学者的赞同,至少对他们的学术观点产生了积极的影响。2003 年,苏力教授对最高人民法院一项司法解释的批评,即主张避免正义、价值等"大词"进入法律领域。③ 个别刑法学者关于从犯罪概念中清除社会危害性评价,建立形式的犯罪概念的主张,多少可以看出分析实证主义法学的影响。

应当承认,刑罚伦理性面临的一个难题就是道德与法律的矛盾问题。这一矛盾来自于两个方面:

第一,社会发展的现代化带来了刑罚的现代化。刑罚现代化是社会现代化的重要内容之一,其进程无疑将对社会现代化产生巨大的反

---

① 参见李桂林、徐爱国:《分析实证主义法学》,武汉大学出版社 2000 年,第 22—27 页。

② 同上书,第 37—41 页。

③ 参见苏力:《司法解释、公共政策与最高法院》,载《法学》2003 年第 1 期,第 1—3 页。

作用。有学者指出,确立对包括刑法在内的法律的信仰,追求以平等、公平、正当价值为要素的社会正义,是中国刑法现代化的灵魂;罪刑法定原则的确立,是刑法立法现代化的标志;刑事立法的谦抑性、及时性和协调性是刑事立法现代化的表征;能够守护正义、司法独立、确立判例制度,是刑事司法现代化的特征;政府主导、社会(民众)参与,是中国刑法现代化的动力资源。① 按照历史唯物主义的基本原理分析,这种现代化的改革是随着社会现代化进程的脚步而迈进的。社会发展的现代化带来了贸易的增长、人员的流动、信息的发达和金融业的发展,"商品、人员和信息流动的增长使非法活动隐藏在合法活动中变得容易"②,国际交流与合作密切了不同地区、不同社会制度下的人民思想上、生活上的联系,形成了多元化的价值观念和伦理道德观念,市场经济使人们焕发出来的对财物的巨大热情,进一步刺激了财产犯罪的增长,政治意识、伦理观念的影响,导致了有组织犯罪、恐怖主义犯罪的传播。③ 凡此种种,使得刑罚伦理性面临伦理道德达成共识的困难。

第二,现代化带来了传统的急剧改变,传统伦理道德、生活习惯等文化因素被改变,一些美好的东西被抛弃,一些不良的东西被欣赏,传统伦理道德面临着历史走到当代又朝向未来的断裂危险,更面临着人们选择、信奉不同的伦理道德所带来的对刑罚仁者见仁、智者见智的评价和对社会共同伦理道德的不同认识。由于共识性的伦理或者说普遍的伦理难以归纳而形成体系,在刑事司法过程中就可能出现罪刑擅断的危险,不同的道德主张可能带来对同样行为的不同评判。比如刑法学界对"天价葡萄案"、刘海洋用硫酸伤害黑熊案、婚内强奸案④、各种"能人"犯罪案、因丈夫拒绝在手术单上签字医生眼看着怀孕的病

---

① 参见田宏杰:《中国刑法现代化研究》,中国方正出版社2000年版,第64—347页。

② 〔美〕路易斯·谢利:《犯罪与现代化》,何秉松译,中信出版社2002年版,再版前言,第14页、第69—77页。

③ 同上注。

④ 参见曾粤兴:《刑法学方法的一般理论》,人民出版社2005年版,第333—338页。

妇死亡的案件①、"见死不救"事件②的讨论,形式上是刑法学术的争论,实质上是不同伦理观念的交锋。

在较短的时期内,要解决上述矛盾是不可能的。但是,社会现代化的发展到了一定时期,会带来大区域化乃至全球化的文化趋同。欧盟对欧洲货币与贸易体系的统一以及东盟的出现即为这种趋势的出现提供了例证。即使暂且看不到这种趋势,追求国内社会的和谐以及国际社会的和谐,也是人类共同的目标。作为一个国家实现这一目标的途径,刑罚伦理性是必要的选择,寻求一定程度的道德共识是解决上述矛盾的钥匙。

关于刑罚与伦理道德的关系,美国刑法学者从刑罚的根据角度进行了研究。德雷斯勒分析了报应主义、功利主义、谴责主义和综合理论的实质,认为报应主义的核心观点在于人通常享有意志自由或者选择自由,因此,当他们选择违反社会的道德观念时,应当受到谴责。报应主义者相信对于所犯罪行的刑罚不仅在道德上是合理的,而且是必要的法律义务。一旦认定犯罪已经实施并且有过错者在道德上对此犯罪负有责任,以刑罚形式作出的恰当回应就是绝对正确的,当刑罚表明我们尊重自己和其他受害者的权利时,在道德上就是善的。功利主义认为,对一个人处以刑罚是为了说服一般社会成员将来要远离犯罪,同时防止该人将来再犯罪,该人是我们所追求的减少犯罪的目的之手段。对该人的刑罚告诉人们什么行为是被禁止的,它向潜在的犯罪人灌输了对刑罚的敬畏。谴责主义又称非难主义或表达理论,认为刑罚是表达社会对犯罪的谴责及犯罪相对严重性的一种方式,因而是正当的。这种表达包含了三层意思:一是告知个人,社会认为某些行为是不合适的,同时我们珍视受害者的价值;二是引导社会的愤怒远离私人复仇;三是使罪犯和其他人能看到罪犯的行为在道德上的重要性和可非难性。综合理论其实是一种尚未统一的折中主义,哈特的综

---

① 参见孙昌军、张辉华:《见死不救的刑事责任分析》,载 www.fawu365.com/html/llyj/,访问日期:2009 年 11 月 23 日。

② 参见朱春先:《见死不救事件的法律追问》,载《法制周报》2007 年第 119 期。

合理论认为刑罚在立法层面上的目的是一般预防,但在司法层面上应该适用"正当应得的惩罚"这一报应主义的理念。① 哈特属于新自然法学派的代表人物,其主张可以概括为功利主义下的报应主义,相反的理论则可以概括为报应主义下的功利主义。

马克思认为,人类掌握世界的方式有四种,即科学精神的方式、艺术精神的方式、宗教精神的方式和实践精神的方式。② 伦理道德直接属于人类行为实践领域,是一种以调节和引导人们的行为为目的、以规范人们的行为方式为内容的实践精神,它着眼于道德选择的实践关系,强调知行合一,是发生于实践关系中的实践精神。③ 法律科学和法律本身同样属于人类行为实践领域,也是以调节和引导人们的行为为目的、以规范人们的行为方式为内容的实践精神,它着眼于制度选择的实践关系,更强调知行合一。因此,法律(包括刑法)与伦理道德的共性,决定了两者之间并行不悖并且保持一致发展方向的内在联系。

有学者指出:"寻求一种道德共识的必要性来自社会本身,而其迫切性则来自这个时代,来自现代社会。任何一个社会都需要一种基本的道德共识才能维系,才不致崩溃","这一共识从性质上说是道德的;从范围上说是政治的;从内容上说是规范的;从程度上说是底线的"。④ 在笔者看来,这种道德共识可以来自于三个途径:

(1)传统伦理道德

这是自源性途径。传统伦理道德是传统文化的重要组成部分。文化一旦形成并变为"传统",就意味着具有强大的历史积淀性和变革的缓慢性。中华文化传统尤其如此。传统伦理道德从未间断过对中国人民的生活的影响,即使是在不堪回首的那些年代,"忍"的伦理道

---

① 参见〔美〕约书亚·德雷斯勒:《美国刑法精解》(第四版),王秀梅等译,北京大学出版社 2009 年版,第 13—49 页。
② 参见《马克思恩格斯选集》(第 2 卷),人民出版社 1995 年版,第 18—19 页。
③ 参见刘可风:《伦理学原理》,中国财政经济出版社 2003 年版,第 75—76 页。
④ 何怀宏:《伦理学是什么》,北京大学出版社 2002 年版,第 84 页。

德也在发挥着稳定社会秩序的作用。不过,社会现代化本身面临的问题之一就是传统伦理道德与现代化的不合拍。比如重义轻利的伦理观念与市场经济的发展存在冲突;"路见不平拔刀相助"的道义伦理固然为见义勇为、正当防卫奠定了伦理基础,也给法治社会各司其职的伦理原则的实现制造了障碍;"各人自扫门前雪,休管他人瓦上霜"的人际伦理,阻碍着现代社会团体主义精神的形成;因果轮回思想使传统伦理道德充满了报应主义色彩,在一定程度上抑制了人们对功利主义刑罚观念的接受,等等。但是,韩国现代化的历程说明,中华传统伦理道德体系蕴含了许多值得我们珍视的内容,这些内容有助于现代化进程中和谐社会的形成。

(2) 国际法律文件中的伦理原则

国际法律文件的制定,固然是主权国家相互妥协的结果,但妥协只有在对基本问题达成共识的基础上才能达成。进入21世纪后,国家法律文件中刑罚内容日益增多,关于各国刑法应当共同遵守的伦理原则也逐渐增多,比如尊重和保障人权、反对酷刑、保障律师执业自由、对罪犯实行人道主义待遇、对犯罪嫌疑人进行无罪推定等,这就为我们寻求道德共识创造了有利条件。在这些法律文件当中,有不少属于国际公约。"公约必须履行"既是国家与国家之间相互交往、合作的一项原则,也是诚信伦理规则。国际公约的国内化过程,将使国家法律文件中包含的道德共识在传统文化的发展中产生潜移默化的作用。

(3) 借鉴外国法律文化

刑罚现代化起源于外国。经过长期的实践,在20世纪70年代后逐渐进入法治化的国家,都已形成了与其刑罚现代化相适应的法律文化。中国刑法的刑罚制度以及其他一切现代法律制度都来自于外国,因此,借鉴这些国家先进的法律文化,改造传统法律文化中不相适应的部分,是不可避免的选择。比如,在中国传统法律文化中,妇女的地位是低下的,新中国的妇女解放运动,彻底改变了广大妇女的命运。但在广阔的农村,男女平等的伦理观念还有待进一步普及。而当代西方发达国家经过女权主义运动的洗礼,男女平等的伦理观念早已深入人心。在中国传统法律文化中,官员与平民法律地位悬殊,而在当代,无论中国还是国外法治社会,官民平等已经成为一种政治伦理和一般社会伦理原则,当然,中国现实社会生活和司法实践中官民不平等的现象还存在。总之,法律文化的相互借鉴是全球化的内在要求。

寻求伦理的共识,不是简单的事情,表面上这只是一个学术立场问题,而实质上是世界观和方法论的调整甚至改变问题。实证主义对法律与道德关系的认识,从哲学上讲,割裂了二者之间的内在联系,不符合唯物辩证法关于用辩证的、联系的方法分析问题的基本原理。也只有信奉唯物辩证法者,才会赞成从个性中寻求共性、从不同的伦理观中寻求伦理共识。

在现代法律文化中,包含了法律至上、罪刑法定、法律面前人人平等、以人为本、保障人权等基本政治伦理原则,从其内涵判断,一般社会伦理中的人道主义、公平、正义,即使不能说来自于这些政治伦理原则,至少可以说与这些政治伦理原则高度一致。因此,本书将选择罪刑法定、罪责刑均衡、刑法平等适用等刑法的三大基本原则与刑罚个别化这一刑罚的基本原则进行刑罚的伦理性分析,因为这四个重要的刑罚原则实质上都是现代社会刑罚领域的伦理原则。

二、研究刑罚伦理性的意义

由于传统刑罚学的研究,对刑罚与政治伦理、社会伦理的关系关注不足,在一定程度上导致刑罚配置和适用有极端化倾向,不利于社会和谐。研究刑罚的伦理性问题,对于改良我国的刑罚制度,包括刑种的完善、刑罚的合理配置与适用、人道行刑、诚信行刑,引导刑罚走向轻缓,引导社会心理走向宽容,树立公民对刑罚的信任和刑罚对公民的亲和力、促进社会和谐具有十分重要的理论意义和实践价值。

徒善不足以为政,徒法不足以自行。"法合人情则兴,法逆人情则竭,情入于法,使法与理结合,易为人接受。法顺人情,冲淡了法的冷酷的外表,更易于推行。"①这些论断从一个侧面说明,如果刑罚本身

---

① 张晋藩:《中国法律的传统与近代转型》,法律出版社1997年版,第21页。

没有与社会伦理保持高度的一致,其定位没有以公平、正义、自由、秩序、宽容、人道、和谐等伦理精神为坐标,其运行没有个人内心善意的支持、主导与监督,那么,法律本身也只能是在愈加猖狂的犯罪面前疲于应付。

伦理是以善恶为表现形式的价值知识,它为人们提供一种行为评价导向。它向人们提供的不是有关客体本身的知识,而是向人们指出他们同现实世界的价值关系的方向,并提出要求解决的问题。行为评价和选择是伦理活动把握世界的基本手段。评价不同于一般认识的特点,它把知识和态度结合为一,包含主体的需要、愿望、情感、意志等因素,是从认识到行为实践的一个必要的中介和环节。如人生价值、个人对他人和社会的念度、个人的责任等,推动人们审查、过滤自己的动机、意图、愿望,并提出符合自我发展的价值要求和价值目标。所以伦理始终体现在人们的行为选择上,集中地表现为一种行为方式。伦理价值不仅体现在伦理主体的评价性和选择性上,体现在伦理活动的目的性上,而且还必然表现在伦理价值的实现方式上。人类的伦理活动按其本性和历史目标看,应该是自由自觉的活动,这是伦理活动理所当然的内在要求。伦理活动的自觉性意味着人们从自身内在需要的角度认识了伦理规范对人的生存和发展的意义,对人生的意义,并把伦理规范作为人生追求的目标和自我完善、自我实现的手段,形成伦理的"绝对命令"。伦理活动的自觉性表明,"人之存在的本质特征是:他已逾越出动物王国与本能相适应的藩篱,超越了自然"①。所以,笔者认为在动用刑罚手段的时候,如果不考虑一定的伦理因素,那么刑罚就将难以被社会接受并发挥其维护社会秩序、保障公民自由、实现社会公平正义的功能。因此,在思想观念日趋复杂化与多元化的时代,刑罚应扩大其视野,对变动的伦理观——一种尊重人权、重视人权的现代伦理观予以回应。

基于上述认识,笔者认为,在我们实施依法治国和以德治国战略,构建和谐社会的大背景下,如何使刑罚这一国家在和平时期最为严厉

---

① 〔美〕弗洛姆:《爱的艺术》,四川人民出版社1986年版,第8页。

的惩罚手段彰显社会伦理价值,在充满刚性的外表上,赋予伦理道德的温情,充分发挥伦理对刑罚的补充作用,这将对中国法治的进程以及实现和谐社会的建设目标具有极大的推动作用和重要的实践意义。研究刑罚的伦理性,不仅对于正确认识刑罚与伦理的关系,寻找两者共同的价值观念、价值原则、价值目标,促进刑罚制度朝着健康的方向发展和完善有积极意义,而且可以促进社会伦理道德和社会主义法律文化建设,引导公民自觉守法、理解和尊重司法,塑造公民对法律的信仰。概括地说,研究刑罚伦理性具有如下意义:

(一) 重视社会伦理对刑罚制度的作用

社会伦理包括政治伦理和一般社会伦理。相对于一般社会伦理,政治伦理具有一定的特殊性,也可称为特殊的社会伦理。

1. 政治伦理概说

政治伦理是国家、集体、个人和法人等伦理主体在政治领域中从事政治活动时所应该遵守的伦理规范和行为准则。它是基于一定政治思想和维护一定政治需要而对伦理主体提出的道德要求,用以规范、调节主体的政治行为,调节各主体之间的政治关系,从而使统治得以良性进行。它在本质上是社会政治规范的一种思想意识形态,是民族、阶级集团的基本价值观念和道德基本原则在政治活动领域的反映,也是规范政治行为的内在律法。[①]

政治伦理是一种现实存在的道德现象,发展历史悠久,在其自身发展过程中以特有的社会内容和本质力量对社会生活的方方面面产生着持久而巨大的影响。在学理上,它属应用伦理学范畴,直接关注现实社会,涉及政治和制度建设方面的伦理道德问题,主要研究政治领域中各种道德现象的产生、作用以及发展演化的规律,研究政治制度以及政治道德的基本理论,道德与政治的行为、权利与义务,德治与法制,政治道德规范,政府道德,国际政治道德以及政治道德的选择、评价与教育、修养等问题。政治伦理的基本范畴是政治道德关系的必

---

① 参见董治良:《中国政治伦理研究》,云南民族出版社2006年版,第160页。

然要求和反映,并为政治伦理的基本原则和规范服务,主要包括公平、正义、民主、秩序、廉洁、务实、勤政、高效等。① 近几年,高层强调的政治伦理还有"以人为本"的伦理原则。古今中外的政治伦理都有一个共同的目标,那就是公平正义,这也是人类社会的共同理想与追求。正义是政治道德的首要范畴,维护正义是国家和政府的义务和首要职责。正义是社会的"平衡器",是社会成员行为的"校正器",对社会的稳定起重要作用。它既是调整各种政治关系的准则,又是社会成员追求的核心价值。公平意指权利和义务的对等关系,要求人们履行应尽的道德义务和享有应得的道德权利。公平还要求国家应当保障和实现社会成员的各项基本权利,通过制定和执行合理的制度与法律维护他们的合法权益,以保证他们享有基本相同的发展机会,使得他们能够平等参与社会竞争,参与社会生活。构成现代社会公平正义整体的要素复杂多样,各伦理主体也是政治生活的参与者。而参与政治生活的前提就是民主。民主同样是政治伦理的一个重要范畴,政治民主首先是一种国家制度和国家形态,其次是以法治为基础的政治原则和程序,同时还是一种道德的品质和行为。秩序则是指"在自然进程和社会进程中都存在着某种程度的一致性、连续性和确定性"②。人类社会生活是在一定的秩序中进行的。秩序是人类社会生存和发展的基本条件。秩序可分为自然秩序和社会秩序。自然秩序是独立于人的行为之外的自在自为的秩序系统,它是自然规律的外在表现形式。而社会秩序更多地体现了人类的主观能动性。一方面国家可以通过制定和执行制度规则、法律规则等形成社会秩序,另一方面也可以通过习俗、道德等调整形成自在自为的社会秩序。廉洁是政治伦理中对国家工作人员的要求,是国家工作人员必须具备的从政道德品质。廉洁要求国家工作人员在政治活动中做到洁身自爱,克己奉公。不过,上

---

① 参见王泽应:《我国政治伦理学研究的回溯与前瞻》,载 www.ethics.hunnu.edu.cn/Article/ShowArticle.asp? ArticledID=228,访问日期:2011 年 4 月 8 日。
② 〔美〕博登海默:《法理学:法律哲学与法律方法》,邓正来译,中国政法大学出版社 2004 年版,第 227—228 页。

述的公平、正义、民主、以人为本、秩序、廉洁等政治伦理都具有手段性的特点,而和谐才是终极的政治伦理目标。

中共十六届四中全会上第一次提出了"构建社会主义和谐社会"的战略目标。和谐是事物协调、均衡、有序的发展状态。它也是国家在处理自身与国民、国民与国民之间的社会关系、政治关系的价值目标,因而属于政治伦理,而这一政治伦理在逻辑上也包含了以人为本的伦理原则。和谐社会是人际关系融洽、社会秩序宁静、社会氛围祥和的社会。在和谐社会中,人与人之间互相信任、同情,人民的自由价值与国家的秩序价值协调,公权力受到严格制约,私权利得到充分的自治。随着改革开放和社会主义市场经济体制的逐步确立与完善,中国社会正由传统走向现代,在这一过程中,我们取得了巨大的成就,同时也积聚了一些矛盾,如人与自然的矛盾、人与人的矛盾、人与社会的矛盾等。如果不能成功化解这些矛盾,必将影响社会的稳定和可持续发展。党中央提出构建民主法治、公平正义、诚信友爱、充满活力、安定有序、人与自然和谐相处的社会,目的就是要从根本上化解在社会转型期出现的这些矛盾,为社会经济的健康持续发展以及人的全面发展创造一个良好的环境。

2. 政治伦理对刑罚的影响

刑罚实质上是国家处理人与国家伦理关系的一种方式,自然应该遵守一定的政治伦理规范。

从党中央提出的和谐社会的六个标准中可以看出,目前中国社会的发展,应坚持以"以人为本"的政治伦理价值。"以人为本"所体现的道德实践精神,"就是要从政治伦理架构的基础上使人成为社会政治生活中真正意义上的主体,并使其居于本位;就是要从政治伦理实践的目的性上大力发展社会生产力,充分满足最广大人民群众不断增长的物质文化生活需要;就是要在社会道德建设的现实中把每一个人当做人来对待,尊重人的基本权利、价值和尊严;就是要在国家及其政府的思想认识和行为实践中让人民成为我们社会真正的主人,使'全心全意为人民服务'成为国家政府根本的执政理念"。① 因此,以人为本的政治伦理与人道主义的社会伦理具有一致性,换言之,政治伦理的基本范畴与和谐社会的价值取向和追求目标是基本一致的,而且和谐本身也是一个伦理道德理想。因此,可以说,建立符合政治伦理要求的各项社会体系,对推动社会和谐必然具有巨大的推动作用。那么作为对肩负着维护社会民主法治、公平正义和安定有序等重要使命的刑法,特别是作为刑法核心的刑罚,在精神实质上贴近政治伦理,在价值观念上趋同于政治伦理,体现或者满足政治伦理的要求,是切实促进社会和谐的必然选择。而且,刑法学发展至今天,已经为刑罚和政治伦理的衔接提供了广阔的发展空间和可能性。

(1) 对刑罚制度的直接指导作用

政治伦理对一个国家的刑罚制度能够发挥直接的指导作用,这是由政治伦理在国家管理中的作用所决定的。中外刑罚史为此提供了丰富的论据。中国古代的仁政伦理,是对暴政伦理的反思,在一定程度上指导着刑罚制度从野蛮走向文明。汉代的文景之治废除了肉刑,将腰斩改为绞死,直接体现了"仁者爱人"的政治伦理。遗憾的是,封建专制的本性,导致了其政治伦理的多变与刑罚制度的反复,如宋代盛行脸上刺字的羞辱刑,凌迟与斩首一直持续到清末。在欧洲,封建专制的政治伦理决定了其刑罚制度与中国古代的刑罚制度具有惊人的相似之处,肉刑和斩首直到资产阶级取得政权后才逐渐废除。对此,凯伦·法林顿所著的《刑罚的历史》一书有充分的说明。"二战"时期,德国法西斯的种族优越论导致了其政治伦理上的种族不平等价值观念,对犹太人普遍适用的"保安处分"制度造成了数百万犹太人的死亡。法西斯反人类、反人权的战争促使人们在"二战"后重视人权保障,多数国家的刑罚制度开始向轻缓化、社会化方向发展。

在中国,经过 1997 年的修订,现行《刑法》已经大大提升了其现代伦理化程度,这集中体现在罪刑法定原则、罪责刑均衡原则、刑法平等

---

① 阎钢:《论科学发展观"以人为本"核心的伦理精神》,载《西南民族大学学报(人文社会科学版)》2008 年第 3 期。

适用原则的确立上。这三大原则实质上也是处理国家与公民、国家与法人和国家与社会伦理关系、政治关系的政治伦理原则。罪刑法定原则的确立,对于限制公权力在司法领域的滥用,防止罪行擅断,保障公民自由具有划时代的意义;罪责刑均衡原则的确立,为司法公平提供了判断标准和技术支持;刑法平等适用原则体现了司法正义的基本要求,是法律面前人人平等的宪法原则和法律适用的基本原则在刑法领域的具体化。对刑事责任主体条件和宽大处罚的规定,如未成年人以及怀孕的女性犯罪免受死刑和对年满75周岁的人有限地适用死刑,对犯罪的未成年人应当从轻或者减轻处罚,又聋又哑的人或者盲人犯罪,可以从轻、减轻或者免除处罚等,体现了立法者矜老恤幼的人道主义伦理情怀;管制、拘役,尤其是前者,符合刑罚轻缓化、行刑社会化的伦理要求,死刑、无期徒刑蕴含着传统伦理同态复仇的大众选择,也包含把有严重人身危险性的人永远或者长期隔绝于社会,从而保障公民与社会安全的伦理愿望;累犯绝对从重处罚、数罪并罚相对从重处罚的规定,与自首从宽处理、立功从宽处理的规定构成一个宽严相济的量刑制度体系,体现了刑法在区别对待基础上实现罪责刑均衡原则和刑法平等适用原则的公平正义观念;缓刑、减刑、假释制度彰显了中庸的伦理原则和行刑社会化的人道主义思想,所有量刑制度和行刑制度都包含了诚信司法、奖惩有序的政治伦理;赦免制度传承了普天同庆的伦理文化。①

(2)对刑事政策(包括刑罚政策)的调适

刑事政策(包括刑罚政策)是一个国家治理犯罪的策略与智慧,当然会受到执政者所奉行的政治伦理的左右。公共治理的需要,促使执政者改变自己的政治伦理观念,进而调整国家的刑事政策。

"宽严相济"政策被公认为是我国基本的刑事政策,因此其自然涵盖刑罚领域,换言之,"宽严相济"也可以说是刑罚政策。"宽严相济"政策是在构建社会主义和谐社会的大背景下提出的,是对古今中外刑

---

① 参见曾粤兴:《刑法伦理化与和谐社会构建》,北京师范大学刑事法律科学研究院2007年博士后出站报告,第90页。

事政策的扬弃和借鉴。"宽严相济"的刑罚政策与当前的政治伦理也是相契合的。在人道主义和谦抑性等价值理念的影响下,刑罚呈现出轻缓化的趋势,这种立法趋势也表明刑罚与政治伦理的精神实质和价值取向是一致的。因为极端化的刑罚适用容易树立国家与个人、个人与个人之间的对立情绪,将衍生新的社会矛盾而导致社会不和谐。

(3) 对刑罚适用原则的引导

在广义上,政治伦理对刑罚适用原则的引导,也可以归入刑事政策范畴。不过,特别强调此问题,对于量刑制度的完善具有十分重要的意义。

改革开放后,随着我国经济与社会制度①的转型,社会治安形势总体上呈恶化形势,国家从 1981 年开始组织"严打",一方面迅速调整刑事立法,加重刑罚配置,另一方面"从重从快"适用刑罚,"严刑峻法"可以说是前二十年刑事司法的特征。实践证明,"严打"并不能彻底扭转治安形势,相反,会导致再犯率的提高,不利于社会和谐。于是,中央提出了"宽严相济"的刑事政策,从立法与司法两个层面进行调控,但在刑罚适用上,究竟应当采取何种原则,才能真正体现"宽严相济",是一个值得深入研究的问题。

在笔者看来,"宽严相济"具有传统法律文化的渊源。孔子总结子产的治国学说,提出了"宽猛相济"的政策主张:"政宽则民慢,慢则纠之以猛。猛则民残,残则施之以宽。宽以济猛,猛以济宽,政是以和。"②这一主张被董仲舒概括为"德主刑辅",被朱熹发展为"以严为

---

① 社会制度是为了满足人类基本的社会需要,在各个社会中具有普遍性、在相当一个历史时期里具有稳定性的社会规范体系。人类社会活动的规范体系,是由一组相关的社会规范构成的,也是相对持久的社会关系的定型化。社会制度分为三个层次:总体社会制度即政治制度,或曰社会形态,如资本主义制度、社会主义制度;一个社会中不同领域里的制度,如经济制度、教育制度等;具体的行为模式和办事程序,如考勤制度、审批制度等。本书指的是后两种制度。

② 武树臣:《儒家法律传统》(上篇),法律出版社 2003 年版,第 49 页。

本,而以宽济之"的司法原则。① 宽与严作为两种极端的策略,在刑罚适用已经走向某一个极端时的"济",意味着只是一种补救、纠偏之举,那么,在常态下,如何协调这两种极端的策略呢? 笔者认为,答案就是"中庸"。《论语》曰:"中庸之为德也,其至矣乎。"程朱理学将其阐释为"不偏不倚",即行事公正、恒常不变。中庸是均衡之术,可以理解为不偏不倚,折中调和,亦即适中,中庸之道即适中之道、折中之道。中国人自古以来养成的对称审美情趣,即源于中庸,可以说,中庸已经成为中国文化的精髓。

和谐的政治伦理也决定了社会治理中庸化的必要。中庸与相对的公平正义,与辩诉协商制度、刑事和解制度具有内在联系,在被告人与被害人之间,进而在社会利益与个人利益之间容易找到利益的平衡点,而这种平衡点,也就是法律效果与社会效果相统一的联结点。中庸守公平,人道出正义,和谐意味着秩序维护与人权保障中庸地得到并重。中庸之刑即公平之刑,人道之刑即正义之刑,秩序与人权并重之刑,乃社会和谐之促进手段。②

由此可见,现阶段刑罚与政治伦理的联姻是水到渠成的必然。其实,特定时代的政治伦理对刑罚的影响,不仅仅反映在条文的制定上,而且还表现在政治伦理的变迁上,政治伦理的变迁必然导致刑罚的变革,这种影响是不以人们的主观意志为转移的客观实在。因此我们可以说,好的刑罚制度在于通过自身的良性运作,倡导内在蕴含的以人为本的价值取向、和谐的政治理念。③

法治意味着以法治国,昭示着法律至上的政治伦理。法律至上,要求执政者、执法者、司法者和守法者必须摒弃法律工具主义的旧观念,但这并不意味着否定法律制度对于执政者实现政治目标的规范价

---

① 参见武树臣:《儒家法律传统》(上篇),法律出版社 2003 年版,第 150 页。
② 参见高铭暄、曾粤兴:《刑罚体现社会伦理的基本途径》,载《华东政法大学学报》2010 年第 5 期,第 32 页。
③ 参见于涛:《刑法背后的政治伦理解读》,载 www. Law. kmust. edu. cn/ht-mi/xsfqy/2011/03/01,访问日期:2011 年 4 月 12 日。

值。刑罚作为政治管理和社会治理的重要措施,当然应当与一定社会制度下的政治伦理和一般社会伦理保持高度的一致,因此,"和谐"的政治伦理应当是刑罚制度所追求的终极价值目标。如果说社会和谐的最高境界是消灭国家、消灭法律制度以实现世界大同的话,那么,刑罚制度的终极目标就是"以刑去刑",以其他处置措施取代刑罚。

需要说明的是,在笔者看来,市民社会的政治伦理与一般社会伦理具有价值目标上的一致性,因而在许多伦理原则上具有重合性,比如刑法平等适用,既是政治伦理中"公民在法律面前一律平等"原则的体现,也是社会一般伦理中"人人生而平等"原则的要求;政治伦理讲正义,一般社会伦理也讲正义;政治伦理主张以人为本,一般社会伦理主张人道主义,而以人为本与人道主义具有本质上的一致性,只不过前者偏重于规范执政者,强调民生、民权,后者普适于伦理主体,强调对人的生命和价值的尊重。因此,在本书中,如果不加特别提示,本书所使用的"社会伦理"就包含了政治伦理和一般社会伦理。基于研究角度的需要,下文着重分析一般社会伦理与刑罚的关系。

(二)促成刑罚体现一般社会伦理

现代社会随着民主、宪政的发展,原本属于社会的权力(包括刑罚权在内的国家统治权)开始由国家向社会复归,国家权力也开始尊重社情民意。作为国家维持社会基本秩序最为严厉的法律制裁手段和国家管理社会的最后手段的刑罚,已不是超越善恶评价的"绝对命令",也必须开始考量社会公众的是非善恶观念。正所谓"普天之下,凡有人类文明所载,其生活条件相若者,则生活之基本法则亦必相若,非任何立法者所可恣意改废"①。因此,只有遵从民众善恶观念的刑罚才是正义的和有效的。

---

① 韩忠谟:《刑法原理》,中国政法大学出版社2002年版,订正后记。

1. 刑罚与一般社会伦理的关系①

法律与一般社会伦理（道德）的关系是西方法哲学领域一个长期争论不休的问题，他们基于不同的立场对此问题作出了不同的回答，从而形成了自然法学和分析实证主义法学两大学派。在自然法学派看来，法律与道德是不可分割的，道德法则是自然万物的理性最高法则，它不但是法律制定的根本依据，也是评价法律的最高标准，一切其他的法则都应当符合并且必须符合这项原则。古罗马的政治家、法学家西塞罗认为，自然法先于国家和法律存在，是国家法律的存在依据和评价标准，"存在且源自万物本性，要求人们正确地行为和阻止我们犯罪的理性，它成为法律并非如自它成文之日，而是始自它产生之时，它是同神明的灵智一起产生的"②。在谈到国家、法律、道德三者的关系时，他认为，"政治家实际上能够通过法律来认可在民众传统中逐渐形成的道德、规范，并通过国家机关使民众遵循这些道德、规范和法律"③。他的理论对罗马法的产生有着很大的影响。随后，格劳秀斯、斯宾诺莎、霍布斯、洛克、卢梭以及新自然法学派的最富有影响的人物富勒虽然在不同程度上对法律与道德的关系作了修正，但总的来说，他们认为道德法则是自然法的核心法则，自然法的一切观点都是在这项核心原则上展开与丰富的，道德与法律是密不可分的。实证主义法学派则主张法律与道德之间没有必然的内在联系。著名实证主义法学代表人物奥斯丁说"法律的存在是一回事，它的优点，是另一回

---

① 在伦理学上，伦理与道德是不同的。伦理侧重于反映人伦关系所必须遵循的理性法则；道德则重在反映道德活动个体自身的操守。不过，两者在大多数情况下是被当做同义词使用的，两者有相通之处。如果说，伦理是抽象的行为准则，那么道德就是具体的伦理实践，是伦理的具体化、个别化。这也是生活中人们习惯于把"伦理道德"组合使用的原因之一。本书即在此层面使用伦理一词。

② 〔古罗马〕西塞罗：《论共和国·论法律》，王焕生译，中国政法大学出版社1997年版，第218页。

③ 同上书，第4页。

事"。① 纯粹法学的代表人物凯尔森在《法律与国家概论》一书的序言中,否定了法律与道德在内容上的联系。他认为,纯粹法学"旨在从结构上分析实在法,而不是从心理上或经济上解释它的条件或从道德上或政治上对它的目的进行评价"。在此基础上,他认为"科学法律的定义没有任何政治、道德的内涵,摆脱任何主观的价值判断,它仅表明法律是社会组织的一个特殊手段。也就是说,法律不是一个目的,而是一个手段,一个工具,能为任何社会政治、经济制度服务,不论社会主义法律、法西斯主义法律或资本主义法律,都是法律。因此,'法律'是人类行为的一种秩序和社会组织的特殊技术"②。从两大学派关于法律与道德的论述可以看出,自然法学派更多的是从价值层面出发来阐释法律与道德的关系,而实证主义法学派则更多的是从规范和秩序层面出发排除法律概念中的道德因素。

虽然法律与伦理道德属于两个不同的范畴,但它们均是基于同一经济基础的社会上层建筑,两者必然在某种程度上存在价值理念上的一致,正所谓"法律乃是我们道德生活的见证和外部沉淀"③。它们均是以规范模式表现的价值范畴,从不同的方面发挥治理社会的功能。伦理道德是基于扬善而设计的,它的本质是一种向善的价值文化,它常常以"文明""人道""理智""公正"等概念表现出来。另外,从价值论出发,伦理道德就是一个社会所公认的价值观念体系,是人们用以明辨是非和进行价值选择的标准。而法律是基于防恶而设计的,作为一种国家制定或认可的由国家强制力保证实施的行为规则,它不是纯粹的技术和抽象的规范,它的产生也不是人们的物质生产活动的自然结果,而必须经过受一定的生产方式所制约的人的伦理精神的过滤。所谓伦理精神,是精神的一种特殊方式,它从道德上把握时代脉搏,内在地显示历史发展的趋势,并从道德上表明一种社会形态、社会生活

---

① 张文显:《二十世纪西方法哲学思潮研究》,法律出版社 1996 年版,第 85 页。
② 沈宗灵:《现代西方法理学》,北京大学出版社 1992 年版,第 156、163 页。
③ 〔美〕霍姆斯:《法律之路》,载《武汉大学学报》1995 年第 2 期。

方式即将灭亡，或者表明一种新的社会形态、社会生活方式即将出现，它是本民族优秀文化传统在道德上的集中表现，具有时代性、超越性和民族性。① 据此，伦理精神作为当下实践主体对自己所处的各种社会关系所作的"应该如此"的价值判断和基本的价值取向，必然对法律的产生和实施起着重要的影响作用。而法律之所以必要，是因为它能使行为主体避免行为的随意性、盲目性和行为结果的不可预测性，即表达了行为主体对行为过程和结果"应该如此"的判断要求。所以说，任何法律都要以一定的伦理精神为底蕴。英国学者赫伯特·斯宾塞说："制定法律的机构所制定的法律，其本身并不具备神圣不可侵犯的特性，相反，不论它们拥有何种神圣性，均来自于道德的认可——这种道德的认可，正如我们所观察到的，究其源头，乃在于在社会条件下行使着的人类生活的法则。由此，也会带来一个必然的结果，即若缺乏道德认可，它们必将受到理所当然的挑战，并且无法再披着神圣的面纱来糊弄大众。"② 刑罚作为一种重要的社会控制手段，当然也不能脱离伦理精神的影响而孤立存在。事实上，"无论实在法的原则，还是理念法的原则，都不过是刑法的皮囊，至于这一皮囊的香与臭，不取决于这些内容的本身，而是取决于这些原则背后、用于填充这个皮囊的血肉——刑法的价值理念。善的价值理念，使这一皮囊历久犹有芬芳；恶的价值理念，则使之遗臭万年"。③ 因此，刑罚应以伦理道德为根基，不管是在制刑、配刑还是在动刑、行刑的过程中都必须充分考虑社会道德和伦理的评价，尽可能地将刑罚与伦理的评价结合起来，从而使刑罚更加符合人道性、公正性等伦理精神。

伦理又有底线伦理和特殊伦理之分。通常我们把共同体的伦理

---

① 参见章海山：《中国儒家伦理精神与现代化》，载《中国孔子基金会文库：儒家道德的重建》，齐鲁书社2001年版，第99—100页。

② 赫伯特·斯宾塞：《国家权力与个人自由》，谭小勤译，华夏出版社2000年版，第113页。

③ 贾凌、曾粤兴：《〈刑法〉基本原则的新解读》，载《云南大学学报（法学版）》2002年第2期，第42页。

原则——社会生活本身所必不可少的道德原则——称为"底线伦理"。因为每个共同体都是一个个别的共同体,它拥有自己独特的生活方式、自己的成员资格条件、自己的制度和价值观。这些独特之处产生更深一层的原则、规则和美德,以及与它们相关的更深一层的义务,我们称之为"特殊伦理"。"底线伦理"维持了个体和共同体的存在,而"特殊伦理"则称为个人之间和共同体之间的差别特征,那么刑罚是对伦理的最高追求还是对伦理的底线维护呢?

  一般认为,刑事制裁的适用对象一般仅应限于那些被认为是——对此无重要的社会分歧意见——不道德的行为。[①] 那么是否意味着不道德性是动用刑事制裁的重要条件呢?答案是否定的。比如人们通常认为,仅仅因为恪守承诺变得多有不便就加以违反的行为是不道德的。它不仅不道德,而且如果轻易背信之风愈刮愈烈,那么生活中的普通商业行为必将大受影响。可我们却不能把背信者投入监狱。他们的所作所为可以被认为既不道德又贻害于人;但这些行为却不会导致刑事制裁的动用。[②] 这也是由刑罚的谦抑性决定的。刑罚是国家只有在运用民事、行政的法律手段和措施仍不足以抗制,在"不得已"的情况下才为之的惩罚手段。因此,当我们对某一个人处以刑罚的时候,是因为他没有恰当地运用自己的自由意志,从而危害或威胁到了那些确保他人生存、健康、幸福的基本条件。国家把该行为当做犯罪来看待的标准,应参照一般民众的认知、控制能力来确定,即国家在设定犯罪时所尊重的应是绝大多数民众的是非善恶观念的伦理,也即刑罚所惩处的恶应是民众善恶观念中最为严重的、最不能容忍的恶。只有这样,我们才能解释那些貌似无害的行为被规定为犯罪的原因,即"刑法始终坚持维护所有人之间相似性的最低限度,使个人无法威胁到社会整体的安全;此外,刑法还迫使我们去尊重那些能够展现和体

  [①] 参见〔美〕哈伯特·L.帕克:《刑事制裁的界限》,梁根林译,法律出版社2008年版,第260页。

  [②] 同上书,第261页。

现这些相似性的符号,以此来保护相似性本身"①。所以,法律在多元利益调适中的"中庸"性质和角色所致也好,刑罚的谦抑性所致也罢,刑罚所反映和服从的伦理价值都应该是社会中最具有"普遍性"的伦理价值,而更高的伦理价值追求只能通过自觉自律的伦理规范来实现。如对盗窃罪既遂的认定,就一般市民观念来说,盗窃罪的本质在于侵犯了财产,而不是行为人获得了财产,因此,盗窃罪既遂与未遂应以被害人是否失去对自己合法财产的控制为区分标准。

但是,刑罚与伦理道德这一产生巨大能量的组合发生作用的方式并不是一加一等于二这般简单,两者组合的作用对经济基础和社会秩序的效果取决于两者自身结构的合理性和相互之间的契合程度。在理想状态下,两者的完美对接和作用的发挥需要各自理念与原则的深层互补和各自体系下的具体制度的无缝焊接。就像嫁接移植手术一般,是一场外至皮肤肌肉,内至血管神经的彻底结合。

2. 刑罚对一般社会伦理的体现

刑罚制度属于具体的社会制度,几乎任何具体的社会制度都有导向功能和文化传承以及改造功能。不仅在创制刑罚时应符合一般社会伦理精神,而且在动用刑罚和刑罚的执行过程中,也应体现社会一般伦理要求。过度的刑罚分配和过分的刑罚执行,不仅不会得到有理性的民众的理解和支持,相反,会增添罪犯及其亲属对司法官员、司法机关和国家的怨恨,罪犯向社会的回归可能意味着更强烈的报复。

(1) 立法上体现社会一般伦理

立法关乎每一个人的利益,关乎社会公共利益,因此,立法必须谨慎。我们应在追求社会和谐目标的指引下,尽可能使刑罚立法与一般社会伦理观念保持高度一致。这是一条立法者与公民以及社会之间的伦理规则。马克思指出:"立法者应该把自己看做一个自然科学家。他不是在制造法律,不是在发明法律,而仅仅是在表述法律,他把精神关系的内在规律表现在有意识的现行法律之中。如果一个立法者用

---

① 〔法〕埃米尔·涂尔干:《社会分工论》,渠东译,生活·读书·新知三联书店2000年版,第69页。

自己的臆想来代替事情的本质,那么我们就应该责备他的极端任意性。"① 正所谓"经得起道德评价的刑罚便是合理的刑罚,经不起道德评价的刑罚便是不合理的刑罚"②。邱兴隆教授在论证刑罚的合理性根据时也是从秩序、正义与自由这些法的基本价值同时也是基本道德价值的角度出发论证的。③ 因此,公众的普遍法情感和正义的观念无疑也是立法者必须考虑的因素,法律不应当助长民众不理智的残暴、强烈的报复心理,而应当引导民众树立宽容、人道的基本人文精神。

  刑罚在当前立法上体现社会一般伦理的规定并不鲜见。首先,从刑种来看,我国现行《刑法》对死刑配置较多,这与我国传统的报应主义的伦理观念和统治者迷信死刑威吓作用的政治伦理观念有关,从某种程度上说这也体现了那个时期的社会一般伦理要求。但进入21世纪后,随着"宽严相济"刑事政策的提出,执政阶层在制定刑罚时也开始意识到现代的正义观念不仅仅是报应的正义,而是应当由宽容、人道等加以节制的正义,这一伦理观念反映在《刑法修正案(八)》中对一些经济性非暴力犯罪死刑条款规定的废除,使我国目前《刑法》中死刑条款从原来的68个减至55个。虽然我国目前死刑条款的数量还是很多,但在当代中国并不具备废除死刑的社会基础条件下,严格限制适用死刑同样也符合社会一般伦理的要求。另外,我国《刑法》中"审判时怀孕的妇女和犯罪时不满十八周岁的未成年人犯罪的,不适用死刑"以及《刑法修正案(八)》中已满75周岁以上的人只有以特别残忍的手段致人死亡的才可以适用死刑的规定,既体现了矜老恤幼的社会一般伦理观念,也体现了刑罚的人道主义的伦理观念。此外,从刑罚的体系上看,随着最高人民法院收回死刑复核权之后,死刑的适用明显减少,并且《刑法修正案(八)》中提高了数罪并罚的最高刑期和无期徒刑的实际执行刑期,这在一定程度上使得生刑与死刑之间的

---

① 《马克思恩格斯全集》(第1卷),人民出版社1956年版,第183页。
② 邱兴隆:《罪与罚讲演录》(第1卷),中国检察出版社2000年版,第18页。
③ 参见邱兴隆:《关于惩罚的哲学:刑罚根据论》,法律出版社2000年版。

空当缩小了,使得整个刑罚体系呈现出了协调和均衡的发展态势,体现了制度设计中的和谐理念。

社会一般伦理观念也体现在对自然犯和行政犯①的立法中。古罗马法为自然犯和行政犯的区分提供了直接的思想渊源。真正在刑事法理论上正式提出这一对范畴并加以系统阐述的则是著名刑事人类学派的代表人物之一——加罗法洛。自然犯是因为直接违反伦理以及本身具有的自体恶而天然地成为刑法规制的对象,它不待法律规定行为自身就具有民众能意识到的反道义性、反社会性,例如故意杀人罪。各个国家刑法中都有该种犯罪,成文法国家一般表述为故意杀人罪,习惯法国家往往表述为蓄意谋杀罪或者轻率杀人罪,名称不同,实质一样。这说明全球都把"不得任意杀人"作为一项义务的道德。富勒说道:"不得杀人这一道德禁令无需以任何完美生活图景为前提。它只是建立在这样一个平凡的真理之上:如果人与人之间相互残杀,任何可以想象的愿望的道德便都无从实现。"②

所以说,自然犯与社会一般伦理有着天然的亲缘性。而行政犯是指某种行为原本符合人们共同的伦理道德,但立法者认为不利于社会秩序的维护,或者有碍于国家利益、公共利益,从而用刑法加以规制的刑法规范。一般认为,行政犯在本质上并不违反伦理道德,之所以对其加以处罚,主要是基于社会功利的考虑。但随着社会的发展,行政犯也并非与社会伦理道德毫无关系。"尽管在其被犯罪化的时候,可以将其看成是在社会伦理上中性的行为,一旦该行为被作为行政取缔法规上的犯罪被规定下来,它就和应当遵守法律这种社会伦理规范结合起来了,所以,行政犯也并非和社会伦理规范无缘。"③例如,我国刑法中规定的环境资源类犯罪就是如此。中国经历了漫长的农业文明,其中辽阔的西部疆域则以游牧文明为主,市民化的程度很低,公民化

---

① 学说上一般将自然犯与刑事犯、行政犯与法定犯的观念作相同的理解,因此本书在讨论中为了方便起见,统一使用自然犯与行政犯这对概念。
② 〔美〕富勒:《法律的道德性》,商务印书馆2005年版,第14页。
③ 〔日〕大谷实:《刑法总论》,黎宏译,法律出版社2003年版,第6页。

的历程才刚刚开始,因此,随意向大地、江河湖海倾倒废旧物品、排放污水是国民的习惯,在传统伦理道德观念中,这是一种正常的、符合大众伦理道德的行为。同时,地大物博、资源取之不尽用之不竭的观念使人们疏于节约资源和能源。然而随着社会的发展,环境问题成为日渐困扰国民经济发展的重要问题,为此,刑法规定了破坏环境资源保护罪,把违反国家规定,排放、倾倒或者处置有放射性的废物、含传染病病原体的废物、有毒物质或者其他有害物质,严重污染环境的行为规定为污染环境罪;把擅自进口固体废物、非法处置进口的固体废物的行为规定为犯罪;把非法狩猎行为,非法猎捕、杀害珍贵、濒危野生动物,非法收购、运输、出售珍贵、濒危野生动物及其制品的行为,非法捕捞水产品行为,非法占用农用地,非法采矿、破坏性采矿,非法采伐、毁坏、收购、运输、加工、出售国家重点保护植物以及收购、运输、加工、出售其制品的行为,滥伐、盗伐林木的行为,非法收购、运输盗伐、滥伐的林木的行为规定为犯罪,即把过去这种司空见惯的、被认为是正常的、符合大众伦理道德的行为予以犯罪化。如果说自然犯是先有社会伦理基础后有刑法规定的话,那么,行政法则是立法者把政治伦理通过刑事立法转化为一般社会伦理的结果。经过了二十多年刑事司法的教育和引导,很多公民已经树立了不得猎捕珍贵野生动物,不得盗伐林木,不得破坏环境的新的伦理观念。① 再比如食品安全类犯罪。马斯洛认为,安全是人的最基本需要之一,是仅次于生理需要的基本需求;在人的需求结构中,安全需求占据了第二位。在人们越来越重视食品卫生安全的今天,对此类行为的制裁不可能说没有社会伦理基础。正所谓"己所不欲,勿施于人",公众认为对具有严重危害性的食品卫生安全的行为给予刑事规制是合乎正义的。对此类行为给予惩治也有助于树立新的伦理道德观。行政犯中的公司企业类犯罪,刑法之所以对此进行规制,解决的主要是诚信的问题,而诚信恰恰也属于社会一般伦理的要求。如果说自然犯有着天然的伦理基础的话,那么

---

① 参见曾粤兴:《刑法伦理化与和谐社会构建》,北京师范大学刑事法律科学研究院博士后出站报告,第100页。

行政犯则是通过其所蕴含的价值取向与精神来引导人们的行为,整合人们的德性,逐渐形成适应社会发展的一般伦理观念。

因此,刑罚立法如果不能与当前的社会伦理相符,不能把公平、公正、宽容、人道、和谐等社会一般伦理精神向社会大众传达,将不仅使法律缺乏一种向心力和凝聚力,还无法通过立法上所倡导的伦理精神来调节社会的多元矛盾,进而达到和谐的境界。

(2) 司法上体现社会一般伦理

要将体现社会一般伦理的刑罚由"死"的法转变为"活"的法,关键在于司法环节。由于刑罚司法并不涉及权利义务的分配、刑罚种类的创制,因此刑罚司法体现社会一般伦理的关键在于如何将刑罚立法中的伦理特征表现出来。[①]

司法并非是对刑罚规范的机械理解和适用,酌定情节的灵活运用,绝非来自法律的精确指导,而是来自科学、合理、人道、文明的刑罚价值取向的指引,如果没有这种正当的刑罚价值取向,刑罚适用的合理性和正当性也如空中楼阁,也很难达到情、理、法和谐一致的处理结果。公民如果感受不到法律的脉脉温情和亲和力,就不会真心信仰和自觉遵守法律。在我国司法实践中,随着刑事司法文明化程度的提高,司法中的很多做法也彰显了社会一般伦理的要求。如让被告人从离开看守所到进入法庭途中戴着头套,体现了司法官员尊重被告人人格尊严的伦理道德;"刑事和解"制度的试行,运用"和合"文化的传统内涵的原理,充分体现了刑罚的人道性与"宽和"的价值,也让"和谐"的伦理道德理想付诸实践。此外,在正义的价值理念的倡导下,我们不仅在立法上对侵害弱势群体的犯罪加大了惩罚的力度,同时,对弱势群体人员实施的犯罪,倘若情有可原,在刑罚的适用上则可适当考虑从宽。比如,在长期的司法实践中,法官在酌定量刑情节中事实上已经形成了保护弱势群体的一些规则,同样是盗窃案件,在犯罪对象、作案次数、数额基本一样的情况下,法官对"饥寒起盗心者"的量刑一

[①] 参见高铭暄、曾粤兴:《刑罚体现社会伦理的基本途径》,载《华东政法大学学报》2010年第5期。

般都会轻于对"饱暖思淫欲者"的量刑。在云南的毒品犯罪审判实践中,过去对运输毒品的罪犯,只要运输的海洛因或者冰毒数量达到当地适用死刑的标准又缺乏法定的从轻情节的,一般都会判处死刑。近几年来,法官们发现,实施运输毒品行为者,往往是那些生活在贫困线下的弱势群体成员,有钱人实施毒品犯罪的,几乎干的都是走私、贩卖毒品的勾当,他们往往采取人货分离的方式进行毒品犯罪,因而在许多案件中,被处死的是弱势群体成员,其背后的贩卖者、走私者常常逃脱了法网,基于上述认识,目前各地法院已经很少对单纯的运输毒品犯罪行为人适用死刑。①

值得注意的是,有时法律或者规范性文件已经彰显出宽容、人道的伦理精神,但社会分层不同,所表现出来的价值观也可能与法律或者规范性文件的规定精神相冲突。以未成年罪犯的处遇为例,理性的政府都能认识到未成年人具有是非观念不够成熟,易冲动、易受交叉感染同时也易改造的特点,因此,1990年生效的联合国《儿童权利公约》第37条(C)项规定:"所有被剥夺自由的儿童应受到人道待遇,其人格固有尊严应受尊重,并应考虑到他们这个年龄的人的需要的方式加以对待。特别是,所有被剥夺自由的儿童应同成人隔开。"我国《刑事诉讼法》第274、275条也作出了未成年人犯罪案件不公开审理,被判处5年以下有期徒刑的未成年罪犯的档案必须封存的规定。最高人民法院2012年12月20日发布的《关于适用〈中华人民共和国刑事诉讼法〉的解释》第469条第1、2款规定:"审理未成年人刑事案件,不得向外界披露该未成年人的姓名、住所、照片以及可能推断出该未成年人身份的其他资料。查阅、摘抄、复制的未成年人刑事案件的案卷材料,不得公开和传播。"但在实践中,随意披露涉案未成年人信息的情况比较突出,媒体和网民对一些背景特殊的涉案未成年人表现出浓厚的兴趣甚至极端的愤恨,对法律和规范性文件的规定缺乏认同,显示出社会对某些未成年人不够宽容的情绪。这种现象,需要随着法律制度的实施和强有力的宣传引导才可能得到改变。

---

① 参见曾粤兴:《死刑的司法与立法限制》,载《时代法学》2005年第5期。

(3) 执行上体现社会一般伦理

刑罚的执行,是将刑罚付诸实施的一项刑事司法活动。它随着报应主义向功利主义的演进,也经历了从报应到功利两大历史阶段。在报应刑阶段,尽管它经历了从神意报应到道义报应,再到法律报应这样一个演进过程,但它的本质是为惩罚而惩罚,惩罚是行刑的主旨。只有进入了功利阶段,才赋予了对犯人进行教育改造、让其回归社会的人道主义思想。"伦理规范是国家法律的根底。法属于人类的伦理世界中的一种规范秩序,是被政治和权力所保护的秩序。凡是伦理秩序都是扎根于人类存在的基础的,特别是法秩序,更是和人类存在中的现实利益相结合的。"① 所以作为现代国家调控社会的重要手段的刑罚,在其执行过程中,不能脱离社会一般伦理的要求,应当与社会一般伦理相契合。

例如,作为刑罚执行方式之一的保外就医制度就体现了人道主义思想,人道主义在本质上属于社会伦理,而且是人类普通的伦理。所谓保外就医,是指对于被判处有期徒刑或者拘役的罪犯,因具备法定情节(严重疾病),而依照法律规定的程序,由监内执行刑罚变更为暂予监外执行刑罚的一种特殊的刑罚执行方式。在刑罚执行体系中引入保外就医制度,对罪犯群体中的严重疾病患者给予必要的人道关怀,体现了刑法伦理特性,也有利于感化其他所有的服刑人员及其家属,有利于保外人员的特殊预防和教化,对人权的保护起到了积极作用,对整个社会产生了很好的影响。② 此外,刑罚执行中的假释制度,不仅体现了对犯罪处罚宽严相济的政策指导,也体现其文明与人道主义的一面。在监狱里建立学校,允许改造好的罪犯能够在春节与家人团聚以及对管制、缓刑、假释等犯罪分子实行社区矫正等均体现了行刑的人道化、社会化和轻缓化。当然,尽管刑罚在执行的过程中基本

---

① 〔日〕小野清一郎:《犯罪构成要件理论》,王泰译,中国人民公安大学出版社1991年版。

② 参见曾粤兴:《刑法伦理化与和谐社会构建》,北京师范大学刑事法律科学研究院2007年博士后出站报告,第271页。

上与正义、人道等社会一般伦理相契合,但是还有很多不尽如人意的地方,还有待我们进一步完善刑罚执行制度。

以死刑执行为例,实践中一些地方执行死刑未能体现人道的伦理精神,从而招致民众批评。2006年12月,成都市中级人民法院对故意杀害妻子的梅宇执行死刑。执行前,梅宇的老父亲两次向法院申请见儿子一面均未得到答复,直到看报纸才知道儿子已被执行死刑。记者在随后的调查中发现,"临刑见面"难的问题普遍存在。① 时隔7年后,湖南省轰动一时的集资诈骗案的被告人曾成杰于2013年7月13日被处决,家属在事后才得知消息。此事引起了媒体和网民的广泛关注和强烈批评。② 最高人民法院、最高人民检察院2007年发布的《关于进一步严格依法办案确保办理死刑案件质量的意见》第45条规定:"人民法院向罪犯送达核准死刑的裁判文书时,应当告知罪犯有权申请会见其近亲属。罪犯提出会见申请并提供具体地址和联系方式的,人民法院应当准许;原审人民法院应当通知罪犯的近亲属。罪犯近亲属提出会见申请的,人民法院应当准许,并及时安排会见。"这一规定在最高人民法院2012年年底颁布的《关于适用〈中华人民共和国刑事诉讼法〉的解释》第423条中得到重申。刑前见面,实际上是一种人伦常情,体现的是人道主义的关怀,对死刑犯的亲属可以起到安抚作用。如果法院拒绝安排会见或者疏于安排会见,很容易引发死刑犯亲属对政府的不满和民众对法院判决及其执行方式合理性的质疑。

因此,在刑罚执行的过程中应充分体现公平、公正、人道等社会一般伦理观念。执法原情,人道性是法的正当性的基础,法律应当富有弹性,与社会公众的道德情感相一致。如果刑罚的执行与社会一般伦理价值观念背道而驰,不但得不到社会公众的支持,也会使法治精神得不到贯彻和落实,社会主义和谐社会的构建也将成为空中楼阁。

---

① 参见董鑫等:《调查称死刑犯临刑前不能与亲属见面现象较普遍》,载《华西都市报》2007年3月1日。

② 参见《死刑犯会见亲属为何这么难》,载 www.news.ifeng.com/opinion/special/zengc,访问日期:2013年7月26日。

(三) 促进社会主义法律文化建设

社会主义法律文化是构建社会主义和谐社会的必要条件和手段。法律文化蕴含着一个民族和国家在漫长的发展过程中不断形成的民族习性、民族心理、民族传统和民族习惯。同时,这些因素在形成过程中也在方方面面受到伦理道德的深刻影响。

1. 法律文化简述

法律文化作为文化系统中独特的、不可或缺的组成部分,是在历史发展过程中积淀下来的,社会或个人在一定的生产方式的基础上,在一定的社会环境(包括政治、经济、文化)中形成的对法律现象的认识、态度、信仰和期待的总称。同时,法律文化作为人类在国家和社会管理中的探索与积淀,其本身具有民族性和传承性。既然法律文化是一种客观存在的社会现象,则必然存在相应的具体内容,这些内容就是由社会的物质生活所决定的法律上层建筑。根据马克思的上层建筑理论,社会的上层建筑分为两大部分:① 社会意识形态;② 与意识形态相适应的制度、组织机构等。相应的,法律文化也由两部分组成:① 法律意识形态;② 与法律意识形态相适应的法律规范、法律制度、组织机构、设施等。

美国学者克鲁克洪将文化分为显性文化和隐性文化两大结构。他认为,有形的文化是显性文化,无形的文化是隐性文化。[①]参照克鲁克洪的文化结构理论,法律文化也可以分为显性文化和隐性文化。制度性的法律文化属于显性文化,包括三个层面:法律法规、法律制度和法律设施,它总要人用权力来维持和运行,是一国法律文化的表现形式。理念性的法律文化属于隐性文化,也包括三个层面:法律心理、法律意识和法律思想[②],它深藏于社会深层,是一国法律文化的根基。二者相互结合、相互呼应才能推动法律文化的良性发展。

---

① 参见〔美〕克鲁克洪等:《文化与个人》,高佳等译,浙江人民出版社 1986 年版,第 8 页。

② 参见刘作翔:《法律文化理论》,商务印书馆 1999 年版,第 118 页。

在法律文化中,法律心理是法律意识形态的初级阶段,主要表现为心理的感受和反应以及长期形成的习惯和风俗等。法律心理是一个民族的长期文化传统积淀的产物,具有稳定性和滞后性。法律传统是法律心理的重要渊源之一,法律传统有时指一种民族的风俗、习惯,有时也指一种长期延续下来的行为和法律活动方式,但法律传统更多地渗透在一个民族的法律心理机制当中,表现为一种民族法律价值体系和行为准则。我国的法律传统其实质就是伦理或者说伦理法,所以我国传统的伦理基本上是以当代一般社会伦理的形式持续而稳定地影响着公民的法律心理。因此伦理规范与我国当代民众的法律心理有着某种内在的、天然的联系。①

当法律心理的感性成分减少、理性成分增加,便进入一个更高的层次——法律意识。法律意识是法律心理和法律思想体系的中介环节。在法律意识中,占核心地位的是法律价值观。法律价值观使人们对法律及法律现象所形成的态度、认识、信仰、评价。法律价值观决定和支配着人们的行为取向和行为选择。因为理性化成分较多的缘故,法律意识较法律心理有较大的易变性。在社会发生大的变化(譬如革命)后,掌握政权的阶级便会通过传播自己的意识形态影响社会的意识形态,进而影响民众的法律意识。在法律意识发展和转变的过程中,个人法律意识与社会法律意识互相作用。个人法律意识的社会化便成为一种社会法律意识。反过来社会法律意识又会影响公民个体的法律意识。这种社会法律意识一旦占据统治地位,就会体现于法律文化表层结构的方方面面,进而左右一个社会的法律在该社会生活中的地位、作用和实现程度。由于引发法律意识转变的重大变革在很大程度上源自于因政治伦理的发展(如由对王室的忠诚转向对自由、平等的追求)而引发的各阶层意识形态的冲突,所以法律意识与伦理的关系也显而易见,只是在这种场合政治伦理的作用更突出一点而已。

将分散的、具体的、个别的法律观念、看法等法律意识转化为一套完整的、系统的、理论化的思想体系,便是法律思想体系。法律思想体

---

① 参见刘作翔:《法律文化理论》,商务印书馆1999年版,第119页。

系是法律文化深层结构的最高层次,是对法律和法律现象的理论化、理性化和体系化了的法律意识和法律价值观的总和,是法律意识形态的高级阶段和理性认识阶段。① 也就是说,法律思想体系的形成是以法律意识为原材料进行整合、得以升华的产物。在法律思想体系形成的过程中,法律心理、法律意识都是不可或缺的环节。所以,在法律心理和法律意识均与伦理产生密切联系并被其深刻影响的情况下,法律思想体系又如何能不处处折射出伦理的影子呢?作为在一个社会中创造法律思想体系的那部分被称为法律思想家的人,也生活在充斥着受伦理道德规范影响的法律心理和法律意识的时代,他们所建立的法律思想体系大厦的每块砖瓦都饱含着伦理道德的泥沙。所以,法律文化的各个环节都与伦理相生相伴,相互影响。

2. 中国传统法律文化对法律制度的影响

马克思指出:"一切已死的先辈们的传统,像梦魇一样纠缠着活人的头脑。"②18 世纪以来,西方的法律文化凭借其工商文明的强力和殖民主义者的武力,逐渐渗透到世界上绝大多数国家。中国法律也不例外,庞大而辉煌的"中华法系"成为历史的尘埃,其法律体系也呈现出全面西化的特点。但法律是伦理的最低限度,任何法律制度的设计、法律规范的推行都离不开对本国世俗民情的尊重、对本民族心理结构的体悟,尤其是刑事立法。所以,法律作为文化的载体,法律文化作为法律制度(包括刑罚制度)的生存土壤,对刑罚制度的影响也是潜移默化的。

(1) 中国传统法律文化的特点

中国传统法律文化内容丰富,源远流长,博大精深。中国传统法律文化不仅影响了中华民族数千年,而且对亚洲周边国家也产生了深远的影响,在世界法律文化史上占有重要地位。作为一种制度形态的法文化,儒、墨、道、法各家学说都在其发展和形成的过程中发挥作用,

---

① 参见刘作翔:《法律文化理论》,商务印书馆 1999 年版,第 130 页。
② 〔德〕卡尔·马克思:《路易·波拿巴的雾月十八日》,中央编译局译,人民出版社 2001 年版,第 36 页。

但在这多元的发展中仍有着基本的倾向,即儒家思想占据主导地位。伦理道德可谓是中华传统文化的核心。回溯历史,孔子以"知、仁、勇"为"三达德",并以"仁"作为最高的道德境界,将"礼、孝、悌、忠、恕、恭、宽、信"等德目置于其下,形成了中国最早的伦理道德体系。孟子提出了"仁、义、礼、智"四基德,将它扩展为"五伦十教",即"父子有亲,君臣有义,夫妇有别,长幼有序,朋友有信"的伦理原则。法家代表人物管仲提出"礼义廉耻,国之四维"的政治伦理规范。董仲舒根据孔子的"君君,臣臣,父父,子子",提出"三纲"("君为臣纲,父为子纲,夫为妻纲")和"仁、义、礼、智、信",即"五常"。可以说,中国传统伦理中以"三纲五常"为核心的经典纲常体系主要以儒家为主体,同时还体现为儒家与法家、墨家、道家、佛家等的冲突与融合。它们彼此激荡,共同推动中国传统伦理道德不断发展。

梁漱溟先生曾说,中国传统文化的最大特征是"人与人相与之情厚",即人与人都是在深厚的感情世界中交往与生活的。人与人有夫妻、朋友、师生、治者与被治者(古代叫君民)、上下级(古代叫君臣)以及士农工商等各种意义上的关系,这些关系虽然各自不同,并有着不同的相处之道,但贯穿其中的都是伦常关系。而伦常关系最大的特点则是人的道德情感的深厚联系,通过这种深厚的人类道德情感来稳固长久地维系社会。在随后的封建各代,不管是实施了以法为核心,法、术、势综合为治的理论学说,或推行了以儒学为核心,儒、法、道、释综合为治的理论学说,但归根结底都没有偏离以儒家伦理为观念架构、以宗法血缘关系为社会依托、以传统中国人的道德价值观和行为道德抉择以导向性作用的伦理体系①,这种伦理体系在中国传统法律文化中一直绵延上千年历史,毋庸置疑地成为中华法系最为典型的法律文化的特征。

---

① 参见任剑涛:《道德理想主义与伦理中心主义:儒家伦理及其现代处境》,东方出版社2003年版,第243页。

(2) 传统法律文化对刑罚制度的影响

首先,传统法律文化成为法律制度发展的血脉。

传统法律文化作为一种历史文化力量,具有深厚的社会基础,存在于普通民众的法律意识、心理、习惯、行为方式以及生活过程之中,在某种程度上,传统法律文化成了社会成员信仰或认同的载体。文化一旦形成并成为"传统"之后,就意味着具有强大的历史积淀性和变革的缓慢性,其中的一些基本、核心的价值,就具有超稳定的结构。中华文化传统尤其如此。中国是个伦理社会,传统伦理道德是传统法律文化的重要组成部分。虽然辛亥革命结束了形式上的专制,推倒了孔圣人的独尊地位,但未能告别儒家学说传统,只要旧的文化土壤存在,任何新的东西都摆脱不了传统文化的脐缘。当代中国社会在文化基础上也是传统中国社会的延续和发展,传统法律文化成为中国社会法律制度发展的血脉。

其次,传统法律文化对于刑罚制度具有潜移默化的作用。

法律作为重要的社会行为规范,源于社会生活,它不是机械的工具,它的存在和实施离不开民族的共同信念,是根植于民族体内的,和民族自身的特点及其社会条件密不可分的。任何一种法律或法律现象,都是特定社会的文化的反映。法律的产生与存在,都有其特定的文化土壤和背景。"社会力量制造法律(法律行为),但纯'社会力量'未经加工,不能直接对法律制度起作用。个人和集团有利益,然而,利益必须加工成要求才能与法律制度有关系。……基本的介入变数是预先决定个人和集团赞成或反对该法律的态度和感情。……所以,必须考虑所谓的法律文化。"① 也就是说,法律既在表现着文化,又被文化所塑造。由于中国传统法律文化具有深厚的伦理道德属性,所以根植于中国传统法律文化的古代刑罚制度必然与传统法律文化有着天然的亲缘性。例如,在中国古代,刑罚的轻重不仅取决于受刑人的个人感受,更取决于其对伦理的破坏程度。例如,古代死刑中的绞刑与

---

① 〔美〕弗里德曼:《法律制度》,李琼英、林欣译,中国政法大学出版社1994年版,第228页。

斩刑。就一般常识而言,斩刑施予受刑人的痛苦时间较绞刑短,其严厉性应轻于绞刑。但是在中国传统的观念中,绞刑之所以轻于斩刑,是因为受斩刑人所遭受的伦理之痛大于受绞刑之人。另外,刑罚的适用也是依托伦理纲常的,刑罚适用的目的不仅在于明辨是非,更在于维护伦理,即伦理纲常成为确定一个人罪之有无、刑之轻重所必须考虑的因素,这就形成了中国古代刑罚适用的一个独特现象:伦理会使人受刑或免刑,刑罚也会因伦理而加重或减轻。萨维尼认为:"一切民族的法律演变,都必须与其民族精神相一致;而民族精神是通过习惯上的实践表现出来的。"①一个民族的立法传统就是其民族精神与法律文化的最好阐释,因此,如果我们对现代的刑罚制度进行梳理和思考就会发现,现代刑罚制度并不是简单的再生,都能够在相沿久远的文化传承中找到传统法律文化的痕迹。比如,从"己所不欲、勿施于人"的传统法律文化中推导出来的罪刑法定原则、无罪推定原则、一事不再罚原则;从"仁政"演绎出来的人道主义原则、刑法谦抑性原则、宽容性原则、刑罚轻缓化原则;从尊老爱幼或者悯老恤幼的传统法律文化中演化而来的对已满75周岁的人限制性的适用死刑、未成年罪犯免予终身监禁的规则等。从某种程度上说,这些规定不得不说是现代法律制度对传统法律文化的回归。

俗话说,"一方水土养一方人"。这句话也可用之于阐释传统法律文化与刑罚制度的关系。法律是一种随历史变迁而变迁的社会存在,虽然随着历史的变迁,我们有不同的秩序形成模式,但这些不同的秩序模式却同样实现着人们所能理解、体验和享受的公平与正义。也就是说,虽然我国现代的刑罚制度更多的是借鉴国外先进的制度,但这只是表层,而在骨子里头,传统的伦理道德观念及其思维方式总是或多或少地影响着我们的思维方式,我们应该批判地继承传统法律制度中的合理因素。

---

① 〔英〕彼得·斯坦、约翰·香德:《西方社会的法律价值》,王献平译,中国法制出版社2004年版,第34页。

3. 法律制度对法律文化的影响

法律文化的发展是十分缓慢的,刑罚制度深受法律文化的影响,这种影响是潜移默化的,对其生存也起着至关重要的作用。然而,法律制度也并非只是消极地等待法律文化的选择。法律文化在对法律制度进行选择的同时,也同时受到法律制度的影响和改造。

(1) 上层建筑的相互影响与作用

在法律意识中,占核心地位的是价值观念。法律价值观是人们对法律及法律现象所形成的态度、认识、信仰、评价。价值观决定和支配着人们的行为取向和行为选择。随着社会的发展,其价值观也并非一成不变。它的变化除了受社会政治、经济因素变化的影响外,多元的价值观念相互之间也会产生影响,而其中权威的、官方的价值观对其他阶层的价值观念起着决定性的影响。在科技迅猛发展、新的社会关系不断出现的今天,新的社会矛盾时有发生,面对错综复杂的社会问题,现有的法律制度不可能是天衣无缝的,这时候立法者会基于社会现实的考虑,制定出新的法律制度来适应社会的要求。此时,法律制度所体现的价值取向会对社会价值观念起着或快或慢、或深或浅的引导作用。另外,法律制度对人们的行为模式也能起到催化剂的作用。由于人们的行为模式的养成主要是依赖于习惯,而习惯的养成又需要较长的时间。法律制度的强制作用及其普遍的约束力可能在较短的时间内对人们的行为形成突然的强制力,使其迅速发生较强烈的变化。这种外力如果能够持续的话,就有可能使临时性的行为向持久性的社会行为模式转变,从而影响人们的价值观念,进而也对法律文化进行改造,使其与法律制度协调一致,刑罚制度也是如此。

(2) 法律制度可以改造法律文化

从现代法律发展进程中我们可以看出,中国刑法以及其他一切现代法律制度都来自于外国,这种外源型的法律由于常常采用自上而下的变革方式,广大公众的法律价值观、法律行为模式跟不上法律制度变化的速度,法律文化与法律制度之间的不协调就表现得尤为明显。在如何对待外来事物的问题上,梁漱溟先生曾指出"不能简单搬运、摹取他的面目,必须根本从他的路向、态度入手。"① 因此,如果我们想让外来的制度良性发展,就必须克服传统法律文化的障碍,对法律文化进行改造,即在法律移植中,我们不应该简单地把法律制度、法律条文拿过来,而应更多地关注解决问题的目标价值,因为我们有着不同的目标价值。以辩诉协商制度的构建为例,它起源并发达于美国,要想使其引入后能朝着良性的方向发展,就必须考虑其存在的环境土壤。我国法律文化中过分追求实质正义,轻视程序正义的观念至少还是国民意识的主流,这些观念对辩诉协商制度的引入不能不说是一种障碍,这就需要我们对传统法律文化进行理性的改造,即通过法律制度的建立,来改造人们的价值观念和法律意识,来引领法律文化的发展。

(3) 社会主义法律制度对传统法律文化的扬弃

现阶段在我国占主体地位的权威性法律文化就是社会主义法律文化。社会主义法律文化是在马克思主义、毛泽东思想、邓小平理论、"三个代表"重要思想和以科学发展观建设和谐社会伟大实践的指引下,在对中国传统法律文化、西方国家的法律文化和前苏联的法律文化等进行批判吸收和扬弃的基础上逐步形成和发展的法律文化,具有现代性、开放性和延续性的特征。其现代性表现在它与我国当代的市场经济、民主政治和精神文明建设相伴而生,是中国现代化运动的重要内容。其开放性表现在它不故步自封,善于吸收一切对人类有益的法律文化成果,特别表现为继承传统文化中的有益部分和移植、借鉴西方法治理论和法律制度。要想使社会主义法律文化朝着良好、健康的方向发展,一方面,我们的视野应跳出司法的局限,深入法律思想、法律意识等层面进行考虑,应当受到善的价值理念和立法理念的指引,通过社会主义法律体系扬弃传统法律文化;另一方面,应认识到目前正在建构的社会主义核心价值体系是中国社会核心价值体系的当代形态,和传统社会核心价值体系有着无法割断的血脉关联。中国传统伦理精神和价值观念、民族精神和风俗习惯和民众心理,仍然是建设社会主

---

① 梁漱溟:《东西文化及其哲学》,载黄克剑、王欣编:《梁漱溟文集》,群言出版社 1993 年版,第 151 页。

义核心价值体系必须考虑的根本性因素。同时,在传统伦理的现代性转换过程中,我们坚持继承和发展与超越和创新的辩证统一,在法治现代化的同时顺利地保证传统法律文化中合理资源的创造性转化和延续,对传统法律文化中契合当代和谐社会构建的部分进行创造性的现代诠释,使之转化并融入当代法治文化的生命中去,为法治社会建设乃至和谐社会的建设提供一个更为崭新的视角和独特的路径。①

三、基本思路、主要观点及研究方法

本书基于构建社会主义和谐社会的时代背景,根据中共十七大和十八大会议精神,结合法治、德治理论和伦理学原理,立足于我国刑罚制度,通过逻辑思辨、比较分析和个案实证方法的运用,挖掘我国传统法律文化中有益的刑罚制度内容,借鉴国外符合时代发展方向的刑罚内容,提出刑罚体现伦理的立法和司法建议。本书的基本价值取向是主张刑罚应当体现人道、公正、罪刑法定、诚信、中庸、尊重和保障人权等基本政治伦理和社会伦理,从传统伦理和现代政治伦理中汲取符合和谐社会建设的养分,促进和谐社会的构建。最核心的观点是围绕法律效果与社会效果的统一实现论证刑罚与社会伦理道德的相互作用。围绕这一核心观点,本书按照"是什么""为什么""如何做"的基本要求,阐述了所有基本概念,在尽可能说明论据的基础上提出自己的观点和建议。

第一,将伦理分为当代政治伦理和一般社会伦理,论证了罪刑法定原则、罪责刑均衡原则、刑法平等适用原则、刑罚个别化原则等四大刑罚原则的伦理内涵,指出这些原则以及以人为本、和谐、宽严相济作为当代政治伦理的必然性,阐述了社会伦理的三大来源——政治伦理、传统伦理道德和国际法律文件,从而将一般社会伦理法则界定为正义、公平、宽容、博爱、人道主义、保障人权、和谐,最大限度避免了

---

① 参见高新峰:《"以礼入法"中国古代法律文化的特殊符号》,载 www.kfzy.chinacourt.org/public/detail.php? id=2704,访问日期:2011年5月20日。

"社会伦理"这一术语可能带来的不同认识。

第二,从伦理学角度论证了刑事法治"正义"的内涵即自由与秩序的平衡、统一,并将其作为刑罚伦理的一般价值目标,论证了将"和谐"作为刑罚伦理的最终目标的合理性。在此基础上论证了法律效果与社会效果相统一的必要性。

第三,对不同刑种的伦理内涵进行了全面分析,指出了现行刑种伦理价值上的消极内容,进而提出了扩大不适用死刑的主体范围、对70周岁以上老年罪犯、独生子女原则上免予死刑立即执行;对少年犯不适用无期徒刑和没收财产刑、剥夺政治权利刑;废除没收财产刑、优化罚金刑;对轻刑犯以及确有悔改表现的长期徒刑犯应当尽可能实行社区矫正;对资格刑应当辩证进行伦理分析;剥夺政治权利不应剥夺公民基本人权;罪数原理应当体现社会伦理的原则要求;刑罚适用不应产生事实上的歧视;刑罚的执行应当人道、诚信;对古代刑法中符合现代伦理的制度,如议功、议能、议贤、议勤应当加以肯定;绝对死刑应予修改;死刑的适用应当有全国相对统一的标准;死刑的执行应当人道等一系列建议。

第四,从政策调适、立法完善、司法完善、行刑实践四个方面论证了刑罚体现一般社会伦理的基本途径,主张将"中庸"作为实现刑罚相对公平正义的常态伦理原则,将人道主义作为行刑伦理原则。刑罚的选择、配置应当符合政治伦理的价值目标;刑罚的适用与执行应当与社会伦理保持一致,才可能获得公民的信服,才能有效实现刑罚目的。

第五,对不同学术流派关于刑罚与伦理关系的基本观点进行了剖析,指出其观点不同的根本原因在于认识问题的方法论不同,在联系实际论证辩证唯物主义和历史唯物主义方法论的科学性的基础上,论证了我国法学界关于刑罚与伦理关系的主流认识的合理性并贯彻研究过程始终。

由于在本书中,伦理本身具有深厚的价值内容,刑罚的伦理性离不开价值的判断,故不适合采用数理实证方法进行研究。但为了使抽象的理论明白易懂,适当采用了个案实证方法辅助说明问题。

第一章　刑罚伦理性概述

受分析实证主义法学理论的影响,中外都有不少刑法学者将刑法(刑罚)与伦理视为互不搭界的两种行为规范,从而主张"刑法的归刑法,伦理的归伦理",即刑法只调整犯罪现象,道德问题由伦理加以调整的观点。"去犯罪化"或者"无被害人犯罪的非罪化",在一定程度上是这些主张延伸化的结果。这些主张,割裂了刑法(刑罚)与伦理的联系,有可能使刑罚成为僵化、冰冷甚至缺乏"善良"秉性的自在物,使我们构建和谐社会的梦想离现实越来越远。

刑罚与伦理,都是社会之上层建筑,其相互之间必然存在积极或消极的影响,存在矛盾和斗争。其积极的结果,不外乎在伦理的渗透下,刑罚具有一定的伦理属性;在刑罚的引导下,形成新的社会伦理。其消极后果,可能在一定程度上模糊刑罚与伦理的界限,导致刑事司法的某种情绪化,甚至导致社会伦理对某些刑罚规范的敌视。因此,研究刑罚与伦理的关系,具有积极的意义。

一、刑罚伦理性的含义

不可否认,刑罚虽然专属于政治上层建筑,但其作为一种存续了上千年的社会现象,其之所以能随着人类文明之发展而发展,原因不仅在于刑罚能够完整地体现统治阶级的政治伦理,更在于刑罚能够体现一定历史时期的社会伦理,能够成为社会大众寄托个人感情、满足大众"正义"理想的工具。社会伦理不同于政治伦理,前者是一种大众伦理,是一种固化在普遍大众行为中的一种行为惯例和内心确信;后者则是一种专门伦理,与特定阶层的特定统治利益相关联,是基于专门利益基础上的行为规则。前者主要作用于社会生活领域,后者主要作用于政治生活领域,两者具有共同的价值目标即和谐,但也有不一致的价值目标,如社会伦理偏重于自由价值和结果正义,政治伦理偏重于秩序价值和分配规则正义,因而存在一定的差异甚至矛盾,但在法治语境下,政治伦理与社会伦理应当具有一致性,这种一致性还表现为两种伦理原则的重合上。比如,公职人员应当诚信履职,这既是政治伦理,也是一般社会伦理。严重违背这种伦理的公职人员就可能构成腐败犯罪或者渎职侵权犯罪。一般来说,刑罚的选择、配置应当符合政治伦理的价值目标;刑罚的适用与执行应当与社会伦理保持一致,只有这样才可能获得公民的信服,才能有效实现刑罚目的。

基于以上分析,笔者认为,刑罚伦理性主要是指刑罚蕴含的政治伦理和一般社会伦理的原则和精神,换言之,刑罚应当体现和满足政治伦理和一般社会伦理的要求,与政治伦理和一般社会伦理保持高度一致的属性。所谓一般社会伦理,即社会普遍的伦理,与大众伦理是近义词。大众伦理,是指社会公众共同信奉和愿意自觉遵守的伦理规范。尽管不同阶级、阶层、群体和利益集团都有自己的伦理规范,但立足于特殊性之中蕴含着普遍性的辩证唯物主义原理,我们可以根据一些标准、原则来概括和表述这样的伦理要求。

第一,国际法律文件中的基本伦理要求。如尊重和保障人权,禁止酷刑,对犯罪嫌疑人、被告人和罪犯实行人道主义处遇,国家不得强迫犯罪嫌疑人、被告人自证其罪,国家必须保障犯罪嫌疑人、被告人有效行使辩护权,等等。

第二,传统伦理道德中与现实社会发展方向相一致的伦理原则。如和为贵,仁爱,悯老恤幼(老吾老,以及人之老,幼吾幼,以及人之幼),已所不欲、勿施于人的人际伦理;诚信待人、童叟无欺的商业伦理;爱国爱民(公民而非百姓黎民),政教以德礼为本、以刑罚为用的政治伦理;亲亲相隐的立法和司法伦理,等等。

第三,法治原则所要求的政治伦理。如法律至上,这是现代法治国家政府、执政党、公民以及法人应当遵守的新型伦理,它意味着一切政党、团体、法人和公民都必须服从法律规定,而不得凌驾于法律之上,必须树立对法律的信仰和忠诚。即使对于恶法,也不得随意藐视,而应当尽力通过妥当的解释来弥补和纠正恶法,实在无法作出合理解释时,才能通过正当程序废除或者修改法律。

  以上三条标准或者原则,除第二条外都容易理解。因为第一条标准之所指,是国际社会在国际法律文件中的共识和明确规定;第三条标准有《中华人民共和国宪法》为依据。唯第二条标准涉及对传统文化、伦理的认识和取舍等复杂问题,因而容易出现仁者见仁、智者见智的理解,比如亲亲相隐,国家主义者为了竭力维护执政所需要的社会秩序,一般会强调它的社会危害性——对秩序的侵犯;人本主义者会因为重视社会细胞即家庭的稳定、亲情的巩固对于社会稳定的意义而不仅在刑法中免除相隐者的刑事责任,而且在诉讼法中免除其作证义务(在刑法规定有拒证罪的国家也相应免除其拒绝作证的刑事责任)。中共十七大、十八大提出了"以人为本"的民本思想,这就要求我们反思过去的极端做法,尊重人的本性和亲情,在维护秩序和保障自由之间寻求人道主义的平衡点。因为在笔者看来,以人为本是人道主义的另样表述,它们的实质都是强调尊重人、关怀人。尊重人,自然包括尊重人的本性和自然情感以及由此支配的维护亲情的包庇、窝藏、转移赃款赃物、伪证等本能化的行为。

  此外,中国传统伦理历经先秦至民国近三千年,在秦汉儒法合流之后成为普遍伦理,与漫长的"封建"专制统治血肉相连,其中很多内容很容易被视为封建残余,如"八议"(即对亲、故、贤、能、功、贵、勤、宾①等八种人中的犯罪者网开一面)。"八议之制",始成于周代②,延续于清末。自笔者记事以来,见到的都是批判该制度的文章,批判的理由都是谓之以封建特权。笔者认为这是片面的认识。法律面前人人平等的法治原则,其精髓是反对特权、反对歧视。基本道理在于反

---

① 亲者,指皇室特定的亲属;故者,泛指故旧;贤者,指有大德行者;能者,指有大才业者;功者,指有大功勋者;贵者,指三品以上官员;勤者,指有大勤劳者;宾,指承先代之后为国宾者。参见薛梅卿点校:《宋刑统》,法律出版社1999年版,第16—17页。

② 参见张全民:《〈周礼〉所见法制研究(刑法篇)》,法律出版社2004年版,第175页。

对与行为本身的社会危害性以及行为人本身的人身危险性没有直接联系的特权与歧视因素,如宗教信仰、民族种族、出身贵贱、财富多寡、地位高低、党派属性、相貌美丑等,八议中的亲、故、贵、宾即属此类。而贤、能、勤、功表明行为人之人身危险性当然弱于不贤、无能、不勤、无功之流,改造余地当然大于后者,对其在定罪或者量刑方面网开一面,既有法理支撑,也符合宽严相济政策,还有刑罚个别化原则作为依据。对其网开一面,实质上是对贤、能、勤、功行为表现的肯定,有利于鼓励公民平时积极建功立业、奋勇上进。若其与不贤、无能、不勤、无功之流犯同样的罪错,对两类不同的人作同样的处理,恰恰违背公平正义的要求。就定罪而言,从我国《刑法》第13条的规定结合《刑事诉讼法》关于相对不起诉制度的规定来看,对贤、能、勤、功者实施较轻的犯罪行为的,当然可以作出不起诉决定;就量刑而言,《刑法》第61条规定了量刑的原则,即"对于犯罪分子决定刑罚的时候,应当根据犯罪的事实、犯罪的性质、情节和对于社会的危害程度,依照本法的有关规定判处"。而犯罪的情节包括法定情节与酌定情节,几乎所有的刑法教科书都写明,行为人的"一贯表现"是量刑的酌定情节之一,都赞同对平时一贯表现好的人适当从宽处罚,对一贯表现差的人适当从重处罚。因此,笔者认为对贤、能、勤、功者适当网开一面,不仅符合刑法规定,而且主张形成判例法,昭示天下,引导公民行善积德、勤奋工作、建立功勋。从法理上说,刑法平等适用原则是法律面前人人平等原则的刑法化,刑罚个别化原则又是对刑法平等适用原则的具体化。因为平等适用刑法,要求对同样的事实做出同样的处理,用民间术语来说即"一碗水端平",用罗尔斯《正义论》中的话语表达即"(刑罚)分配结果公平",用刑法并合主义的刑罚观来概括即已然之罪(指行为)加未然之罪(指人身危险性)与刑事责任及刑罚之间的均衡。详言之,对实施了同样的罪行(指行为),具备同样的人身危险性的人,应当做出同样的处理;对实施了同样的罪行(指行为),但不具备同样的人身危险性的人,当然应当做出不一样的处理。这是一种法、理、情高度统一的选择,也是刑罚伦理性的合理选择。在刑罚领域反思传统的伦理规范,应当进行这样的选择。

需要说明的是,研究刑罚的伦理性不是消除刑罚与伦理道德的区别和界限,也不应理解为刑罚与伦理的互相替代,或者理解为把伦理道德规范直接反映在刑罚当中,而是主张通过理性的刑罚制定与适用,彰显有利于预防犯罪、促进社会和谐的政治伦理和一般社会伦理。

挪威律师安德聂斯认为,预防犯罪是刑罚的功能,其一般预防功能有三种:恫吓社会上潜在的犯罪分子;加强道德禁忌(即道德宣传);鼓励习惯性的守法行为。[①] 其实,特殊预防(个别预防)也具有后两种功能。虽然功利刑的直接目的是改造罪犯个人,但刑罚个别化也能够使社会公众受到道德的宣传教化,自我抑制人身危险,养成守法习惯。这既是建立刑罚一体论的理论和实践依据,也是刑罚蕴含政治伦理和一般社会伦理的理由所在。

黄立教授认为,刑罚手段的伦理性表现在两个方面:一是是否动用刑罚,应当受到一定伦理因素的制约;二是在确定量刑的时候,也应当受到一定伦理因素的制约。[②] 笔者认为,这两层意思都只是揭示了刑罚制定过程的伦理性忽视了刑罚裁量过程和执行过程的伦理性,因而是不全面的。

伦理是刑罚的血脉。刑罚伦理性,有以下三层意思:

(一)在刑事立法上充分体现社会伦理要求

刑罚伦理性研究是基于对现行《刑法》所规定的刑罚的伦理性程度达不到"愿望的道德"的要求而提出的自省。

在前文"政治伦理对刑罚的影响"部分,笔者已经简要分析了1997年全面修订的《刑法》,在刑罚立法中当代政治伦理所产生的积极作用。至于《刑法》分则的规定,多达430余个罪名超出了本书的分析必要。在"刑罚对一般社会伦理的体现"部分,笔者选择自然犯中的故意杀人罪和行政犯中的破坏环境资源保护犯罪进行了分析。分析

---

① 参见〔挪威〕安德聂斯:《刑罚与预防犯罪》,钟大能译,法律出版社1983年版,第5页。

② 参见黄立:《刑罚的伦理审视》,人民出版社2006年版,第16—17页。

表明,现行《刑法》已经在相当程度上彰显了刑罚伦理。然而,我们应当看到,现行《刑法》与人类理想的道德境界,甚至与全球已经形成的共同伦理还有一定距离。

(1) 在刑事责任上,没有明确规定对未成年人不得适用无期徒刑

未成年人不成熟的心智决定了国家应当对其采用以教育为主的刑罚手段。无期徒刑又被称为终身监禁。无期徒刑的适用,将给未成年罪犯带来沉重的心理压力,同时,监狱的交叉感染很容易使可塑性很强的未成年人受到精神和心智的污染。特别是在一个家庭只有一个孩子的情况下,孩子被判处无期徒刑,无疑意味着给其父母、家庭的生活带来绝望,容易激发他们对政府和社会的对抗心理,引发社会矛盾。因此,一些国家在刑法中明确规定对未成年人不适用无期徒刑或者终身监禁。

(2) 死刑设置过多,死刑适用过滥

尊重人权自然包含了尊重人的生命的内容,人道主义必然要求把人区别于动物。人道主义的政治伦理要求国家善待自己的国民。因此,死刑虽然有报应主义的伦理基础,但泛滥的报应主义,既与功利主义的刑罚目的相冲突,也违背人道主义的政治伦理。正因为如此,经历了两次世界大战带来的人类自相残杀的悲剧,国际社会毅然掀起了限制和废除死刑的浪潮。经过近50年的努力,截至2003年元旦,全世界已经有97个国家和地区在法律上或者事实上废除了死刑。在保留死刑的83个国家和地区中,绝大部分国家(地区)的死刑罪名都在20种以下,并且许多国家(地区)的死刑仅仅适用于谋杀、叛国等重罪。[①] 根据国际特赦组织2010年的统计,目前世界范围内废除死刑的国家(地区)共计139个,其中全面废除死刑的国家(地区)95个;仅废除普通犯罪的国家(地区)9个;实践中废除死刑的国家(地区)35个;

[①] 参见马克昌:《坚决执行少杀、慎杀刑事政策》,载赵秉志主编:《刑法评论》(第17辑),法律出版社2006年版,第4页。

仍然保留死刑的国家(地区)58个。① 据此,目前在全球197个国家(地区)中,实际上有130个国家(地区)对所有犯罪免除死刑,占66.0%;实际上适用死刑的国家(地区)58个,仅占29.4%。仅对重罪适用死刑的国家有9个,占4.57%。值得注意的是,人口大国如中国、印度、俄罗斯和印尼都保留死刑制度,但世界发达国家中,只有美国、日本、韩国和新加坡4个国家仍保留死刑制度。根据国际特赦组织2011年3月28日的新闻稿,2010年和2009年相比,6个本已停止执行死刑的国家或地区再度恢复处决人犯,还有一个国家扩大了死刑的适用范围,所幸,除中国以外,2010年全球处决人数从2009年至少714人,降低至527人。② 短短数年,即有如此大的变化,可见废除死刑已经成为全球不可阻挡之大趋势。

我国现行《刑法》虽经八次修正,但仍有多达55个条款规定了死刑③,每年有成千上万的罪犯被判处和适用死刑,由此遭到了国际社会的强烈抨击,严重削弱了政府积极发展经济、努力改善民生的光辉形象。近10年,我国刑法学界对此予以了高度重视,取得了丰富的研究成果,为大幅度减少死刑配置和适用奠定了良好的理论和舆论基础,执政党也适时提出了宽严相济的刑事政策,这些努力,在一定程度上改变了社会大众和司法官员的伦理道德意识。笔者认为,为了避免发生突然废除死刑给社会带来情绪的爆发而急剧增加严重暴力犯罪的可能,我们可以按照联合国《公民权利与政治权利国际公约》的要求,把死刑保留在以故意剥夺他人生命的犯罪为代表的极个别犯罪的范围,并通过制定严格、统一的死刑适用指南,严格控制死刑适用的数量。

---

① 转引自王秀梅:《诠释与权衡:死刑立法取舍》,载《政治与法律》2010年第10期,第18页。

② 参见《2010全球死刑报告:废死运动10年跃进,杀人国家渐形孤立》,载www.amnesty.tw/? p=1134,访问日期:2012年6月1日。

③ 《刑法修正案(九)》(草案)又有9个条款废除死刑,如获通过,现行《刑法》亦还有46个死刑条款。

(3) 没收财产

没收财产,是指没收犯罪人本人财产的一部分或者全部的刑罚。作为一种理想化的设计,没收财产被用来为达到彻底剥夺犯罪人再次犯罪的经济能力服务。然而,这一刑罚远未达到这样的目的。其中原因在笔者看来主要有:第一,积累了一定财产的公民,往往已经组成自己的家庭,或者与自己的父母同财共居,除了动产,其有份额的不动产与家人的不动产形成不可分割的整体,导致其不动产无法没收;即使是动产,也可能是罪犯家人共同使用的生产资料和生活资料,如大型牲畜、车辆等,没收后必然影响罪犯亲属的正常生产与生活。第二,刑罚的执行不属于法院执行部门的职权范围,《刑法》又没有规定该刑罚应当由公安机关执行,导致执行主体不明。第三,法律没有规定对犯罪公民的财产进行分家析产的程序和规则,导致没收财产无法执行。第四,即使法律可以作出这些规定,也与《物权法》确定公民财产权属并予以保护的旨趣相冲突。在一个法治社会里,公民私有合法财产神圣不可侵犯,是国家必须遵守的伦理原则,这一原则,与公共财产神圣不可侵犯具有同样重要的地位。作为没收犯罪工具和犯罪所得之外的制裁措施,没收财产具有侵犯公民财产权的不正当性。作为报应刑,它缺乏所对应的侵害事实和伦理基础;作为功利刑,它断绝了死刑犯以外的犯罪人回归社会的物质基础,与刑罚的功利目的相违背。马克昌先生通过比较研究发现,在现代许多国家如日本、法国、意大利、瑞士、韩国等均不存在这种刑罚,设立这种刑罚的国家如俄罗斯、蒙古、越南、德国等都只是作为从刑适用。以耶赛克为代表的一些德国学者主张将其废除。① 可见,废除没收财产刑是符合刑罚国际化潮流的。

(4) 剥夺政治权利

剥夺政治权利,旧称褫夺公权,属于资格刑,曾经是全球普遍采用的刑罚,至今还被一些国家采用。然而,我国的剥夺政治权利刑罚,以

---

① 参见马克昌:《比较刑法原理》,武汉大学出版社 2002 年版,第 879—881 页。据笔者查阅,丹麦、阿根廷、西班牙等国的刑法典也没有没收财产刑。

剥夺罪犯的选举权、被选举权,剥夺其言论、出版、集会、结社、游行、示威自由,担任国家机关职务、担任国有单位和人民团体领导职务的权利为内容。《刑法》规定,对于被判处死刑、无期徒刑的犯罪分子以及危害国家安全的犯罪分子应当适用该刑罚,对于故意杀人、强奸、放火、爆炸、投放危险物质、抢劫等严重破坏社会秩序的犯罪分子,可以适用该刑罚。反思该刑罚,我们不难发现,其剥夺罪犯言论、出版、集会、结社、游行、示威自由的做法,与国际法律文件确认的基本人权存在冲突。即使该刑罚对于危害国家安全的罪犯而言具有报应的根据,也缺乏功利主义的正当考虑。因为对于被处死的罪犯而言,剥夺其上述权利毫无意义;对于活着的罪犯来说,且不说剥夺其基本人权无异于把他当动物看待,而且剥夺其言论自由和出版自由不仅缺乏现实性而且具有不合理性——如果罪犯要出版文学作品(尤其是具有教育意义的忏悔录)、科技作品、具有历史价值的回忆录怎么办?对于非政治性的犯罪分子而言,剥夺其人权则既无报应刑对应的行为事实,也无功利刑的正当理由。现代诸多国家如德国、法国、意大利、俄罗斯、丹麦、西班牙、阿根廷等都没有剥夺基本人权的资格刑。[①] 因此,剥夺政治权利的刑罚内容需要修改。

(5)重刑色彩

我国《刑法》是一部重刑刑法,这是无须争论的事实。除了死刑条款已经多至罕见之外,绝大部分条款都设置了10年以上有期徒刑、无期徒刑,即使过失犯罪,也有可能被判处7年以上有期徒刑,如交通肇事罪,执行判决、裁定失职罪,失职致使在押人员脱逃罪等。重刑主义的刑法体现了一般预防论者以重刑威吓社会上潜在的不法分子的意图,但是,"对重刑威吓论进行伦理意义上的批判,是一件很容易的事情。因为从理论上看,重刑威吓论的不合理性是非常明显的。首先,重刑威吓论是彻头彻尾反人道主义的。重刑威吓的对象是犯罪人,而在重刑威吓论者的眼中,犯罪人是咎由自取,不仅不值得同情,而且应

---

① 参见马克昌:《比较刑法原理》,武汉大学出版社2002年版,第888—891页。

该受到严厉的惩罚。这种对犯罪人的敌视态度,必然导致死刑、肉刑等严刑峻法种类繁多而且适用广泛。在这样的思想背景下,连起码的对生命和人格的尊重都无从谈起,更不用说坚持罪刑法定原则和保障罪犯的基本权利了"[1]。

(6)缺乏对老年人免除无期徒刑的规定

虽然《刑法修正案(八)》规定了对年满75周岁的老年人从轻处罚,且原则上不适用死刑,但我国《刑法》至今没有规定对老年人免除无期徒刑的规定。对老年人免除处罚,源自于西周。《礼记·曲礼上》说:"耄与悼,虽有罪不加刑焉。"意指对80岁以上的老人和7岁以下的孩子,即使犯了罪也不加处罚。[2] 汉代对此作了适当约束,除杀伤人、诬告等罪以外,80岁以上之人犯罪,一律不追究刑事责任,7岁以下犯各类杀人罪者,可以通过"上请"获得减死一等的刑罚。[3]《唐律》确立了对老幼残疾之人犯罪减免刑罚的标准:年70以上15以下及残疾,犯流罪以下,收赎;年80以上10岁以下及笃疾,犯反、逆、杀人应死者,上请;90以上7岁以下,虽有死罪不加刑。[4] 当今一些国家也在刑法中规定,对70岁以上老人不适用死刑。这些规定,体现了人类矜老恤幼的共同伦理和儒家仁爱思想,值得继续传承。为此,近年来,我国许多学者纷纷建议在《刑法》中明确规定对70岁以上老年人不适用死刑和无期徒刑。笔者认为,我国已经逐步进入老年社会,更需要彰显尊老矜老的伦理。老年人随着生理功能的下降,再犯能力自然降低,也无判处终身监禁之必要。同时,老年人长期处于被监禁状态,除了监禁成本问题外,还有亲情疏远淡化、家人拖累增加等一系列问题难以解决。反观日本,日本是全球老龄化最快速的国家之一,65岁以上犯罪人口增长迅速,监狱内的老年罪犯平均年龄高达74岁,甚至还

---

[1] 黄立:《刑罚的伦理审视》,人民出版社2006年版,第78页。
[2] 参见浦坚:《新编中国法制史教程》,高等教育出版社2003年版,第20页。
[3] 同上书,第80页。
[4] 同上书,第124页。

有88岁的服刑人。老年罪犯人口增加也让日本监狱出现新的"风貌",到处可见药单、轮椅、担架、成人纸尿裤等。根据日本警事厅统计,从2000年到2006年,65岁以上罪犯人数从1.7万人上升到6.6万人,增长速度惊人;其中,54%的老年受刑人因商店偷窃入狱,当然也有杀害重病卧床伴侣的重犯。日本全国60岁以上人口数量,在上述6年中增长17%,但受刑人增长的幅度则高达87%。在全日本74个监狱里,老年受刑人增长比率从2000年的9.3%上升到去年的13.3%;同时期,20岁到30岁之间的受刑人数却锐减。日本老年受刑人比率高于所有西方社会国家。①

目前各地制定的有关老年人权益保障的地方法规中,大多把70岁作为老年人的标志,少数地方规定为65岁,只有云南规定为60岁。随着生活质量和医疗保健水平的提高,65岁以上70岁以下的老年人尚有能力实施可能被判处无期徒刑、死刑的犯罪如性犯罪、故意杀人罪、放火罪等,故笔者建议,宜将免除死刑和无期徒刑的年龄规定为70岁以上。

(7) 没有规定一事不再理原则

一事不再理是国际社会公认的禁止重复评价原则的内在要求,意指对于一个法院已作出实体的生效裁判或有关实体的程序性裁判的案件,不得对案件再次起诉和审判。② 在大陆法系国家如德国、法国、意大利、日本等,一事不再理原则不仅仅是一个宪法性原则,也是刑事诉讼的原则。在英美法系国家,同一罪行不得受两次惩罚被称为禁止双重危险原则,与大陆法系一事不再理原则的精神是相通的。早在13世纪中期,英国普通法中就确定了这个原则,在美国,除了联邦宪法外,还有45个州的宪法规定了这个原则,并且联邦最高法院亦通过判

---

① 参见《日本老年罪犯激增 监狱内可见轮椅担架》,载 www.sina.com.cn,访问日期:2009年11月23日。
② 参见宋英辉、李哲:《一事不再理原则研究》,载《中国法学》2004年第5期,第128—137页。

例确定了该原则。① 一事不再理原则在联合国《公民权利与政治权利国际公约》第 14 条第 7 项中予以明确规定:"任何人已依一国的法律及刑事程序被最后定罪或宣告无罪者,不得就同一罪名再予以审判或惩罚。"这不仅仅是一项国际法原则,它是作为公民的一项基本人权在国际性文件中得到体现。考察西方主要法治国家的立法和司法实践可以看到,无论是大陆法系还是英美法系,一事不再理或是禁止双重危险首先是一项宪法性原则,因为公民的基本权利是宪法的最重要的内容之一,故这也是该原则作为一项公认的基本人权在国内宪法中的必然体现。

我国政府在 1998 年 10 月签署加入了《公民权利与政治权利国际公约》,而早在 1990 年,中国政府就对联合国禁止酷刑委员会表明态度:"在中国法律制度下,中国所缔结或参加的国际条约会经过立法机关的批准程序或国务院的通过程序。条约一旦对中国有效,在中国便有法律效力,中国便有义务去施行该条约。"② 故从履行国际法义务的角度来看,我们有必要对该原则加以规定。换个角度而言,即便该公约还未经我国立法机关批准,但就一事不再理原则的内涵来看,通过立法对其加以规定符合我国现代法治建设保障人权的要求以及建立和谐社会的需要。在我国,《刑事诉讼法》关于侦查机关不得就同一行为更换罪名重复立案的规定,隐约可见该原则的身影,而《刑法》第 10 条甚至作出了相反的规定,即"凡在中华人民共和国领域外犯罪,依照本法应当负刑事责任的,虽然经过外国审判,依然可以依照本法追究,但是在外国已经受过刑罚处罚的,可以免除或者减轻处罚"。通说认为,这是主权原则延伸出来的"不受外国法院判决效力约束"原则,体现了原则性和灵活性的统一。③

---

① 参见储槐植:《美国刑法》(第三版),北京大学出版社 2005 年版,第 24 页。

② 陈光中、张建伟:《联合国〈公民权利与政治权利国际公约〉与我国刑事诉讼》,载 www.jcrb.com/zyw/n5/ca10874.Htm,访问日期:2009 年 11 月 23 日。

③ 参见赵秉志:《刑法》(第二版),高等教育出版社 2007 年版,第 42 页。

笔者对此有不同看法。一事不再理原则首先是一个保障公民基本人权的原则，这也是它能成为宪法性原则的条件。从逻辑上说，接受处罚的是公民个人而不是国家；承认外国法院对我国公民的判决，既是对别国主权的尊重，也是对审判事实的尊重。事实上，我国法院是承认外国法院涉及我国公民的民事判决的。用主权问题来解释，存在难以自圆其说的矛盾。因此，应当在刑法中明确规定该原则，以便从实体法角度更全面地保障公民的自由。

（8）《刑法》分则对某些刑法现象的处理，缺乏伦理方面的考虑

《刑法》分则对乱伦、性贿赂、亲属容隐（亲亲相隐）等问题的处理，缺乏伦理方面的考虑。对于亲属相隐问题，本书后有详述，此处从略。关于乱伦，我国汉代"十恶大罪"中的内乱罪即包含之，直到沈家本主持制定《大清新刑律》才被废除。此后，乱伦行为一直属于伦理道德调整的范畴。因伦理道德观念的差异，人们赋予乱伦多种解释，狭义上是指有血缘关系（包括拟制血亲关系）和姻亲关系的男女亲属之间的性行为。随着社会生产生活的复杂化，乱伦现象逐渐增多。实践中往往将乱伦的行为按照强奸罪处理。上网输入该词，竟有180万个条目与此有关。某地一男性被岳母"强奸"的案例具有代表性。①2007年春，高铭暄教授、卢建平教授出访法国，法国高等法院一位法官即介绍了其法院面临的一个难题——一个父亲两次致女儿怀孕，女儿忍无可忍而报警。法官向中国学者请教此类问题在中国刑法中有无相关规定。2008年，奥地利等国接连披露"禽兽父亲奸淫女儿"案。以上案例说明，社会正在发生的现象已经向刑法提出自己的需要：仅仅靠伦理道德已经无法有效约束乱伦行为。也许"你情我愿"的乱伦因无直接的被害人而尚可由伦理道德调整，但超出一方意愿的乱伦，非自愿一方即为刑法意义上的被害人，并且这种行为对家庭以及亲情的稳定已经产生比较严重的危害，道德对此已经束手无策，行政处罚即使有法可依，也会因处罚力度小而无力遏制，因此需要采取更严厉

---

① 参见《昆明一男子遭岳母强奸忍无可忍告上法庭却败诉》，载www.forum.xinhuanet.com，访问日期：2009年11月23日。

的处罚方法。不过,鉴于乱伦发生在家庭内部,社会危害程度小于强奸和强制猥亵行为,故规定为自诉案件比较合适。关于性贿赂,主流观点认为不符合多数国家采取的以赃定罪模式,因而一般不宜作为犯罪处理,但在可以用货币单位量化的情况下,可以纳入刑法惩治范围。比如支付货币找"小姐"或特定"公关人员"提供性服务,相当于把钱财支付给受贿人再由其支付给提供性服务者。笔者认为这一观点是可取的。按照这种观点,无需修改《刑法》,由法官在个案处理中作出解释即可。

(二) 在刑事司法上充分体现社会伦理要求

司法应当远离伦理道德评价,这是一部分国内学者盲目接受西方部分法学流派的观点而提出的主张。其理由是,如果掺入了司法官员的伦理道德评价,司法就会变得情绪化,法官就难以作出公正的审判。人非草木,孰能无情?要求司法人员公正处理案件,不等于要求封闭其正常的伦理道德心灵。个案的审判,应当体现法律效果与社会效果的高度统一,这是审判艺术实现刑法价值与刑罚目的的内在要求,因此,所谓法网无情之类的说法,只不过是文人吸引读者眼球的艺术表现。法网应当杜绝的是私情,因此才有回避制度,但法网不能割裂人类的美好情怀,情、理、法和谐一致的处理结果,方能让公民感受法律的脉脉温情和亲和力,才能真心信仰法律,自觉遵守法律。如果人类可以摆脱正常情感审理案件,那么根本无需人类充当法官,机器人会比人类更容易处在中立位置,会比人类更加胜任"无情"的裁判。我们经常说,司法是一门经验性的工作,英美法系国家的法官通常由中老年人担任,不仅仅因为司法要求专门的知识,更重要的是年长者社会阅历丰富,通晓人情世故。熟悉司法工作的人都知道,人生经验是感悟法律的重要条件,酌定情节的灵活运用,绝非来自法律的精确指导,而是依靠拥有丰富社会经验的法官自由裁量。没有蕴含美德的社会经验的指引,法官的自由裁量将会带来灾难性后果。

从理论上说,刑事责任意味着国家对犯罪行为作出了否定性评判,这种评判具有双重属性,一重是伦理的,一重是法律的。伦理的评判,包含了道义和价值的内容。刑事责任的双重属性,决定了刑事司法不可能也不应当独立于伦理道德之外进行。当然,道德评判不应造成情绪化的判决结果。对于此问题,笔者将在下一部分作出分析。

在我国刑事司法实践中,伦理性的司法取得了很大进步,标志着中国刑事司法文明化程度大大提高,比如,宽严相济政策的提出,体现了惩办与宽大处理相结合的政治伦理;《律师法》关于律师辩护言论免受追究的规定,体现了国家尊重被告人辩护权[①]和保障律师执业自由的伦理道德;允许被告人身穿体面服装接受审判,在一定程度上传达了无罪推定原则已经成为司法官员自觉遵守伦理原则的信息;让被告人从离开看守所到进入法庭途中戴着头套,体现了司法官员尊重被告人人格尊严的伦理道德;刑事和解的试行,直接使"和谐"的伦理道德理想付诸实践。各地检察院、法院在贯彻宽严相济政策的实践中已经取得了一些成功经验。例如云南省昆明市人民检察院对一起在校大学生故意伤害案件的处理。2007年年初,在校大学生王某与父亲驾驶车辆外出,与一名骑电动车的男子发生肢体冲突,继而将其殴打致死。王某父子被捕后,与被害人亲属达成了和解协议。为了教育和挽救王某,检察院积极与学校进行沟通,取得了学校的理解和配合,对王某作出了相对不起诉决定,而对王某父亲提起了公诉。最后,昆明市中级人民法院对王某的父亲判处有期徒刑15年。[②] 而黑龙江省哈尔滨市道外区人民法院处理的一起案件更具有伦理价值。2007年1月11日—13日,6个未成年人连续3次持刀抢劫,抢得手机1部,现金100元,存折1个。6人中,最大的15岁,最小的刚满14周岁。他们要么生活在单亲家庭,要么父母双双下岗,生活都极其困难。归案后,6人认罪态度都非常好,都表示了悔罪之情。审查起诉时,公诉人向唯一

---

① 严格来说,辩护权是犯罪嫌疑人以及被告人的一项人权。这在《世界人权宣言》中早已得到确认。但辩护权往往由律师行使,故常常被认为是律师的权利。将其折中解释为委托人与受托人共同行使的权利也未尝不可。

② 参见《宽严相济促和谐:昆明市人民检察院在全省率先试行刑事和解制度》,载 www.yndaily.com,访问日期:2009年11月23日。

报案的被抢劫的妇女介绍了犯罪嫌疑人的家庭情况,并陪同其到犯罪嫌疑人家中走访,被害人了解到犯罪嫌疑人作案的起因是刚满 14 周岁的那位孩子过生日,想吃糕点但没钱买,几位小朋友为了给他过生日,满足他的愿望而决定行抢,看到几位嫌疑人家中一贫如洗,禁不住流下了眼泪,反过来恳求检察官原谅几位犯罪嫌疑人,开庭时,辩护人以犯罪情节比较轻微,没有造成人身伤害,认罪态度好为由,建议法院从轻处罚。最后,法院判决 6 人有罪,全部适用缓刑。①

后一案件揭示了两个道理:第一,刑事和解并不必然以能够满足被害人要求的高额赔偿为前提,即使没有赔偿能力,只要行为人真诚地悔悟和赔礼道歉能够取得被害人原谅,同样能够达成刑事和解。第二,司法体现社会伦理,有必要考虑被害人及其亲属的道德体验。不过,一般来说,社会伦理的普遍认同属性决定了被害人的道德体验与司法人员以及社会大众的道德体验具有一致性②,中外莫不如此。1986 年,德国发生了一起案件:两个青年农民在山上玩耍,闲极无聊,每人搬了一块石头从山上往山下滚,碰巧另一位农民从山下经过,结果被其中一块石头砸死了。警察赶到现场,未能从石头上发现指纹之类的痕迹,无法确定究竟是谁把这个人砸死了,于是就把两位农民都逮捕了。随后检察官以过失致人死亡罪把两位被告人一起起诉到法院。辩护人认为,由于无法确定致人死亡的因果关系,应该按照"疑罪从无"的原则宣告两位被告人无罪,否则必然冤枉其中一位被告人,因为只有一块石头砸中被害人。德国高等法院最后的裁决认为:两位被告人共同实施了危险行为而造成了被害人死亡,仅仅是谁的行为是致人死亡的直接原因不清楚,如果因为这一点而宣告被告人都无罪的话,那么,被害人的正义就无从实现;但如果要求被告人都承担完全刑事责任的话,其中一位没有直接造成被害人死亡的被告人的正义也得

---

① 参见刘建、金镒:《六名未成年持刀抢劫犯被判缓刑的背后》,载《法制文萃报》2007 年 11 月 22 日。
② 比如在财产犯罪案件中,社会公众一般会对"饥寒起盗心"者报以同情,反过来,会憎恨"饱暖思淫欲"者。

不到应有的保护,公平的裁判应当是确认两位被告人的行为都构成犯罪,但都从轻处罚。这就是著名的"滚石案"。判决宣告后,被害人的亲属和被告人都表示满意,社会大众也认可了这一判决。① 究其原因,笔者认为,近现代刑法思想的洗礼,已经使德国民众普遍认识到司法能够实现的只是相对的公平正义。

当我们的目光回到中国司法实践中来时,我们也应看到,现实司法伦理性的程度还应得到进一步加强。首先,刑讯逼供现象还非常突出。其次,出于"维稳"考虑,有时司法机关明知判决与常识、常情、常理不符,仍然会一意孤行。再次,犯罪嫌疑人会见律师的权利还未能得到切实充分的保障,侦查机关随意拒绝律师会见或者故意拖延审批,限制会见时间、限制谈话内容甚至监听律师会见的情况并非少见。当然,2012年修订颁布的《刑事诉讼法》《律师法》对此已经作了反对性规定,但实施效果如何,笔者缺乏足够的信心。因为现行《刑事诉讼法》不允许侦查机关采取的手段与措施,侦查机关早已经使用娴熟。再次,辩诉协商制度尚处在"犹抱琵琶半遮面"状态,理论上的论证尚无共识,即使匆匆写入《刑事诉讼法》,效益如何尚待实践验证。

(三)在刑罚执行上充分体现社会伦理要求

刑罚的功利目的,决定了刑罚的执行必须遵循人道主义原则。人道主义在本质上属于社会伦理,而且是人类普遍的伦理。考察人类刑罚史不难发现,不仅刑罚本身经历了由野蛮到文明的历史演进过程,而且刑罚的执行也同时经历了这样一个过程。当然,社会伦理在与刑罚及其执行的互动过程中,也在缓慢地发生变化,也经历了从落后走向文明的历史嬗变。

在臣民社会中,刑罚及其执行,总的来说充满了血腥味道。刑罚内容的残酷与执行方式的恐怖交织在一起,如中国汉代以前长期存在的肉刑、宋代的杖刑、元代的剥皮刑。为了威吓民众,刑罚的执行,尤

---

① 参见曾粤兴:《判例是什么》,载《法学家茶座》(第十辑),山东人民出版社2006年版,第50—51页。

其是死刑的执行几乎都是当众执行,古罗马皇帝甚至把死刑执行当做节目观赏。法国大革命期间,对公众开放的断头台铡刀上的血迹几乎没有一天干过。① 中国直到1911年1月25日才取消了凌迟、枭首、戮尸、刺字等酷刑,以罚金取代了笞刑和杖刑。②

进入市民社会初期,刑罚的执行并未减少血腥色彩。法国在1922年执行死刑时,还有市民购票观看。③ 令人奇怪的是,死刑被统治者当做最具有威慑力的刑罚向人们发出警告,然而观看死刑的人却可能抱着狂欢的心态,甚至把死刑的执行当做一种机会,一种治病救人的机会。鲁迅笔下的人血馒头被用来治疗痨病(即肺结核);英国人在19世纪还认为得到绞死罪犯的绳子可以免受绞刑之苦,或者能够治愈头痛。"残酷的绞刑令人胆战心惊,但也令人兴奋不已,它给人带来丰富多彩的希望,因为民间一直认为它有着'包医百病'的功效。"④在其他刑罚的执行上,行刑方式和过程的非人道性一直如影随形,为此受到有识之士强烈的抨击。"二战"后,《世界人权宣言》《囚犯待遇最低限度标准》《公民权利与政治权利国际公约》《保护人人不受酷刑和其他残忍、不人道或有辱人格待遇或处罚宣言》《禁止酷刑和其他残忍、不人道或有辱人格的待遇或处罚公约》相继提出了禁止酷刑,赋予罪犯人道主义待遇的伦理和法律要求。如《世界人权宣言》第5条规定:"任何人不得被加以酷刑,或被施以残忍的、不人道的或侮辱性的待遇或刑罚。"这些国际法律文件的实施,逐渐促进了刑罚执行的文明程度。

改革开放后,我国刑罚执行的文明化程度大为改观。"文化大革命"期间那种敌视、蔑视罪犯及其亲属的做法,逐渐被平等对待罪犯、

---

① 参见〔美〕凯伦·法林顿:《刑罚的历史》,希望出版社2003年版,第13—14页。
② 参见浦坚:《新编中国法制史教程》,高等教育出版社2003年版,第223页。
③ 参见〔美〕凯伦·法林顿:《刑罚的历史》,希望出版社2003年版,第150页。
④ 〔美〕凯伦·法林顿:《刑罚的历史》,希望出版社2003年版,第177页。

关心罪犯及其亲属的态度所取代,对罪犯进行军事化管理的色彩也逐渐减少,开办特殊学校,向罪犯传授知识,让罪犯接受正常教育,改变了过去单纯的劳动改造的行刑过程。愿意求学的青年罪犯能够参加自学考试获取文凭,绝大多数罪犯可以学到一技之长以便回归社会后赖以谋生;行使申诉权利不再被视为"认罪态度不好";生日不仅能够得到亲属朋友探视,而且有可能得到监狱管理人员的祝福,能够邀请狱友改善生活;逢年过节,表现好的罪犯还能回家数日与亲人团聚;罪犯的通信自由基本得到保障,参加劳动能够获得比较正常的报酬。近年,符合法定结婚条件的罪犯的婚姻权利已经能够得到有效行使;以注射方式执行死刑得到推广;监狱环境、罪犯生活条件大为改善。总之,刑罚执行状况与改革开放前相比已不可同日而语。

我们也应正视行刑过程中存在的问题。我国目前监狱在押罪犯已经超过 200 万人,接近正规军总人数(不含武装警察),行刑成本过高。① 其中超出 10% 的罪犯得不到基本的物质条件保障,由于缺少被褥,他们连睡觉都只能轮换进行。② 由于医疗条件简陋,艾滋病病毒感染者即使犯罪,也没有哪家看守所或者监狱愿意收押,一般罪犯生病也只能用普通的药物进行普通的治疗。有钱有势的罪犯能够得到比一般罪犯更多的减刑、假释或者保外就医的机会是一个众所周知的事实。由于行刑社会化程度很低,绝大部分罪犯都在监狱或者看守所服刑,交叉感染③一直是一个难以解决的问题,分类关押也无法完全避免交叉感染。同时,罪犯生活在与社会几乎完全隔绝的世界,时间一长,便不知外面社会的发展变化,尤其不知道社会交往规则和习俗的变化,出狱后找不到回归社会的感觉,难以甚至根本无法重新融入社会。如果说这一切是罪犯咎由自取的话,那么,罪犯亲属遭受的社会歧视、

---

① 这里指的是国家投入的直接成本,如果加上罪犯亲属探视、申诉、亲属因家庭主劳力入狱带来的生活困难等边际成本和因罪犯入狱带来的机会成本,则改造成本更为巨大。

② 参见曾粤兴:《刑法学方法的一般理论》,人民出版社 2005 年版,第 200 页。

③ 这不是指疾病的感染,而是指恶习与犯罪技能的互相传播。

生活困难、精神痛苦就很难完全归责于罪犯本人了。一个可比的对象是,在欧洲,英国和法国的刑罚及其执行的野蛮程度曾经丝毫不亚于同时代的中国,但如今,其刑罚已经远比中国轻缓,行刑社会化的程度已经远远超过中国。① 须知,司法成本的支出,犹如人生病就医的开支,虽然不可避免,但属于消极支出,如果没有或者减少这样的开支,社会将能获取巨大的机会效益,如增加穷人的孩子接受教育的机会,提高社会福利,扩大社会就业,增进文化的普及,促进公益事业的发展,等等。因此,大幅度提高行刑社会化程度,是我国刑罚执行伦理性的必然选择。

二、刑罚伦理性的价值

上文说到刑罚伦理性的选择,实际上已经涉及另一个相关命题即刑罚伦理性的价值问题。所谓价值,即客体有利或有害于达成主体的目的,实现主体的欲望,满足主体的需要之效用。有利者为正价值,有害者为负价值。马克思说:"价值这个普遍的概念是从人们对待满足他们需要的外在物的关系中产生的。"②价值虽然表现为认识主体的主观感受和评价,但它是一种客观存在。在经济学上,马克思区分了劳动价值和使用价值。在法伦理学中,人们主要是在使用价值上理解价值。在本书第二章中,还将对价值的含义进行更详细的分析。刑罚伦理性的价值,主要是指刑罚体现伦理性的过程与程度对社会发展的正价值。

刑罚伦理性的价值与伦理道德的价值密切相关并主要取决于伦理道德的价值。由于伦理道德可以分为愿望的伦理道德和义务的伦理道德,因此,愿望的伦理道德可以称为道德原则或者道德的价值取向,而义务的道德可以称为道德的规则。当然,原则虽然主要是指更为抽象的伦理规范,但有时也难以同具体的、义务的道德规范即道德

---

① 参见王海明:《新伦理学》,商务印书馆2001年版,第29页。
② 《马克思恩格斯全集》(第19卷),人民出版社1963年版,第406页。

规则区分开来。如"爱护环境",既可以说是愿望的道德,也可以说是义务的道德。"行刑应当人道"究竟是愿望的道德还是义务的道德,也无明显的边界。

刘家琛大法官在分析刑罚的价值时指出:"道德高尚、法律精通、经验丰富的法官以及符合现代法治精神的刑事政策为刑罚的正确适用提供了人力资源和政策保障,但只有这两点并不足以保证罚当其罪、罪刑相当,缺乏科学、合理的刑罚价值取向作为指导最终还是可能陷入重刑主义的泥潭,轻罪重罚,死刑泛滥。而要从根本上解决司法传统中根深蒂固的重刑倾向,除了必须强调继续坚持惩办与宽大相结合的基本刑事政策和综合治理的基本方针以外,在刑事司法中树立科学、合理、人道、文明的刑罚价值取向仍然是治本之策,刑罚价值取向的正当与否直接决定着刑罚适用的合理性、正当性。"同时,他强调应当着力强化公正、平等、效益、人道和人权的价值理念。[①]

刑罚伦理性不等于伦理刑罚化,这是仅仅从语义解释上就可以得出的结论。不过,二者却是有内在关系的命题。伦理刑罚化,追求的是伦理道德上升为刑罚的程度;刑罚伦理性追求的是刑罚与社会伦理道德原则以及规范相符合的程度,简言之,即如何使社会伦理成为刑罚自身的属性,就像人的灵魂与血脉一样。因此,二者各自的发展方向绝非同向而是相向的。这种相向的发展,必然有一定的交叉重合。这是由二者的价值取向存在共性所决定的。

道德价值是人类价值系统的核心,是伦理学与价值学的"结晶",是指道德事实与人之间特有的社会关系,它标志着道德事实对人的本质的确证和完善。"道德事实与人之间的本质关系就意味着,道德意识和道德行为只有在利他、利社会的动机支配下,有助于自身人格的完善,有助于人类社会的和谐与进步,方能具有道德价值。就性质而言,判断道德事实有没有道德价值,关键要看它是否确实验证了对人

---

① 参见刘家琛:《当代刑罚价值研究》,法律出版社 2003 年版,(代序)第 13 页。

的社会性本质的提升。如果是,就具有道德价值,反之,就没有道德价值。"①因而,道德价值具有道德事实的客观存在性、道德意识或道德行为的利他性、道德意识或道德行为的社会性。首先,道德价值是个体性与社会性的统一。其次,道德价值是自律性与他律性的统一。所谓道德价值的自律是指道德价值的主体已经把道德价值理念、道德价值规范内化为自己内心的信念,达到自我完善或发展的理性"自为"状态甚或达到理性"自觉"状态。所谓道德价值的他律,是指道德价值理念、道德价值规范等要素位于道德主体的"外围",没有被道德价值主体的内心所接纳,需要外力的不断强化。毫无疑问,道德价值是道德的内在构成要素,而道德规范则是道德的外在构成要素。道德价值主要是通过其表现形式即道德规范显示其核心内涵的。再次,道德价值是相对性与绝对性的统一。无论从人类社会的发展过程看,还是从同一历史阶段的不同时期看,道德价值中既含有绝对的因素,又含有相对的因素。否则,人类道德价值的继承性与统一性、稳定性与变化性、本土性与交融性就缺乏合理的解释根据,更无法理解道德价值发展变化的必然性。道德价值的目的论既强调道德事实行为本身的内在价值属性,又注重道德事实之行为所产生的道德实践效应;而道德价值的义务论既强调道德事实之行为主体的动机即"善良意志"的理性因素,又重视道德事实之行为过程符合普遍道德原则或行为规范的程度(外在价值属性)。因此,在人类道德生活中,任何道德价值的充分实现都是道德价值目的论与道德价值义务论有机融合、综合运用的效应。首先,理性自觉是道德价值实现的启动环节。其次,道德情感是道德价值实现的促进环节。再次,行为选择是道德价值实现的决定环节。总而言之,道德行为是道德理性与道德情感逻辑发展的结果,因为"人的任何道德行为都受一定的道德认识支配,对社会道德行为准则缺乏必要的认识,就不会产生相应的道德行为……道德情感是道德行为的动力,在特定情况下,它可以使人的整个身心都发动起来投入到行为中去。没有高尚的道德情感的支持便不会产生自觉自愿的坚

---

① 刘同君:《守法伦理的理论逻辑》,山东人民出版社2005年版,第272页。

定的道德行为"①。

刑罚体现伦理性的价值与伦理道德本身的价值当然不是一回事,但也不是互不相干的话题。如前所述,刑罚以公平正义、自由、秩序、人道、宽容、谦抑、宽严相济等为自己的伦理价值,真正伦理性价值高或者说与这些伦理价值符合程度高的刑罚,其本身的价值也就与其伦理性的价值同步。从行为事实对道德主体的效用这层意思上讲,刑罚体现伦理性的价值也就是它对道德客体和道德主体欲望、利益和需要的满足程度。细细说来,公平正义、自由、秩序、人道、宽容、谦抑、宽严相济等价值都有手段性特点,而和谐才是人类社会的目标性价值。刑罚体现伦理性的最大价值就是促进社会和谐。这是伦理刑罚化与刑罚体现伦理性的交叉点。刑罚惩罚犯罪,保障公民自由,维护社会秩序,保障犯罪嫌疑人、被告人人权,恢复社会正义,改造犯罪人的种种努力,最终目标是维护社会和谐。伦理刑罚化也好,刑罚伦理性也罢,都不过是刑罚达到最终目标的一种途径而已。不过,认识刑罚伦理性与伦理刑罚化的这个交叉点很重要,因为它是二者关系的临界点,是刑罚伦理性应当把握的尺度。超过这个临界点,刑罚对伦理性的体现可能走向刑罚伦理化,可能会使刑罚完全进入伦理道德领域,刑罚被伦理道德所取代,或者说刑罚(公权力的标志性符号)将会随意进入私权领域,个人与国家、社会与国家、法人与国家和谐的伦理关系将会被打破,公民自由将会失去应有的保障。这种矫枉过正的做法,最终会使刑罚伦理性的善良意图变成罪恶。同样,一旦伦理刑罚化超出这个临界点,则过犹不及,将会使更多的伦理道德规范上升为刑罚,任意对各种私权行为作出评价,犯罪圈同样会不断扩大,公民自由随时可能被牺牲,社会将失去应有的和谐。

---

① 刘同君:《守法伦理的理论逻辑》,山东人民出版社2005年版,第290页。

第二章 刑罚伦理的价值目标

对于一个国家的存在与发展来说，社会秩序的重要性是一个无需证明的问题。近代以来，人们也越来越崇尚法律制度化的社会秩序供给，即把政府的强制力用法律制度固定下来并体现在强制力行使的程序之中。的确，法律制度是近代政治文明的重要成就，它在控制社会冲突和提供社会秩序方面发挥着无可比拟的作用。同时，法律制度提供了一个空间，使无数个体利益冲突得到折中和混合，每一个有着特殊利益要求的个体都可以在这个空间范围内从事自身的自由选择活动，外在的强制性规范又对这种选择有着约束作用。但是过多强调法律制度对社会秩序的供给，无疑是对人类自由的限制。

刑罚作为法律制度的最后保障手段，对其运用离不开伦理评价。作为维系人之为人的本性、样态、特质的起码的规则，伦理是一种与人的本性和本质同一的基本规则，是任何人——只要他还有人性——都认可并遵循的普遍规则。马克思指出，自由自觉的活动恰恰是人类的特性。① 人类行为的自觉性意味着人们从自身内在需要角度认识了伦理规范对人的生存和发展的意义，对人生的意义，并把伦理规范作为人生追求的目标和自我完善、自我实现的手段，形成伦理的"绝对命令"。

刑罚与伦理属于两个不同的范畴，但是，它们作为一种社会现象，都属于社会上层建筑，都是由一定的社会物质生活条件所决定的。在维护社会秩序方面，伦理与刑罚共同执行着维护有利于统治阶级的社会秩序的职能。

---

① 参见《马克思恩格斯全集》(第42卷)，人民出版社1979年版，第96页。

一、刑罚伦理价值的涵义

研究刑罚伦理,应当首先研究其价值,无价值即无研究意义。而研究刑法伦理的价值,离不开对伦理的认识。

(一)伦理概说

1. 伦理含义

伦理一词来源于希腊语"ETHOS",有"标准""人格""习惯"等含义。在中国该词最早见于《乐纪》:乐者,通伦理者也。从汉语词义上看,"伦"的本义也就是"关系"或"条理",古人说的"五伦",也就是指人与人之间的五种主要关系,或者说条理,即所谓"五常"或"纲常"。在古代中国,这种关系还特别指亲属关系,"五伦"的主体是亲属关系,所以人们也会说享受亲情的快乐是"天伦之乐",而破坏这种关系的一种罪行则为"乱伦"。"理"的本义就是"道理"或者"事理"。顾名思义,伦理就是"人伦之理""做人之理"。这种"人伦之理""做人之理"是在人类发展的过程中,在无数的经验教训之后,逐渐总结出的一系列关于应当如何调整个体需要结构,处理人与自然、人与人之间关系的知识、经验和技巧。一开始人们对事物的评断会有分歧,但人与人大致相同的基本需要决定了在歧异的价值观念中,有一个内容一致、持续稳定的关于是非善恶的看法,即伦理。伦理,其实就是人们在长期的社会生活中,基于社会存在和发展的现实要求所形成的一系列共识,是一种"社会整体的契约"①,是一种处于道德最底线的人与人之间的关于性、爱以及普遍自然法则的行为规范。这种行为规范往往未明文规定,而是约定俗成的,并且随着道德标准的普遍上升而呈上升趋势。

2. 伦理之社会功能

伦理属于人文世界的范围,是一种自然法则,是有关人类关系(尤

---

① Frankens, W. K. *Ethics. Englewood. cliffs*, N. J: Prentice Hall, 1963.

其以姻亲关系为重心）的自然法则，是在一定社会的政治、经济条件下，由无数人用自己的实践活动自发形成的。它表现为人类加诸彼此及自身的规范与评价；非人文的自然世界及动物世界均用不上这类概念，唯有人类能够为自身制定一些应然的标准，并且同时具有达到以及违反这些标准的能力。

伦理是指维系人之为人的本性、样态、特质的起码的规则，因此人的伦理性存在具有根本意义。人可以从事政治、经济、文化、教育等活动，人可以充当政治性存在、经济性存在、文化性存在、教育性存在，但这些存在无不以人的伦理性存在为支撑。事实上，如果人没有完成向伦理性存在的转变，就不会拥有在宇宙中的地位和尊严。假如，如果没有婚姻伦理，人在宇宙中的繁衍续存都成问题。因此，人之伦理性存在理应成为价值伦理学关注的焦点。经由一些最基本的价值和伦理，人才能保持"人"必须具有的特性、样态和本质，使人免于沉沦和野蛮到非人的境地。违背了这样的伦理，就不是普通意义上的失德、缺德，而是丧失起码的人性和人的本质特征。从这个意义上说，伦理是人之为人的下限，它不是要求人做圣人、做有德行的人的道德，而是要求人不失去"人"的起码准则的道德，与"道德"一词是通用的。

人不是什么事情都可以做的，人类文明的一个重要标志是人们明白有些事绝对不能做。人脱离动物界，创造、发展文化和价值的历史活动，可以从两极看：一极是划定文化的下限，解决"人起码是什么样态、绝对不能做什么"的问题。人给自己划定下限，就是经由一些基本的伦理和文化，把自己与自然、与动物区分开来，把自己从蒙昧和野蛮状态提升出来，成为"人""文明人"。这个区分界线，就是伦理的底线。另一极是创造和建设出理想和应然的状态，解决"人应该是怎样的、应该朝什么状态发展"的问题，这是伦理的上限。

伦理是处理人与人之间相互关系应当遵循的基本道理或准则，是终极意义上的善和价值本身，体现人类理想价值，对于人类有着重大意义。伦理的下限是调整社会中人（现代社会包括法人）的相互关系的行为规则和规范，即普遍性伦理道德，是维系一个正常社会，特别是合理的人际关系的基本手段，可以用"正当"（Right）概括；伦理的上限,是人们所追求的完美的情操品质,是驱动一个社会和这个社会中大多数人不断自我完善以期实现的过程和目的,可以用"善"(Good)来概括。除了这两个基本层次外,伦理道德还泛指一个社会的风尚习俗、风土人情、利益规矩、文明举止的养成和教育活动等。①

亚里士多德认为,"每种技艺,每种学科,以及每种经过考虑的行为或志趣,都是以某种善为其目的"。因此"善是一切事物所求的目的"。② 伦理的至善就意味着,就个人而言,适合人本性的生活、在整体生活方面取得优秀、善于塑造心灵与世界的和谐社会,从社会方面看,至善就在于能够为每个人的各种优良品性和潜能都得到充分发展而创造条件,并使所有人的各种优良品性和才能处于和谐关系及持久发展的良好状态中。也就是说,伦理的至善意味着世界万物都包容和贯穿在一个和谐的状态中,其中每一件事物或生命都没有受到损害和压制,都恰到好处地发展了本性和潜能,并且,它们之间处在一种互助互益、相生相长的关系中。这一最佳的至善状态对于宇宙中每一位成员来说都是最公正、最正义的,能够最大限度地保护和造福每一位成员。当然,伦理至善作为终极理想,是永远不可能完全达到的。但是,人类的行为却可以越来越趋近于这一终极目标,它为人类生活提供了一个大的背景框架,赋予其意义、目的和方向,并给人提出了评判善恶的标准和"应当如何"的客观要求,是人的美好理想,具有理想性。

在西方伦理史上,康德第一个系统地阐述了自律概念,并把它确立为伦理学的基础。自由是康德道德哲学的基石。康德的自律概念正是以自由意志为前提的。在康德看来,人作为理性存在物,其意志应当是自由的,自由是人的一种天赋权利,是每个人由于他的人性而具有的独一无二的、原生的、与生俱来的权利。一个人只有作为纯粹的意志存在物而不是作为一个自然的存在物,他才是自我决定的,才

---

① 参见刘可风:《伦理学原理》,中国财政经济出版社2003年版,第5页。
② 周辅:《西方伦理学名著选辑》(上),商务印书馆1987年版,第286、291页。

能"自己为自己立法",才能在立法时不服从异己意志。① 由此,康德把意志自由看成是阐明伦理自律性的关键,从而高扬伦理的主体性,在伦理学上实现了所谓的"哥白尼式的革命"。人也不是任何事实都可以接受的。人必须享受"人"的礼遇,人至少应该被当做人看待、对待。就个体来说,当人遭遇到作为"人"所不应该接受也无法承受的事件时(如妇女被强暴、人被极端地羞辱和折磨),是莫大的耻辱,是一种罪孽之事。人为了逃避和拒绝非人的遭遇,宁愿选择死亡。对群体来说,当人们经历了或身边发生了"人"所不应该接受也无法承受的事件(如同类相食、自己的同胞被异族屠杀)时,也是莫大的耻辱,是一种罪孽。人无法面对这样的行为,就是因为它越过了人之为人应有的底线。在人的文化心理和价值意识中,伦理底线是一条基本的、绝对的道德律令,是人把自己与禽兽区分开来的最后一条分界线,因此,除非社会出现严重的病态和变态,每个人都不可能也不敢越过这一底线,伦理底线成了文化和文明中的一种严厉的禁忌。

作为一种禁忌,伦理是通过在人们的内心深处唤起强烈的耻感和罪感来维系的。人以越过伦理为耻辱,为罪孽,因而自觉地不去作违背这一伦理的事。耻感是人们自觉地求荣免辱的道德情感和价值意识,是因经历和体验到了人性和基本价值被亵渎而在心灵深处产生的一种自我谴责和自我贬低意识。主体做了逾越伦理底线和基本的文化禁忌的事,就觉得这样的事情和行为可耻、羞耻;遭遇逾越伦理底线和基本文化禁忌的、作为"人"所无法接受的事实,就觉得是一种奇耻大辱。罪感是因经历和体验到了违背基本价值的行为、事件而从我们的心灵深处萌生的一种敬畏意识与忏悔意识。主体的价值意识告诫人们,我们的人性和文化中有一些基本的禁忌和规约,它规定人至少应该作为(如有起码的同情心,把人当人)或不作为(如不能乱伦,不能滥杀无辜)的下限、底线。违背了这一禁忌和规约,就是一种罪过、罪孽。在中国文化中,罪感意识更多的是作为一种民族文化的潜意识

---

① 参见〔德〕康德:《道德形而上学原理》,上海人民出版社 1986 年版,第 86 页。

存在于民间的原始宗教、巫术和迷信中。佛教传入中国后,这种意识便体现为佛教因果报应思想:善有善报,恶有恶报。这种宗教意识维系了人们内心深处的伦理底线:人因为背负不起心灵的十字架而不敢亵渎基本的伦理规则,否则人们就会感到恐惧、内疚,就有负罪感,就要忏悔。罪感意识就这样在我们的心灵深处构筑了一道防线,从而保障一个民族基本上能按文化和伦理标准而行事。

与西方相比,中华民族有五千年的文明史。其中,伦理规范就是其宝贵的财富之一。历史上,中国人讲"仁""诚""忠""孝""节""义""礼""信""和""智",在几千年的历史积淀中形成了中华民族优秀的传统美德。今天看来,这些伦理规范虽然在某种意义上与社会主义道德体系有不相符合之处,但是总的来看,正面的意义还是主要的。中国人以个人"修身"为起点,进而"齐家""治国""平天下",以做"君子"为人生的目标,从士大夫的"先天下之忧而忧,后天下之乐而乐",到布衣草民的"位卑未敢忘忧国",最终以礼仪之邦而闻名于世,其对东亚和东南亚诸国的影响至今仍然很大。笔者相信,历史上人与人之间的伦理规范是很有作用的,否则,几千年的中国封建社会不可能那么稳固,虽然几经统治王朝的变换,但社会的根本性质和基本制度却没有什么实质意义上的变化。封建统治者正是看到了伦理的这一作用,所以,就连政治统治也要和伦理嫁接联姻,于是才最终以"三纲""五常"来统治人们的思想,约束人们的日常生活,在这样的秩序下,中国人生活了一代又一代。

总之,当某种行为准则逐步形成了众人共识并成为约定俗成的规则、原则时,就成了公众共同自觉遵守的行为准则,即伦理。这种行为准则不是法律,亦不是皇帝的诏令,它是人类生活的内在规律性的表现。它虽然不像法律那样有强制力,但具有约定俗成的约束力。这种约束力来自社会的舆论的监督、风俗习惯的约束和众人的贬褒评判。

3. 在刑罚伦理价值目标语境下对伦理概念的使用

伦理活动是人类的精神性实践活动,是人类对自我的内在控制,因此,也就是主体性的活动,体现着人成为伦理活动的主体的规定性。

伦理活动的使命不是客观地再现对象世界,而是提出要求、需要和理想,并通过主体的活动加以满足和实现。然而在伦理实践中出现的困境,究其原因,是由伦理冲突造成的。所谓伦理冲突,是指伦理主体在进行伦理选择时所遇到的矛盾状态,即伦理主体在特定情况下必须作出某种选择,这种选择一方面往往符合某一伦理准则,但同时又违背了另一伦理准则;另一方面实现了某种伦理价值,但同时又牺牲了另一伦理价值,从而使主体陷入举棋不定、左右为难的境地。伦理冲突是一种特殊的伦理矛盾现象,包括两个层次:一是在人们的生活实践中,由于同一行为可能会适用于多种价值准则,当多种价值准则同时介入和影响这一行为时,不可避免地产生的同一伦理体系内不同伦理原则、伦理要求之间的冲突。二是不同伦理体系之间原则规范要求之间的冲突。一方面,由于利益是伦理的基础,伦理是利益的体现,任何伦理原则规范体系都反映着一定团体的利益、体现一定团体的意志,社会各团体利益不同,他们的伦理观念、伦理意志也可能截然不同,这就使得同一社会出现体现各种团体利益的伦理价值体系,因而产生伦理冲突;另一方面,由于同一社会里既有反映现有经济关系的伦理原则规范体系,也存在反映过去和未来社会经济关系的伦理原则规范体系,当这些不同性质的伦理原则规范同时存在于一个社会形态中,必然对各团体的成员产生影响。对个体来说,既会接受当时占主导地位的伦理原则规范体系的教育,也会或多或少地受未来伦理观念的冲击和旧的伦理意识的渗透和影响。当伦理主体在伦理选择时,由于新旧不能并存、二者不能兼顾而产生选择中的困境。正是由于伦理原则、规范体系之间冲突的存在,造成现实生活中人们在伦理选择时无所适从,从而出现伦理实践中的两难困境。这种两难困境具体表现在:

第一,从伦理活动的主体来讲,不同的伦理活动主体,伦理评价标准有时很不确定。

第二,从伦理的自我践履和律己难度或从伦理的社会功能即利群程度上讲,现实伦理有常规伦理、美德伦理、圣德伦理层次之分,伦理标准适用不当时,必然使伦理流于形式,造成伦理活动的虚伪。

第三，从伦理产生并服务于一定的社会政治经济文化基础上来讲，伦理规范总是受特定社会生存环境的制约，超越特定社会生存环境制约的伦理表达注定得不到社会认可。

第四，从伦理的适用上来讲，伦理是一个动态的过程，因此任何伦理原则和伦理规范既有绝对性的一面，又有相对性的一面。伦理原则和伦理规范的绝对性是指，任何伦理原则和伦理规范都有明确的要求或包括确定了的客观内容。伦理原则和伦理规范的相对性是指任何伦理原则和伦理规范都是具体的、历史的、与特定的环境相适应的。首先，任何伦理原则和伦理规范都有着一定的适用范围，它不可能涵盖一切生活领域。其次，任何伦理原则和伦理规范都不是永恒不变的；再次，任何伦理原则和伦理规范都是对一定的伦理要求的概括或总结，具有抽象性和一般性的特征。在伦理活动中，坚持境遇原则就是要求我们在伦理运用中把原则性和灵活性统一起来，要求选择者在解决伦理冲突时，将伦理原则与具体的选择情境紧密结合起来，并善于创造性地、灵活地发挥伦理原则、规范的作用。刑罚伦理价值目标的伦理应指特定社会生存环境的常规伦理。

第五，从词义概念上讲，伦理与诸如善、真理和应当这些概念有关，但在日常生活领域中，理解这些抽象概念的实际含义时，我们每个人对它的严肃而系统思考的水平是有差异的。伦理在现实生活中的应用是有层次性的，依次表现为伦理表达层次[①]、伦理规则层次[②]和

[①] 在日常生活中，许多时候我们仅仅是就一些问题或事情表达自己的情感。这些情感的表达一般是自发的、未经思考的，它是价值判断最常见的形式。这些情感的表达既不想引起回应也不想劝阻别人；既不提供有关事态的证据又不提供详细的事态描述。然而，根据是谁说出的和情感表达的强烈程度如何，它们可能会变成更为系统和理性的处理方法。

[②] 当我们指出与问题相关的恰当的行为方式并开始评估可能的办法及其后果时，我们总是根据某些被我们奉为伦理指导准则的规则、格言、来思考这些行为过程及其可能的后果。这些伦理规则、格言会作为我们行为的规则。

伦理分析层次①。这三个层次是一个高度动态的系统。在现实生活中,当我们在努力弄清什么是正确的和什么是应该做的时候,我们就会在这三个层次中进行理性的思考。起初,我们就问题进行情感表达,即我们对自己目前的感想作出自发的反应,但接着很快就进入解决问题的伦理规则阶段。随着情况的复杂化,就会对目前的伦理规则进行反思,从而进入伦理分析层次,以寻求合适的解决问题的伦理规则。就刑罚伦理价值目标问题的伦理应用层次处于理性的伦理分析层次。

正是鉴于伦理冲突会导致伦理选择的两难处境,因此特别说明,本书所探讨的主题——刑罚伦理价值目标中所指的伦理是指处于规则层次和分析层次的特定社会生存环境的常规伦理。

(二) 刑罚概说

1. 刑罚含义

从一般概念来讲,所谓刑罚,是指掌握国家政权的统治阶级,以国家的名义惩罚犯罪的强制方法。从刑罚的一般概念可以看出刑罚的本质属性,即不论社会制度如何,不论是哪一个国家,刑罚都是统治阶级实行惩罚犯罪的强制方法。同时也可以看出,刑罚和犯罪是紧密相连的。任何国家刑法的主要内容都包括两部分:一部分是规定统治阶级确认的犯罪,另一部分是规定惩罚犯罪的刑罚方法。世界上没有一部刑法只规定犯罪,而不规定惩罚犯罪的刑罚方法。实践表明,任何掌握国家政权的统治阶级,在宣布哪些侵犯自己利益的行为为犯罪的同时,都要规定惩罚犯罪的各种刑罚。对犯罪者处以某种刑罚,是行使国家权力的重要组成部分,也是国家赖以存在的重要条件。正如马

---

① 当可利用的伦理规则无助于解决具体问题时,当它们互相冲突时,就需要对我们的伦理规则进行基本思考,重新审查我们的常规行为标准中隐含的伦理准则。伦理准则指的是为实现某一价值所必须具有的行为方式,它明确地将一种价值和一种行为方式联系在一起。我们只有明确各种伦理准则,分析其在行为中所体现的价值观,这样我们才能把握各种伦理问题的伦理准则。

克思指出的："刑罚不外是社会对付违犯它的生存条件（不管这是些什么样的条件）的行为的一种自卫手段。"①

对犯罪者实行惩罚，是通过法庭和监狱来实现的，从而达到维护有利于统治阶级的政治秩序和社会秩序。马克思告诉我们：法庭、监狱和军队、警察一样，都是国家机器的重要组成部分，它们共同组成国家暴力，执行着国家的镇压职能。任何掌握国家政权的统治阶级，在建立自己的政权之后，都要制定适合自己需要的刑罚。只是由于国家和社会制度的不同，刑罚权的归属、刑罚的任务、刑罚的目的、刑罚的锋芒所向、刑罚的种类和适用方法等也有所不同罢了。

不可否认的事实是，刑罚是一种"恶"，虽然与犯罪的"恶"效果不同，但"恶"的本质是相同的。因此，为了证明动用刑罚这一"恶"具有"善"性，证明人们选择刑罚是一种迫不得已的选择，故刑罚的启动需要有相对合理的前提和基础，以便为刑罚提供"善"的推动力。

（1）刑罚的可罚性

刑罚的成分究竟是什么？对其分析的最为直接的方法即从刑罚制度的现实结构中寻找惩罚的形式与制度。如各国刑罚大致分为生命刑、自由刑、财产刑、资格刑。对应受处罚的犯罪人选择一种严厉的惩罚方式其实不难，因为人是"类生存"有意识的动物。人由自身需要可推知同类需要，也十分清楚用何种方式能够有效地剥夺、抑制受刑人的需要，确保自己的利益。马斯洛将人的需要归结为"生理需要、安全需要、归属和爱的需要、自尊自爱、自我实现"等五个层次。刑罚正是利用人性的需要以及这些需要的层次，有针对性地对犯罪人综合需要进行相应遏制从而制造受刑人的痛苦。首先，刑罚的严厉性可以被大多数人所认可；其次，受刑对象有感受刑的能力。"无论谁一旦看到，对打死一只山鸡、杀死一个人或者伪造一份重要文件的行为同样适用死刑，将不再对这些罪行作任何区分；道德情感就这样遭到破

---

① 《马克思恩格斯全集》（第 8 卷），人民出版社 1956 年版，第 579 页。

坏。"①故违背了人类情感和理性的刑罚是暴行,刑罚要体现出其价值,即它的可罚性,并且使犯罪分子切身感受到自己的身心受到了创伤。

(2) 刑罚的合理性

犯罪和刑罚都是一种恶,恶的本质是相同的。但是其效果是不同的,罪行制造惊恐,刑罚重建安全;罪行是所有人的敌人,刑罚是公共的保护者;为某人获利之罪行制造着普遍的恶,由某人遭受痛苦之刑罚产生一般的善。中止刑罚的存在,世界将会变成抢劫的舞台,社会就会分裂。重建刑罚,激情就会趋于平静,秩序会被恢复,每个人的弱点就会被保护公共秩序的力量所制约。

由于个人需要有恶性膨胀的一面,就要求一个强有力的社会控制机构能够恢复已被破坏的个人和社会赖以生存的基本秩序。因此,刑法对刑罚的确认,就是对人性恶的预设,刑罚进入运作,则是对人性恶的现实评价,即刑罚有合理的根据。

现代理论上人性通常是人的需要和追求,是社会所着力体现和肯定的部分,充分表达了社会的善意,尤其将个人自由提到了与国家社会并重的位置,以个人本位成为现代法律的关注点。因此刑罚开始在社会预防犯罪系统中逐步缩小自己的使用范围,对某种社会危害行为,国家在民事的、行政的手段和措施仍不足以抵抗时,才运用刑罚的方法,当然,刑罚的谦抑性,并不意味着刑罚从社会控制中彻底消失。

(3) 刑罚形态适当性

基于人类对自身需要及社会需要的深刻认识,对个人需要、群体需要的辨证理解,刑罚中的惩罚方式与程度应在社会认同的"人道"基础上,即刑罚表现形态须合理。

当刑罚的可罚性被确立,刑罚的"恶"被赋予合理的前提时,惩罚活动往往被理解为社会正义的同义词,但事实并非如此,历史告诉我们,被绝对化了的权力活动,对社会发展和个人需要造成的风险,远比

---

① 〔意〕贝卡里亚:《论犯罪与刑罚》,黄风译,中国方正出版社2004年版,第77页。

零星性犯罪大得多。尼布尔指出:"特权集团还总是用其他方法从普遍利益的角度来证明自己的特殊利益是合理的。比如,他们假设自己拥有特殊的智能和优秀的道德,假设这些东西增进了普遍利益。更受他们青睐的一个方法,也许是把他们从中受益的特定社会群体和普遍的社会安宁和秩序等同起来,并自封为法律与秩序的维护者和倡导者。由于每个社会都具有保持和谐、避免争端的本能欲望,特权阶级的上述做法便成了维护不公正的既成秩序的有力手段。"①

人类社会历史表明,人性的不完善,并不只是与犯罪相关联。恶法的出现,刑罚超常的残酷,往往是这一时期专制权力膨胀的结果,这显然是人性恶在社会制度上的体现。

随着法治社会的推进,法律自身一直在对刑罚力度进行单向控制性的调适。因为"严峻的刑罚造成这样一个局面:罪犯所面临的恶果越大,也就敢于规避刑罚。为了摆脱对一次罪行的刑罚,人们会犯下更多的罪行"②。因此,刑罚不能太残酷。首先,刑罚最初绝对不是人们进行理性设计的结果。它源自于社会本能,并体现为一种带有浓厚的社会情感性的生活经验和实践智慧。因而刑罚制度的实际运作显然与人们的预设不是一回事,现代刑罚可能仍然继续渗入社会情感性因素。这样,刑事法逐步形成一个整体系统时,这种有语言、条文所载现的并不十分准确的整体秩序与社会惩罚、预防犯罪的正常情感发生共振,其中相当部分的法律内容会演变为社会法制心理的一部分。从积极意义上讲,法律以其理性形式确认社会情感内容,能够使刑罚活动真正为公众所接受,在这一公众心理基础上的刑罚运行才真正具有生命力。其次,犯罪乃是犯罪人从违反规范的意思到进而破坏规范的过程,而刑事制裁就是通过对破坏规范的否定,进而确立法规范的不容破坏性,从而达到维护法规范安全性的目的。积极的一般预防论的

---

① 〔美〕尼布尔:《道德的人与不道德的社会》(第二版),蒋庆等译,贵州人民出版社2009年版,第77页。
② 〔意〕贝卡里亚:《论犯罪与刑罚》,黄风译,中国方正出版社2004年版,第57页。

核心思想乃是：法规范是人类行为的指导标准，每一个社会成员必须严格遵守法规范而决不能容许破坏，刑罚的作用在于维护法规范的被遵守，以确保社会成员确信法规范的不容破坏。因此，刑罚是一种维护法规范的威吓手段，它所宣示的就是法规范的完整性，国家正是通过刑罚的威吓效应达到使公民尊重法规范之目的，并通过对破坏法规范者的处罚，强化公民的法规范意识，以达到信赖法规范之目的。

2．刑罚与伦理的关系

伦理是刑罚中具有不可缺少的性质。首先，刑罚制度必须包含有对伦理问题的考虑。其次，伦理内容这种不可或缺的性质也影响着刑罚的实践。这不仅表现在制度和意识层面上，确保司法人员服从公共利益取向的努力，同时也表现在对司法人员伦理素质的要求上。因此，刑罚的适用不能完全脱离伦理的因素。

（1）刑罚的制定和运用需要有伦理依据

日本著名刑法学家小野清一郎认为，伦理规范是国家法律的根底。法属于人伦的、伦理世界中的一种规范秩序，是被政治和权力所保障的秩序。凡是伦理秩序都是扎根于人类存在的基础的，特别是法秩序，更是和人类存在中的现实利益相结合的。① 因此，应当把刑罚作为根本上是以伦理的，即人伦关系中的实践的道理或条理为根基的东西。进一步说，刑罚是群体人性要求的主观意志的产物，刑罚的产生必须符合人的理性的要求，而符合人的理性要求，最终应符合人的世界观要求，即符合人的哲学观的要求。因此，刑罚的运用需要有伦理哲学底蕴。

首先，刑罚的内在属性体现了刑罚必须具有充分的伦理根据。刑罚是国家创制的、对犯罪人适用的特殊制裁方式，是对犯罪人某种利益的剥夺，同时也表现出国家对犯罪人及其行为的否定性评价。因

---

① 参见〔日〕小野清一郎：《犯罪构成要件理论》，王泰译，中国人民公安大学出版社1991年版，第46页。

此,刑罚以惩罚和谴责为其内在的属性,是惩罚和谴责的辩证统一。[1]一方面,刑罚与惩罚具有不可分割的联系。也可以说,刑罚本身就是惩罚,是以国家名义实施的、对犯罪人的惩罚。毫无疑问,惩罚一定意味着痛苦,没有痛苦就不是惩罚。只不过与一般惩罚不同,刑罚的惩罚性主要体现在通过对犯罪人的某种利益或者某种权利的剥夺而施加给犯罪人或大或小、或长或短的痛苦(当然,这种痛苦并不必然导致残酷的刑罚)。因此,如果离开惩罚这个实质性的内容去谈刑罚的意义,本身就是毫无意义的。另一方面,刑罚通过对犯罪人一定权利和利益的剥夺也明确地表达了这样一种态度,即国家对犯罪人及其行为所持的否定性评价。国家正是要借助这种具有十分强烈的伦理谴责性的否定评价来教育全社会所有公民,以维护社会的稳定和公民的安宁。尽管在历史发展的各个时期中,由于刑罚观念的不同,伦理谴责性在刑罚中所占的比重及其表现方式有很大的不同,而且明显体现出从注重刑罚的恫吓性到注重刑罚的感化性的转变,但是,伦理谴责性贯穿于刑罚过程的始终,却是永恒不变的。正是由于刑罚具有的伦理谴责性,才使得刑罚不仅仅只是一种外在的强制、一种他律,而且也是具有内在伦理根据的价值判断。

其次,刑罚与伦理的共同社会作用决定了刑罚必须具有充分的伦理根据。在服务社会方面,伦理与法律(包括刑罚在内)共同执行维护有利于统治阶级的社会秩序的职能。当然,伦理更侧重于人们行为的内在动机,而刑罚则侧重于人们行为的外部结果。刑罚与伦理的统一形成上层建筑控制经济基础的巨大力量。[2] 由此可见,刑罚与伦理既存在本质上的内在同一性,又存在特征上的外在差别性。对于两者的差别性,我们尤其应当予以注意。因为法律(包括刑罚在内)在社会生活中所起的作用在很大程度上要依赖于伦理的支持,仅仅依赖法律评价社会行为是远远不够的。刑法也是这样,刑法的条文是有限的,因

---

[1] 参见陈兴良:《本体刑法学》,商务印书馆2001年版,第626页。
[2] 参见曲三强:《社会主义初级阶段刑法伦理观探要》,载《中外法学》1989年第2期。

而不可能做到区分所有的差别,准确定罪量刑。在立法和适用刑法时,必须充分考虑社会道德和伦理的评价,尽可能将法律评价与道德评价有机地结合起来,力求达到伦理与法律的一致,即凡是违反法律的行为同时也违背了社会道德;凡是合乎道德的行为同时也是法律所允许的。如果在对同一行为的评价上出现了法律和社会道德相违背的情况,那么,首先应当反思的是该项法律是否妥当。换句话说,"道德的政治如果不以不可磨灭的人类感情为基础的话,就别想建立起任何持久的优势"①。缺乏必要的伦理根据的法律(包括刑罚)是没有生命力的,不可能长期存在于现实社会中。

再次,刑罚体现了国家对犯罪人及其行为的否定性评价。国家正是要借助这种具有十分强烈的伦理谴责性的否定评价,来教育全社会所有的公民,以维护社会的稳定和公民的安宁。刑罚具有的道义谴责性,才使得刑罚不仅仅只是一种外在的强制、一种他律,而是具有内在道义根据的价值判断,也才使得作为法律范畴的刑罚与社会伦理有了不可分割的联系。刑罚是实现刑事责任的一种主要手段,从某种意义上说,也是一种行为。从报应的观念来看,刑罚是对犯罪的一种反应,而作为对犯罪的反应的刑罚,当然受制于犯罪。但是,仅此还不够,刑罚还取决于统治者自身的伦理观念。"道义责任的确定是认定罪过和判处刑罚的必要非充足的条件。"②因此,以道义非难可能性为核心的责任观指导下的刑罚必然表现出伦理的品性,刑罚首先要体现出对犯罪行为的报应,或者说,必然要包纳对作为恶的伦理非行的犯罪的恶报。报应不等于报复,它是理智的行为,是有节制的反应。在动用刑罚手段的时候,如果不考虑一定的伦理因素,那么刑罚就将难以被社会接受并发挥其维护社会秩序的功能。因为,摈除刑罚的伦理色彩、排除刑罚的报应因素,会使刑罚丧失根据上的合理性。

---

① 〔意〕贝卡里亚:《论犯罪与刑罚》,黄风译,中国方正出版社2004年版,第8页。

② 〔美〕帕克:《刑事制裁的界限》,梁根林等译,法律出版社2008年版,第14页。

（2）刑罚的伦理性体现

刑罚的伦理性主要表现在两个方面：

首先，是否动用刑罚，应当受到一定伦理因素的制约。中国古代刑法中有些含有伦理因素的原则，例如同居相隐不为罪，如何正确地评价，就值得研究。

其次，在进行刑罚裁量的时候，也应当受到一定伦理因素的制约。刑罚是支持伦理道德的，但只有适当的刑罚才能起到这样的作用。刑罚的过量与滥用，不仅不能起到支持伦理道德的作用，甚至会败坏之。我们发现刑法条款其实也是有着强烈的伦理性的。例如，我国《刑法》第2条规定："中华人民共和国刑法的任务，是用刑罚同一切犯罪行为作斗争……保护国有财产和劳动群众集体所有的财产，保护公民私人所有的财产，保护公民的人身权利、民主权利和其他权利……"不难看出，"保护"一直是其中一个被强调的重点，作为一条指导性规定，它无疑反映了刑法的伦理品格。

再次，如何执行刑罚，应当受到一定伦理原则的制约，形成一定的伦理规范。尤其应当注意的是，功利主义的刑罚观，隐含了把人当做手段的消极因素，容易导致残忍的或者有辱人格的法外施刑；报应主义的刑罚观也隐含了"罪犯所受的刑罚就是其该得的报应"的消极因素，也有可能导致残忍的或者有辱人格的法外施刑。积极的一般预防理论，蕴含了向社会昭示文明刑罚以及文明执行刑罚的合理内容，与人道主义的伦理原则不谋而合，因此，着力彰显人道主义，是执行刑罚体现社会伦理性的伦理规范。

总之，虽然刑罚是一个法律概念，在表面上看与伦理并没有直接的联系，但刑罚的存在却必须具有充分的伦理根据，刑罚必须体现伦理价值属性，否则将沦为血亲复仇的工具。

（三）价值概说

1. 价值的含义

价值一词源于经济学，特指商品的一个重要性质，代表该商品在交换中能够交换得到其他商品的多少，价值通常通过货币来衡量，称为价格。后来，价值一词被引入哲学、社会学等领域。人们在日常生活中也不时使用价值一词。因此，价值一词在不同的层次与含义上被使用着。

在西方，价值一词的含义也十分复杂。价值论著名学者富兰克纳总结了在西方价值一词的使用情况及其基本含义，他说："价值"以一种被混淆和令人混淆然而广为流行的方式，应用于我们的当代文化中——不仅应用于经济和哲学中，也应用于其他社会科学和人文科学中。通过奥地利迈农、艾伦菲尔斯的著作，通过德国舍勒、哈特曼的研究，一般价值理论的观念在欧洲大陆和拉丁美洲普及开来。在英国，这种观念有相当影响。在美国，这种观念在第一次世界大战前后受到了热烈欢迎。培里、杜威、泰勒等人将其发展、创新。对"价值""价值准则"的广泛探讨也随之扩展到了心理学和各门社会科学、人文科学甚至日常谈论领域之中。马克思对价值作过专门考证，他引用了一本名为《试论哲学词源学》的书中说，"价值"一词与古代梵文和拉丁文中的"掩盖、保护、加固"词义有渊源关系，是它派生出"尊敬、敬仰、喜爱"的意思才形成了价值一词的"起掩护和保护作用的、可珍贵的、可尊重的、可重视的"的基本含义。

随着我国哲学价值论研究的开展和深入，许多学者以不同的视角对价值概念进行了不同的诠释。我国社会科学界一般认为价值一词有两种含义：一是指体现在商品中的社会必要劳动；二是指客观事物的有用性或具体的积极作用。价值立足于客体与主体需要之间的满足与被满足的关系，但也并不局限于这一关系。总结下来价值有三层含义：①"价值"有时被用做抽象名词。在狭义上只包括可以用"善""可取"和"美德"等术语来恰当地表示的东西；在广义上则包括了各种正当、义务、美德、美真和神圣。②"价值"作为一个更具体的名词（譬如当我们谈及一种价值或多种价值时）往往是用来指被评价、判断为有价值的东西或被认为是好的、可取的东西；也被用来指有价值或是有价值、好的东西，"各种价值"就意味着"有价值的各种东西""好的各种东西"或"各种善"。③"价值"一词还在"评价""作出评价"和"被评价"等词组中用做动词。

马克思不仅揭示了经济学中的价值含义,而且还指出了作为一般意义的价值概念。他曾指出:价值这个普遍的概念是从人们对待满足他们需要的外界物的关系中产生的,是人们所利用的并表现了对人的需要的关系的物的属性。① 马克思关于价值概念基本含义的论述,对法的价值研究具有十分重要的指导意义。

2. 本书中价值的含义

笔者认为,价值是指客体对于主体的意义,包括客体对于主体的需要的满足和主体关于客体的绝对超越指向两个方面。价值的主体是人,或人之延伸与结合——社会,而不是物,最基本、最终意义的价值主体只能是人。"凡是谈论价值,从根本上说都应当是相对人而言的,价值为人而产生,为人而存在,人是一切价值的主体。"②价值的客体主要是物,这里的物并非物理学意义上的物,而是哲学意义上的物,是指人主观世界以外的客观实在。它可能是物质形态的,也可能是意识形态的。作为物质形态的物自不必多言,作为意识形态的物则包含着道德规范、宗教规范、法律规定、政治策略、社团规章、组织纪律等。作为价值客体的"物"既包括"自然物",也包括"社会物"。前者如河流山川、冰雹雨雪,后者如道德、宗教、法律、纪律等。价值客体不仅有物,而且也包括作为价值客体的人。人在总体上是价值主体而不是价值客体。在特定情况下,一部分人或一个人对另一部分人或对另一个人就有价值的问题。诸如"人不为己,天诛地灭""人人为我,我为人人""毫不利己,专门利人"的人生价值准则,就存在于以人为价值客体的价值关系之中。价值的前提是人的需要,没有人的需要,价值就不可能得以体现,就不存在价值问题。人的需要是多层次、多方面的。价值的内容为"对于人的意义",即一是客体对于人的需要的满足;二是人在处理客体与人的关系时关于客体的绝对超越指向。作为对于人的需要的满足的价值是最直观的价值表现。表现着外在物与人的关系的应然状况,包含着人的希望与理想的成分。所谓绝对超越指

---

① 参见《马克思恩格斯全集》(第19卷),人民出版社1963年版,第406页。
② 卓泽渊:《法的价值论》,法律出版社1999年版,第38页。

向,是指价值具有对于主体始终具有不可替代的指导意义。"绝对"一是指价值与主客体关系始终同在,在时间上是绝对的;二是指价值对于主体具有不可替代的性质,在性质上是绝对的。"超越"一是指价值作为永远追求,总是超越主体能力的;二是指价值总是高于现实的,是主体的理想。作为绝对超越的指向,价值对于人类的行为和思想具有根本的指导意义,甚至是人的精神企求与信仰。价值在满足人的需要的同时,作为一种绝对超越指向,包含着人类的要求与愿望。它属于人的理想范畴,是人的思想与行为的目标,在指导人类的同时,又评价着人类关注的外在物与自己之间的关系,以及人类的相关思想与行为。价值是人类维持生存与走向完善的双重需要。

伦理价值目标表现为主体对某一对象的特殊要求,是主体从自身的需要、愿望出发,根据善的标准,通过选择自己的准则、自己的动机、自己的行动和人格,在其头脑中以主观观念的形式预定要达到的某种结果。换言之,伦理价值目标是指主体作出符合自我发展需要的行为,以期达到符合伦理的结果和要求。据此,刑罚的伦理价值目标应当是指刑罚主体根据刑罚的属性和本质,从其本身的愿望和需要出发,通过行使刑罚权所期望达到的目标。

二、刑罚伦理价值目标

从法理上看,法的首要目的是维护自由,为了达到这一目的,立法者需要用法律的强力来构建一个相对和谐的社会秩序,使人与人能够共存,从而更好地保障自由。当然,维护秩序并不仅限于法,但在众多的社会规范中无疑只有法才是人们因受外在强制或受外在强制的压力而不得不遵行的准则。如李斯、韩非认为,社会秩序的建立与稳定仅靠人们内心的道德自觉不足取,人心险恶,只能"远仁义,去智能,服之以法",行治以"法",以一种极大的强制力——严密的法律体制来保证实施。国家通过制定、适用民事、行政等法律维护自由、建立社会秩序。然而任何社会秩序都会遭到或多或少的破坏,如果这种破坏不被制止、惩罚,社会秩序就无法维持。在所有破坏社会秩序的行为当中,犯罪是最为严重的破坏社会秩序的行为,是犯罪人蔑视社会秩序的行为,是社会不和谐关系极端、集中的反映。制裁、控制犯罪行为是维护自由,保障社会秩序的关键。国家动用刑罚正是出于满足这两者的需要。刑罚意味着国家动用和平时期几乎所有的强制性力量来打击犯罪、惩罚犯罪,实现国家的意志。尽管在历史发展的各个时期中刑罚观念不同,但是刑罚是对犯罪人的惩罚却是永恒不变的。无论是什么时代的刑罚,均始终与惩罚性相伴而生、相适应而存在;甚至可以说,离开了惩罚性,刑罚也就不可能成其为刑罚。正如加罗法洛所言:如果刑罚全然失去了惩罚的目的,如果刑罚真的只具有教育、改造,甚至治疗的目的,那么人们不禁要问:"当罪犯没有受到身体上的痛苦、其犯罪所获得的唯一后果却是免费教育的特权时",刑罚的存在还有何意义?毫无疑问,惩罚一定意味着痛苦,没有痛苦就不是惩罚。刑罚的惩罚性主要体现在通过对犯罪人的某种利益或者某种权利的剥夺而施加给犯罪人或大或小、或长或短的痛苦。① 因此,惩罚性是刑罚的本质属性。这一本质属性决定了它能够通过对犯罪人某种利益的剥夺,促进社会个体行为与国家制定的一系列社会发展目标之间的协调,维护社会秩序,实现对受害人和其他社会主体的自由的维护。美国学者迈克尔·D.贝勒斯指出:刑罚是对自由的限制,……因为刑法的目的之一是通过禁止拐骗、谋杀、伤害和其他类似行为来保护自由。② 日本学者大谷实则认为,国家之所以对犯罪科处刑罚,就是要维持社会秩序。③ 还有学者认为,把刑罚作为社会秩序中法律秩序的一种形式,还在于它的使命就是要维护社会秩序,满足社会及其成员安全感的需要的功能。因此,自由与秩序是刑罚的两大价值目标。

---

① 当然,这种痛苦并不必然导致残酷的刑罚。
② 参见〔美〕迈克尔·D.贝勒斯:《法律的原则》,张文显等译,中国大百科全书出版社1996年版,第417页。
③ 参见马克昌主编:《刑罚通论》,武汉大学出版社1995年版,第19页。

(一) 自由、秩序价值之涵义

1. 自由价值

中国古代就有庄子的《逍遥游》等名篇为"自由"奠定了思想理论基础。在《汉书·五行志》中就有"自由"一词,汉朝郑玄《周礼》注有"去止不敢自由"之说。到宋朝时,"自由"已成为流行俗语。然而,中国长期处于封建君主专制统治之下,广大人民是少有自由的,中国历史上还不像古希腊、古罗马那样出现过"自由民"阶级。

在古拉丁语中,"自由"一词的含义是从束缚中解放出来。在古希腊、古罗马时期,"自由"与"解放"同义。英语中的"Liberty"即源自拉丁文,出现于14世纪。而"Freedom"则在12世纪之前就已形成,同样包含着不受任何羁束地自然生活和获得解放等意思。在西方,最初意义上的自由,主要是指自主、自立、摆脱强制,意味着人身依附关系的解除和人格上的独立。

自由一词就其本意,指的是没有阻碍的状况,是一种免于恐惧、免于奴役、免于伤害和满足自身欲望、实现自我价值的一种舒适和谐的心理状态;同时,自由还指人的自我行为与自我意识的一致以及自我本质发展与自我意识本质发展自由的一致。也就是说,对于社会人而言,自由是指属于个人的一切不被任何他人违背本人意愿所占有和控制,是指他(她)希望、要求、争取的生存空间和实现个人意志的空间,这个空间包括社会的、政治的、经济的、文化及传统的等外部条件,同时也包括个人体质、欲望、财富、世界观价值观及理想观的表达欲望等个人因素和内在因素。自由是人与生俱来的最重要的价值。在马克思看来,自由作为"人类的特性",是人类与动物界区别和分野的根本所在[①];在一切动物之中,区别人的主要特点,与其说是人的悟性,不如说是人的自由主动者的资格。正因为人是有意识的理性动物,能够能动地认识和改造世界,人才能自由地支配自己的行动,发展与完善自我,推动人类不断进步。在这个意义上,我们说自由成了人与动物的

---

① 参见《马克思恩格斯全集》(第42卷),人民出版社1956年版,第96页。

本质区别。自由是人的,人需要自由,不自由的是动物。关于自由,洛克有深刻的见解:

> 人的自然自由,就是不受人间任何上级权力的约束,不处在人们的意志或立法权之下,只以自然法作为他的准绳。处在社会中的人的自由,就是除经人们同意在国家内所建立的立法权以外,不受其他任何立法权的支配;除了立法机关根据对它的委托所制定的法律以外,不受任何意志的统辖或任何法律的约束。……处在政府之下的人们的自由,应有长期有效的规则作为生活的准绳,这种规则为社会一切成员所遵守,并为社会所建立的立法机关所制定。这是在规则未加规定的一切事情上能按照我自己的意志去做的自由,而不受另一人的反复无常的、事前不知道的和武断的意志的支配。①

从人性角度而言,自由是人成其为人的价值的集中体现,也是人作为社会主体的主体资格的权能表现和价值确证方式,还是人谋求生存和发展的基本价值需要。自由是人类在获得基本生存保障的前提下,渴求实现人生价值,提高生活质量进而提高生命质量的行为取向和行为方式。但一个人的意志自由能否得到发展和发挥,在多大的程度和什么方向上得到发展和发挥,总是要受特定的历史条件和社会关系的制约。个人只有在特定的社会关系中才有可能发展和发挥自己的意志自由,实现自己的目的。因为人"是只能在社会中才能独立的动物"②,只有在集体中,个人才能获得其全面发展其才能的手段;也就是说,"只有在集体中,才可能有个人自由"。③ 因而,自由总是具体的、历史的。由于存在自然条件和内在条件的局限性,这种自由有时是盲目的,甚至是非理性的。自由还是一个非常具有时限性和相对性的概念,因此不同的群体、不同的个体对自由的看法是不同的。但是,

---

① 〔英〕洛克:《政府论》,商务印书馆 1964 年版,第 16 页。转引自任喜荣:《伦理刑法及其终结》,吉林人民出版社 2005 年版,第 183 页。
② 《马克思恩格斯全集》[第 46 卷(上)],人民出版社 1956 年版,第 21 页。
③ 《马克思恩格斯全集》(第 1 卷),人民出版社 1956 年版,第 82 页。

自由是人类的一个永恒追求和摆脱限制的理想,自由是不断摆脱各种限制而追求和实现这个理想的过程;自由也是人类运用理性探索必然性的冲动,是人类进行自由选择的权利。因此,我们应该把自由视做一种个人权利和价值追求看待,除非有强有力的理由和根据,否则它不容许被任何人或政府侵犯,这是对人之需求的真实反映。

2. 秩序价值

所谓秩序是指一种有规律、可预见、和谐稳定的状态,也就是规则约束下的状态,是事物组织化的状态。如认为秩序是"人与人之间和谐的有条理的状态";又如认为秩序是"人和事物存在和运转中具有一定一致性、连续性和确定性的结构、过程和模式等"。在人类社会中,人为了满足需要(包括生物性需要、社会性需要、自我实现的需要)实施各种行为时,无尽的欲望和社会成员的身份,共同决定了人的需要只能得到部分满足,人的利益也只能得到部分的实现。这种社会必然性导致了个人需要与自然环境、个人需要与他人需要和社会需要之间的矛盾。这种无法回避的矛盾如果得不到以"恰当的方式"处理,人与自然、个人与他人、个体与群体之间的关系将处于极度混乱的状态。因此,人类的生存和发展需要秩序,秩序是人类生存和发展的最基本条件。

秩序是一定物质的、精神的生产方式和生活方式的社会固定形式。建立社会秩序的目的归根结底是要创造一种安居乐业的条件。虽然中西方的文化渊源大不相同,但是古今中外的法律思想家都着力于研究如何建立并维护秩序。如中国儒家的"序五伦""倡忠孝""别贵贱",古希腊柏拉图的"正义论",根本目的都在于要建立一种秩序。又如,在阶级对立的社会中,统治阶级的统治,也需要秩序模式来实现。秩序总是首先起着维护统治阶级利益的作用。[①] 在秩序的构建中,统治阶级以国家名义制定、发布为全社会成员所遵循的法律准则,规范和统一人们的行为,确立社会秩序。统治阶级把劳动与资源的分配序列与多寡作为秩序的主要内容,从而解决了统治阶级与被统治阶

---

① 参见李龙主编:《法理学》,武汉大学出版社1996年版,第115页。

级之间,以及本阶级内部的资源利益冲突,并达到社会资源、利益分配中统治阶级占有率最大化、社会性分配有序化。从这个层面来说,统治阶级制定法律,协调各种互相冲突的利益,建立秩序的目的在于减少社会个体之间的摩擦与无谓的牺牲,使社会成员享用各种资源,实现社会稳定的同时实现自己的利益最大化。

从秩序的状态看,秩序体现的是一种结构、过程和模式,秩序的一致性、连贯性和确定性能够给人们提供一个稳定有序的生活环境,使人能对自己的行为作出评估和预测,知道"什么可为""什么不可为",从而作出正确的决策。社会秩序是以社会发展规律的调节和人类的主观努力相结合的方式实现其价值。"历史表明,凡是在人类建立了政治或社会组织单位的地方,他们都曾力图防止不可控制的混乱现象,也曾试图确立某种适于生存的秩序形式。这种要求确立社会生活有序模式的倾向,绝不是人类所做的一种任意专断或违背自然的努力。"① 同样,任何社会的繁荣发达都必须以社会环境的相对稳定有序为前提,否则一切理想都只能是空中楼阁、镜花水月。

(二) 自由、秩序体现刑罚主体的需要

价值目标反映价值主体的需要。需要意味着对某种现状和结果的不满足,不能简单地利用现有的客观存在来满足。因此,刑罚伦理价值目标反映了刑罚主体的价值需要,是刑罚主体对现存刑罚实践感到不满意,积极进行反思所构想出来的主观愿望诉求。

刑罚主体是一个抽象的概念,但是无论如何,这一主体首先是自然人或自然人集合。从自然人个人而言,刑罚主体当然希望对加诸自身的罪恶进行报复;从自然人集合而言,刑罚主体也要求通过刑罚惩罚犯罪之人。对犯罪人的报应只是满足刑罚主体浅层次的需求,作为人,其自然本性的根本需求是自由和秩序。也就是说,人类有两种需求,第一是让人自由,第二是为让生命向更美好的空间延伸发展而需

---

① 〔美〕博登海默:《法理学:法律哲学与法律方法》,邓正来译,中国政法大学出版社 1999 年版,第 220 页。

要自由。

　　法治社会应当能够保障人的自由,因为自由是人的天性,人总是期望自由,追求自由。法律应该认可自由,为自由确立范围,为自由提供保障,以自由为目的。马克思曾经说过,哪里的法律成为真正的法律,即实现了自由,哪里的法律就真正地实现了人的自由。合乎理性的自由,应该是与法律要求相一致的自由。人类在社会中设置法律制度,本质也是为了获得并保证这种合乎理性的自由。"法律的目的不是废除或限制自由,而是保护和扩大自由。"①刑罚作为各国法律制度的最后手段应该将保障自由作为其伦理价值目标。虽然世界各国社会制度以及各国国情十分不同,但提倡和实行民主政治,从而让人民享有更多的自由权利,实现自由价值,则早已成为各国人民的一致呼声,并且已经反映在一些国家的刑事法制实践之中。

　　刑罚惩罚的目标不仅仅是维护自由,而且是保障社会秩序。这一点体现在刑法典的始终。具体而言,刑罚制度对自由和社会秩序的维护主要表现在以下方面:通过刑罚制裁危害国家安全、侵犯公民民主权利以及侵犯国家公职良性运作的行为来维护国家政治秩序,保障公民自由权利;通过刑罚制裁破坏国家经济秩序的行为来维护国家经济秩序,保障公民自由权利;通过刑罚制裁危害公共安全的行为来维护公共安全秩序;通过刑罚制裁妨害社会管理的行为,来维护国家社会管理秩序;通过刑罚制裁违反军人职责的行为来维护国家的军事秩序。正是在这种制裁之中,刑罚把人们引导向法律所期望的秩序当中,最终实现自由。

　　在刑罚是"国家施予犯罪人的处罚"意义上讲,国家一般希望获得两个方面的自由:一是惩罚犯罪的自由,二是通过惩罚犯罪保护国民获得应有的自由。当然,"国家"是一个抽象的概念,国家制定刑罚、适用刑罚的行为实际上是由执政者完成的,因此,所谓国家的愿望,实际上是执政者的愿望,只不过要想获得永恒的执政地位,理性的执政者总会朝着社会发展的方向矫正自己的愿望,使自己的愿望与绝大多数

---

① 〔英〕洛克:《政府论》,叶启芳等译,商务印书馆1964年版,第36页。

国民的愿望保持一致。在笔者看来，国家施予犯罪人刑罚，还应该追求另一个方面的自由，即在适用刑罚的过程中保障犯罪人应有的自由，并通过限制或者剥夺犯罪人的自由，教育和引导犯罪人获得新的自由。

在一个法治国家，维护秩序不仅仅是执政者的愿望，更是绝大多数国民的愿望。公民对自由的追求，决定了人们不会愿意生活在无序的社会，"和平与安宁"就是秩序的表现。没有秩序就没有自由，因为无序的自由将导致谁都不自由。只有在有秩序的状态下，人们才能享有自由。因此，维护秩序、保护自由，既是国家与国民共同的愿望，也是国家与国民共同的伦理价值。不过，秩序是有程度之分的，过去出差住宿，夫妻必须出示结婚证，否则不得同宿，管理秩序是加强了，但人身自由却受到不应有的限制；宵禁意味着人们在夜晚的自由受到限制；新闻审查秩序的建立，意味着人们言论自由受到限制；网络实名制，能够建立十分有利于社会管理的秩序，但国民充分利用网络的自由必然受到限制，营运商的经营自由也将受到限制；举报制度的建立，有利于执政者建立自己所需要的秩序，而且这种秩序可能也代表了许多国民的愿望，但是，一旦举报泛滥，国民（包括执政阶层中的个体）将生活于惶恐不安之中。超过应有程度的秩序，必将抑制社会的发展，因此，秩序的追求与建设，必须掌握好"度"，才可能在维护秩序与保护自由之间获得平衡。这可以说是一种政治伦理规范，也可以说是一种政治智慧。

既然秩序价值与自由价值之间存在此消彼长的关系，为何它们还能共同体现刑罚主体的需要呢？这实际上既是一个利益问题，也是一个价值问题。秩序与自由并非是对立关系，二者是能够统一起来的。统一得好，则二者都能满足刑罚主体管理社会、安抚国民、激发国民生活与工作热情的需要。纵观中外历史，各个国家不同时期的刑罚主体或者说执政者无不在两种价值之间摇摆。在奴隶制时期，尽管奴隶不自由，但社会存在更多的自由群体，思想与言论的自由，成就了中国战国时期的百家争鸣，成就了古希腊灿烂的思想和古罗马辉煌的建筑艺术；在封建专制时期，商业的出现及其繁荣，是自由贸易的兴起和发达的结果;工业文明的出现,是思想自由造就的科技革命的成果;在殖民制度下诞生的美国,更渴望建立一个自由的国度,对自由的积极追求,赋予了美国巨大的工业制造能力和科技创新能力;在沙俄残暴统治下诞生的前苏联,也在追求远比沙俄时期更广泛的自由,因此也很快获得了强大的工业制造能力。专制国家大都经历过从兴盛到衰亡的历史,其兴盛之原因,莫不是自由迸发出的生产力的突进,如汉代的文景之治、唐代的贞观之治、北宋的经济繁荣、明朝中前期的全面强盛、清代的康乾盛世等,后期的衰亡莫不与日益加剧的专制、封闭有关,而专制与封闭,换个词讲就是僵化的秩序。

历史是一面镜子。从这面镜子里,我们可以看到自由与秩序价值的身影,看到它们此消彼长的规律:追求较为宽松的秩序,刑罚的严厉程度就低,公民的自由程度就高;越是追求僵化的秩序,刑罚就越严厉;刑罚越严厉,国民的自由程度就越小。最后,物极必反,秩序不是被内部打破,就是被外部攻破。新的秩序建立,刑罚恢复到较低的严厉程度,国民的自由恢复到较高程度,循环往复。

(三) 中庸:寻求自由和秩序间平衡点的要领

如何在自由和秩序之间寻求平衡,使刑罚的伦理价值目标保持一个适当的度?中庸就是一个很好的思路。中庸实际上是宇宙万物运动发展的基本条件和客观规律,是恰如其分地把握事物、协调矛盾的有效手段,是一种充满科学理性的正确思想方法,也是"贯穿一切善行和美德的极其普遍、极其根本、极其重要的道德规范、道德品质"[①]。儒家在政治、经济、伦理道德、思维方式与行为方式等方面所提出的贯彻中庸精神的主张和要求,小到待人处事,协调人际关系,大到治国安邦,实现全社会的和谐,都有重要的现实价值。

人的一切伦理行为,说到底,无非三类:一类是不遵守道德的行为,即所谓"不及";一类是过当遵守道德的行为,即所谓"过";还有一

[①] 王海明:《伦理学原理》(第二版),北京大学出版社2005年版,第333页。

类是适当遵守道德的行为,即所谓"中庸"。①

时中而达权、具体情况具体权衡,是实现中庸之道的基本方法。②

当遵守一种道德与遵守他种道德不发生冲突而可以两全时,则遵守此种道德便是适当的,便是中庸;而不遵守此种道德便是不及。当遵守一种道德与遵守他种道德发生冲突而不能两全时,如果此种道德的价值小于他种道德的价值,那么遵守此种道德便是过,不遵守此种道德而遵守他种道德便是中庸;如果此种道德的价值大于他种道德的价值,那么遵守此种道德便是中庸,而不遵守此种道德则是不及。两善相权取其重,两恶相权取其轻。③

为了保证在自由和秩序两者之间寻求平衡的正确性,中庸需要研究自由和秩序间的关系。每个部分、每个方面的度,只有在它们的相互关系中,从整体和谐的要求出发才能把握,尤其要对事物两极过与不及进行分析研究以后,才能判断并选取其间的平衡点。

如前分析,秩序能给人提供安全、稳定和对自己行为有预见的生活,秩序既是国家稳定和发展的前提,也是人的基本需求,是法律也是刑罚的基本价值。但是秩序关注的是社会生活的形式而非内容。用刑罚维护社会秩序只是为人类创造美好生活提供一个基本条件,最终目标还在于实现自由。刑罚作为一种工具,有它的合理性,但它本身并不一定代表着合理。刑罚具有特有的最严厉性,如果用它处处干涉社会生活,在某一个特定时期,可能使社会呈现有序状态,但绝不是人类社会的理想状态。因为它是以侵犯人的自由为代价的,它也不是和谐的有序,是一种粗暴的干涉的有序,其中必然酝酿着"无序"。而绝对的自由体现的是一种不受拘束、不受强制和不受干涉的趋势。如果不对自由加以必要的约束,会导致整个社会的混乱、无序和无政府状态,自由最终也不能实现。

---

① 参见王海明:《伦理学原理》(第二版),北京大学出版社 2005 年版,第332页。
② 同上书,第334页。
③ 同上书,第333页。

因此自由和秩序之间相"和",并非是盲目的、混乱无序的拼凑与混合,也不是无原则的调和与苟合,而必须以某种正确性为其内在的标准,而中庸所要达到的正确性则提供了这种客观的标准和恰当的方法,使事物的各个部分和各个方面都能达到"中"的状态,都能在"度"的规范下健康地运动和发展,从而事物才能实现总体上的平衡。

刑罚所追求的自由与秩序这两个基本的价值目标之间,无论是在理论上还是在司法操作层面上,不可避免地存在一种内在的张力和矛盾,但是两者同样是辩证统一的。刑罚的目的不是废除和限制自由,而是保护和扩大自由。因此,刑罚应该建立在人的社会性与个体性统一的基础上,其所追求的目标,应该是尽可能地减少因公权的行使而导致个体自由受到损害,从而使个体自由与社会秩序达到一种平衡的状态。为了二者的动态平衡,对于执政者来说,在选择社会控制手段时,要有"自由限制秩序"的理念——用最有效的限制个人自由、最少的社会治理方法管理国家,维护社会秩序,从而建立一个自由秩序社会。而对于广大民众来说,就要用有限的秩序来约束自由。这是在常态社会管理下的应然选择,这种选择,不排斥政府在特定时期为治理某种突出的犯罪现象进行的选择:当维护社会秩序的价值优于保障自由的价值时,适当限制公民自由。因为没有这样的选择,一旦秩序恶化,公民自由实际上难有保障。

自由是人最重要的价值,它只有因为其本身的原因才可以被限制。国家对某一类行为发动刑罚,其终极目的是通过限制和剥夺犯罪人的自由来保护其他公民的自由,同时告诫其他公民不得侵犯他人的合法自由。

(1)必须切实保障人的自由价值实现

当今社会市场制度是建立在个人的自由独立和平等权利得以明确确立和切实保障的基础之上的。在市场经济的条件下,只有在保障个人权利的基础上,才能建立起对权利的约束和矫正机制。只有当个人权利有了合法保障,并且有了一个合理的制度环境,人的价值才真正有发展和升华的可能。为此必须健全法制(包括刑罚制度),明确一个人的基本自由空间,这个空间以不得损害他人或社会的利益为边界,其衡量的标准就是一个人的自由能够与其他人的相同自由共存。自由是人作为社会主体在社会中从事各种活动以及发展自己的基础，法律对它的确认，对于保证人们的主体性，对于促进社会的发展，都有着重要意义。

（2）必须从民主的性质出发，对国家刑罚权力作出合理的安排

在社会管理中，国家刑罚权力是强大的，它一旦得到正确运用，就将有效地和普遍地造福于社会成员。而一旦不能得以正确运用，则将大力度和大面积地损害社会成员的利益。在这一方面，任何社会个体的善举或恶行都不能与之相比。正因为国家刑罚权力在运用上有这一特殊性，所以，法律对于国家刑罚权以保护个人自由为由而干预个人自由的授权应附有严格的限制性条件或原则。对国家干预和限制个人自由的授权，以及国家对于这种干预权的运用，应当有严格的程序要求及伴有有效的监督，才能保证授权的正当性和权力不被滥用。

（四）以自由和秩序的平衡达到社会公平正义

人的发展的内在要求，需要公平、正义的发展环境来化育人的独立性、自由性和全面性。公平正义价值不仅是社会伦理中的重要价值，而且是衡量一个社会文明和进步的重要尺度。它是建立在利益基础之上的，并通过利益的实现客观地反映出来。在现代社会，公平正义是进行制度安排和制度创新的重要依据，是协调社会各个阶层相互关系的基本准则，也是正确处理自由和秩序的关系的重要准则，更是社会具有凝聚力的重要源泉。

公平是一个社会中的人们均衡、合理地处理人与人以及人与自然的关系的一种态度和方式，它的核心意义是均衡和合理。换言之，公平是一种不偏不倚的原则，与"中庸"可以说是近义词，可以替换使用。在政治、法律、道德伦理等关系上，公平是指社会与社会成员之间以及社会成员之间追求权利与义务的统一；在经济物质利益关系上，公平是指给予一定范围内社会成员以均衡的条件和机会，拥有平等的手段参与平等的竞争而后实现竞争结果——财富与收入分配上的均衡、公正和合理等。诚然，人和人之间在遗传禀赋、智力、境遇和所拥有的财富、地位等方面都注定是有差异的，因此把公平理解为平均是荒谬的。

但现代意义的公平又确实要维护或追求一种社会成员之间在利益上的相对均衡,具体而言,公平价值主要是指权利公平、机会公平和分配公平。这三种公平的保障机制是规则公平。只有社会运作的规则(制度、体制、法律、政策等)把实现社会公平作为一种价值目标,才有可能通过规则设计和制度安排去努力实现社会公平。从人们参与社会活动的过程看,权利公平是起点上的公平,机会公平是过程中的公平,分配公平是结果的公平,规则公平是贯穿人的社会活动全过程的公平。公平价值的实现将为整个社会健康、良性运行奠定基石。按照贡献进行分配的公平原则体现了对社会各个阶层、各个群体的直接性贡献的承认,体现了对各个阶层、群体、行业之间正当的、合理的差异性的承认,使社会成员、社会各阶层之间保持一种互惠互利的关系。公平消弭或减少社会冲突,维持社会稳定。当然,社会的基本制度与规则是针对大部分人和大部分事情而制定的,对于某些具体的人或事,这种基本制度与规则有时会出现失当或例外,这就需要根据具体情况予以公平处理,以弥补和修补普遍原则的失效部位,使得具体的处理方式就总体而言具有公正的性质。可以说,公平意味着在现实提供相同条件下的同等对待。

正义是人类具有普遍意义的崇高价值追求。古罗马法学家乌尔庇安认为:"正义乃是使每个人获得其应得的东西的永恒不变的意志。"[①]当代伦理学家麦金太尔也认为:"正义是给每个人——包括给予者本人——应得的本分。"[②]亚里士多德认为正义就是适当的比例,"正义包含两个因素——事物和应该受事物的人;大家认为相等的人就该配给到相等的事物"[③]。正义不仅仅是"相互承认对方人身尊严

---

① 〔美〕博登海默:《法理学:法律哲学与法律方法》,邓正来译,华夏出版社1987年版,第253页。

② 〔美〕麦金太尔:《谁的合理性,谁的正义》,当代中国出版社1996年版,第56页。

③ 〔古希腊〕亚里士多德:《政治学》,吴寿彭译,商务印书馆1965年版,第148页。

的自由人之间的某种比例或关系",更为重要的是要求我们做到不偏不倚。概括起来说,自然法学派认为正义应该包含以下内容:合乎理性;崇尚自由;维护平等;保障人权。① 在《世界人权宣言》中,广义上的人权已经包含了平等和自由的内容,并且基本人权以自由为核心,如言论自由、思想自由、出版自由、结社自由、迁徙自由等。因此,立足于自然法思想,正义的判断标准可以进一步抽象为合乎理性、崇尚自由。

正义是一种理念的存在,其表现形态是作为一种观念化的正义理念与价值。正义作为一种理念是与人类文明相伴而产生的。因此,人类社会不存在所谓永恒的正义,只存在人们对正义的永恒追求。作为一种观念的存在,正义是以人类的需要为尺度而确定、规定社会"应有"的状态。正义看上去似乎不具有现实性,但又无时无刻不以一种神奇的方式切入人的生活,无论是在人的社会政治领域还是在人的私人信仰领域,正义都随时以它所包含的理想性贯穿其中并将通过人类的实践活动得到实现。关于法治的正义,罗尔斯提出了四条判断标准:一是法律的可行性,二是相同案件相同处理,三是罪刑法定,四是符合自然正义观。②

公平与正义的合称就是公正。"公正"在伦理学上有两重含义:一是指伦理主体的行为或者事件是否符合社会发展的要求和广大群众的利益;二是指社会对个人的行为和作用是否有相应的对待。前者包含了政治伦理的评判,后者包含了人际公正和社会公正的评判。人际公正调节个人相互关系的合理行为,反映了人与人之间平等的道德要求;社会公正是指国家和集体通过制度与政策调节社会与社会成员之间关系的合理行为,反映了社会成员对社会的道德期待,社会对社会成员的道德责任。③ 伦理学学者说:公正,是社会治理的最重要的道德

---

① 参见任喜荣:《伦理刑法及其终结》,吉林人民出版社 2005 年版,第 182—185 页。

② 参见刘同君:《守法伦理的理论逻辑》,山东人民出版社 2005 年版,第 32 页。

③ 参见刘可风:《伦理学原理》,中国财政经济出版社 2003 年版,第 111 页。

原则。①

通过对公平、正义概念的内涵界定,我们可以看到正义是社会理念层面的价值,具有永恒性,它是具体的公平层面所指向的终极目标,体现出人们在各个社会领域所寄予的理想和价值。公平侧重于人们在现实利益关系上标准的同一尺度。公平所表征的人的社会地位平等、身份平等、权益平等、机会平等、关系平等等,本身就要求这是每个人应得的东西,是不可剥夺的精神意向,理应包含在正义之内。正义以公平为前提和基础,内含对公平的要求,推延公平的丰富展开。所以说,公平以正义为导向和准则,正义以公平为前提和内容,二者相互依存,相互渗透,共同把善作为最高价值目的,努力达到至善至美的境界。

刑罚是社会制度的重要组成部分,公平、正义当然在刑罚制度中占有极其重要的位置。事实上,"正义肇始于对犯罪、惩罚和债务的简单而又易懂的规则"②。这不仅表明了长期作为社会热门话题的公平正义与刑罚有着悠久而永远不可割舍的关系,而且还说明了刑罚是作为公平正义而存在的。在刑罚制度之中,国家通过国家刑罚权的行使来公平分配自己和公民之间的权利与义务,亦即确定公民自由与社会秩序的比重,因此,仅仅把"合乎理性"和"崇尚自由"作为正义的判断标准是片面的,其片面性就在于它实际上只是站在国家与社会管理对象这一角度上的判断,缺乏立足于国家与社会的管理主体角度上的考虑。

在刑罚问题上,可以运用一个标准来辨别,即每一个人都享有最广泛的基本自由的平等权利,但不能侵犯他人的同等的自由权利;在刑罚伦理价值目标的问题上只要做到用尽可能少的刑事强制维护社会秩序,并尽可能多地保留公民的个人自由领域,做到自由和秩序的

---

① 参见王海明:《伦理学原理》(第二版),北京大学出版社 2005 年版,第 200 页。
② 〔美〕德沃金:《法律帝国》,李常青等译,中国大百科全书出版社 1996 年版,第 68 页。

合理平衡,公平正义也就实现了。恩格斯指出:"曾经有过不需要国家、而且根本不知国家和国家权力为何物的社会。在经济发展到一定阶段而必然使社会分裂为阶级时,国家就由于这种分裂而成为必要了。"①国家和国家权力如此,刑罚权之产生,本质上也是如此。根据马克思主义的历史唯物论原理,可以把刑罚权的实质根据归结为:国家刑罚权产生于解决社会"自我矛盾"的需要。这种"需要"表现在两方面:一是国家政治统治的需要——根据主权在民的原则,最终可归结为公民自由的需要;二是国家经济基础秩序的需要——可泛化为社会秩序的需要。国家拥有刑罚权是公正的,并不等于国家的刑罚就必然是公正的。我们所需要的不只是一个具有确定的一般性规则的制度,我们还需要该制度中的规则是以正义为基础的,换言之,是以对人性的某些要求和能力的考虑为基础的。只有国家的刑罚权在具体运用中真正做到理性运作,即公平地运用刑罚权时,刑罚才是公正的,才符合正义的本义。也就是说,在刑罚制度之中,国家分配自己和公民之间的权利与义务,亦即确定公民自由与社会秩序的比重,是通过国家刑罚权的行使来实现的。从这个意义上来讲,公平和正义便成为衡量刑罚善恶的准则。笔者把刑罚的伦理价值目标理解为自由、秩序,如果说自由与秩序是刑罚的两种价值,那么公平、正义便是检验自由与社会秩序是否平衡的天平,而公平、正义正是通过在自由与秩序之间保持公平来完成自己的使命的。

当然,公平、正义观念因时代的演进而不断发生变化,不同的人的正义观念也是不一样的,但是每一个时代的正义观念都从社会伦理观念的角度引导和制约着法的发展,并体现在法的制度中,所以这里的对"尽可能少"和"尽可能多"的把握是随着时代的变化而变化的。不同的时代、不同的国家对自由与秩序则会有不同侧重的价值选择。在专制的时代或社会,国家往往更侧重秩序的价值选择,而把个人自由限制在十分狭小的范围之内,奴隶社会、封建社会的刑罚制度便是如

---

① 黎国智主编:《马克思主义法学论著选读》,中国政法大学出版社1993年版,第19页。

此。而在民主的时代或社会,国家往往更侧重自由的价值选择,而把秩序仅仅限制在必要的范围之内,从而使公民有尽可能大的自由活动空间。当然,也有个别国家如美国,过去一直以"自由的国家"为制度的价值目标。随着国际恐怖主义活动的加剧,特别是在遭受"9·11"恐怖分子袭击之后,其以《爱国者法案》为代表的法律制度发生了新的变化,国家开始要求公民在自由上作出适当让步以维护社会秩序的安定。近几年,美国枪击事件频频发生,奥巴马总统强烈要求国会通过控制枪支弹药销售和持有的法案,再次表明了政府希望在秩序维护与自由保障之间寻求平衡的愿望。所以,从国际社会的发展趋势看,在刑罚制度中增强或加大公民自由权利的比重,把秩序限制在绝对必要的限度内以实现刑罚伦理的价值目标,应当是我们的选择。

强调在刑罚制度中增强或加大公民自由权利的比重而把秩序限制在绝对必要的范围之内,并不意味片面追求自由、否定秩序,而是根据人类"文化上的每一进步,都是迈向自由的一步"这一马克思主义的唯物史观,把人类的一切历史的和现实的活动都看成是追求自由的实践。刑罚是刑法区别于其他法律的主要特征,刑法通过规定犯罪并对犯罪人适用刑罚来实现其保障公民的权利和自由的任务。国家的刑罚制裁仅仅在如此前提下才是合理的,而在此之外,公民的行为应该是自由的,至少国家不应该以刑罚干预(国家可以以刑罚手段之外的其他法律手段来调整)。

首先,从民意来看,绝大多数国民认为某一行为具有相当严重的社会危害性,对国家与公民的合法权益构成了严重威胁,国民情感与精神上均不能容忍这种行为,只有刑罚才能制裁该行为。强调确定刑罚制裁范围须尊重国民意志及其情感、精神倾向,意在突出刑罚对公民自由权利的充分确认与保护。这就是说,如果国民意志及其情感、精神并不认为是具有相当严重社会危害性的行为,国家便应允许公民有此方面的行动自由的权利。

其次,从效果来看,以刑罚来限制某一行为自由,符合刑罚目的,并且不会因此而禁止有益于社会的行为。所谓"不会因此而禁止有益于社会的行为",是指国家以刑罚限制公民某一行为自由时,不应产生禁止有益于社会的行为的消极结果,不至于过分限制公民的自由权利。因此,对某些自愿的行为,只要不危及社会公共利益和他人合法权益,国家不宜以刑罚来限制公民的此种行为自由。一般而言,在法治时代,当法益受到不法侵害时,公民原则上要通过国家的司法程序和专门的法律救济机关来救助和保护自己的合法权益,而不允许个人擅自采取报复行为来保护自己的权益。如果对自救行为不加限制,人类社会便会退回到恣意报复、彼此残杀的野蛮时代。但是,在某些紧急情况下,当国家的司法机关无力或者来不及对公民的合法权益予以保护时,完全禁止公民的自救行为,就是过分限制公民的自由权利,并将产生禁止有益于社会的行为的消极结果。因此,正确的做法是,刑罚制度既要对自救行为给予一定限制,又要保护公民自救的自由权利。[①]

最后,从有无选择性来看,以刑罚来规制某种行为,必须是没有其他社会调整方法能有效控制和规范该种行为。日本学者平野龙一在谈到刑法的谦抑性时指出:"只有在其他手段如习惯的、道德的制裁即地域社会的非正式的控制或民事的规制不充分时,才能发动刑法。只有在其他社会统制手段不充分时,或者其他社会统制手段(如私刑)过于强烈有代之以刑罚的必要时,才可以动用刑法。"[②]这就是说,用刑罚方法来规制人们的行为,实在是不得已而为之的事情,社会的正常运作决不可主要靠刑罚制度维持,而应当主要以习惯的、道德的、民事

---

① 2005年6月8日最高人民法院《关于审理抢劫、抢夺刑事案件适用法律若干问题的意见》第7条第2款规定:"行为人仅以其所输赌资或所赢赌债为抢劫对象,一般不以抢劫罪定罪处罚。"2000年7月13日最高人民法院《关于对为索取法律不予保护的债务非法拘禁他人行为如何定罪问题的解释》规定:"行为人为索取高利贷、赌债等法律不予保护的债务,非法扣押、拘禁他人的,依照刑法第二百三十八条的规定(即非法拘禁罪——笔者注)定罪处罚。"这两种行为都属于私力救济或者说自救行为。前者体现出司法者最大的宽容,后者体现出司法者有限的宽容,因为后者与刑罚配置更重的绑架罪相竞合,法理上可以定更重的罪名。

② 转引自张明楷:《论刑法的谦抑性》,载《中南政法学院学报》1995年第4期,第55页。

的等手段来调整,故他把刑法看成是一种"补充性"的社会控制手段。我国学者陈兴良教授所说的"刑罚应当具有无可避免性"与平野龙一的观点实质上是相通的。

通过前述分析,我们已经看到,刑罚既是一种代价最昂贵的,也是一种最严厉的控制手段。它在维护社会及公民合法权益、给予人民安全感的同时,又潜藏着侵害公民自由权利的危险。因此,刑罚作为一种治理人类社会的极端方法,只有正确处理自由和秩序的关系,才能实现公平、正义。这种正确的"度",很难用百分比表述,笔者所主张的是立法者和司法者在动用刑罚手段时,既要考虑到保障个人自由的需要,又要考虑到维护社会秩序的需要,两者都兼顾到了,就是公正的;如果能大致平衡两者的需要,不至于因满足了维护社会秩序的需要而导致个人自由较多地受损,如因某种社会危害不大的行为被纳入犯罪圈而突然导致罪犯增多,相反,也不至于因满足了保障个人自由的需要而导致社会秩序受到明显损害,如引发其他危害社会秩序的犯罪,那么,这种刑制就是完美的。概括而言,公正的刑罚,无论对于立法者还是执法者、受罚者,也无论是在宏观上还是微观上,都应当寻求秩序维护与自由保障的统一。这种兼顾两头的统一观,既肯定了道德义务,又肯定了道德权利,既肯定了法律义务,也肯定了法律权利,从而较为妥当地回答了公正的根本问题。

三、刑罚终极伦理价值目标

刑罚最终应当追求的价值目标或者说根本的价值目标即其终极目标。

伦理的终极价值目标,也称为终极价值标准,是能够推导出一切道德规范的标准,因而不仅是衡量一切行为善恶的终极标准,而且是衡量一切道德标准优劣的终极标准:增加每个人的利益总量。[①] 而每

---

① 参见王海明:《伦理学原理》(第二版),北京大学出版社2005年版,第133页。

一个的利益总量都能得到增加时,刑罚的边际效应递减为零,此时社会即处于和谐状态,因此,刑罚的终极伦理价值就是和谐。

这一目标的选择,不应是人们的随心所欲,而是取决于刑罚的性质和根本目的。

(一) 追求公平正义,实现和谐社会

促进社会的公平与正义,是构建社会主义和谐社会的一个重要基础,是当代我国社会的本质规定和基本价值观。没有公平正义,就没有社会的和谐稳定。将公平与正义终结于人的发展目标,并以此为起点和归宿,是构建以人为本和谐社会使然。公平正义的维护与保障,只能依靠法治。作为最后手段性的刑罚制度,其伦理价值目标的实现问题,就是在刑罚调整社会关系中如何最大限度地实现公平正义价值,以切实保障公民的权利和自由。

就当代中国而言,公平正义在构建社会主义和谐社会中处于非常关键的基础地位。没有它,社会的诚信友爱、安定有序、充满活力等都将无法实现。因此,构建和谐社会应紧紧抓住公平正义这个基石和灵魂。刑罚应积极追求哲学上所认同的人的终极价值,也就是说,应当将维护社会"真、善、美"的公平正义作为恒定追求;通过保障程序公正以实现实体公正,确立和保证法律的绝对权威,弘扬和实现公平正义。

和谐本身就是对失和、失衡、失序、失度等不良状态和错误倾向的否定,表明和谐具有对正确性进行追求的本性。坚持构建和谐社会符合人类发展的历史规律和马克思主义的唯物史观。人类社会本身就是一个不断从低级走向高级的历史发展过程,建立平等、互助、协调的和谐社会,一直以来都是人们孜孜以求的目标。在和谐社会中,社会的各种要素和关系就应该处于一种相互融洽的状态,即关系的稳定性及结构的有序性,这种相互融洽的状态实际上就是一种秩序,而且应当是一种良好的秩序,并且要使这种秩序得以自觉的遵守和维护。所以在和谐社会,需要通过法来建立良好的秩序,这种良好的秩序就应该包括阶级统治秩序、权力运行秩序、经济秩序和正常的社会生活秩序。在构建和谐社会的过程中,我们需要建立秩序,而建立秩序的根

本的目的是为了保障每一个公民实现自由的权利。一个社会的进步，必然也会表现在人们实现自由的方法及程度上。党的十六届四中全会提出了构建社会主义和谐社会的构想，在笔者看来，和谐社会主要体现为国家、社会和公民个人之间的和谐关系，政治、经济、法律等制度是用以确保和谐关系而建立的。我们所要建设的社会主义和谐社会是一个以人为本、经济社会全面发展的社会；是一个把正义作为核心价值取向的社会；是一个创造活力得到充分激发的社会。正义是社会文明进步的重要标志，是实现社会和谐至关重要的条件。正义的利益格局是构建社会主义法制和谐的基础，它需要完善民主权利、保障制度、法律制度、司法体制、公共财政制度、收入分配制度、社会保障制度等制度保障体系，并制定和建立与之相适应的法律制度。犯罪作为犯罪人蔑视社会秩序的行为，是社会不和谐关系极端、集中的反映，而刑罚作为惩罚犯罪的工具，只有做到了正义，才能确保促进人与自然的和谐；才能维护最广大人民的根本利益，实现以人为本；才能真正贯彻统筹兼顾的原则，促进每个人的自由自觉的全面发展。

我们构建社会主义和谐社会的首要任务，就应该首先立足于如何实现社会的秩序、自由、公平、正义。只有真正地在分配制度、惩罚罪恶及补偿损失等方面体现公平、正义，即在秩序的建立和维护过程中坚守公平、正义，我们的社会才能称之为和谐社会。

自由作为人的一种本性，可以成为我们的一种评价标准。同样，判断一个社会的和谐程度，也必须要看社会中个人自由的实现及受保护的程度，但这并不意味着无限制的自由。在和谐社会中的自由是有一定范围的，"无力实现自己想做的事并不一定是不自由，因为，这可能是由于个人自身能力不足"[①]。在建立秩序的过程中，我们需要确定自由权利的范围，"要尽可能地照顾到个人对于自由的合理需求，因为个人的自主和相对独立性是社会生活完整性的基础和前提；同时，从社会的角度出发，应保证全体社会成员都能平等地享有各项基本自

---

① 〔英〕彼德·斯坦约翰·香德：《西方社会的法律价值》，中国法制出版社2004年版，第201页。

由,因为在现代的自由观念中,自由应该是普遍的自由,它必须表现为平等的权利,否则,自由就成了少数人的特权,而一个特权林立的社会绝不会是一个自由的社会"①。所以,我们在行使自由的同时,负有不得侵害他人的义务。在一个人与自然和谐相处的社会,自由应当涉及各个领域,至少包括生存、平等、富裕和安全。

当然,秩序的建立只是一个前提,因为秩序的建立并不意味着自由就可以得到完全的保障;如果秩序维护的只是少数人的利益或者秩序不能体现公平、公正,那秩序就得不到公民自觉地遵守和维护,那么和谐也无从谈起。

天生具有正义感的人类,自然不会去自觉遵守和维护一种缺乏公平的秩序。因此,要构建和谐社会,不仅需要建立一种秩序,一种自由,而且要求这种自由、秩序必然体现公平正义。维护和实现社会公平正义,已成为构建社会主义和谐社会的一项重要任务。

(二) 在和谐社会中刑罚伦理价值目标的体现

法的价值实现也是法的价值主体作用于法的价值客体,而使作为客体的法的潜在价值、内在价值转化为法的现实价值和外在价值,对主体——人产生应有或期望意义的过程。它是法的价值客体的主体化的过程,是法在价值方面产生实际影响、效果、效益的过程。法的价值实现是一种复杂的社会实践,一项复杂的社会工程。刑罚的伦理价值目标的实现同样也是一项复杂的工作,其目标就是实现公平正义价值,实现社会和谐。刑罚权力的适用应围绕这一目标。任何人都不应作为先验的权利被剥夺者、被限制者存在,正像在刑法中不能假设一个"敌人"群体的概念并进行无节制的权利剥夺一样。对于不人道的、过度的、不当的、非理性的刑罚权实施,无论是整体的,还是局部的实施,都应从肯定权利的角度加以否定,以权利的实现来否定公权力的不当行使,确认并强化权力的制衡功能,来抵御刑罚权的滥用,进而体现法治国家的基本职责——实现对人的自由价值的确认和保护。

---

① 张文显:《法理学》,法律出版社 2005 年版,第 249 页。

刑法应当具有保障人的自由价值的功能,这是基本共识,并从我国现行《宪法》第33条第3款"国家尊重和保障人权"的规定获得基本法上的依据。这样的规定在积极意义上,提倡确认和保障自然人和组织的基本权利,在消极意义上,反对国家刑罚权的滥用,并使之保持克制而理性,进而确证国家权力的正当性。刑罚制度应与公平正义的价值联系在一起。刑罚制度的特点是公平和正义,它的生命在于公平和正义,它的最大效用也在于保障公平和正义。

然而,现实的情况给刑罚调整的公平正义化带来严峻的挑战。市场经济深刻地改变了中国社会,中国进入了一个新的发展时期。社会不公平现象大量地产生,社会分化已呈现极端状态。直面现实的不公,明智地运用刑罚权,实现刑罚伦理价值目标,应做到:

1. 在刑罚的制定上贯彻刑罚谦抑原则

既然刑罚面对的都是神圣不可侵犯的基本人权,那么其存在的唯一合理根据就是面对绝大多数公民的基本人权而迫不得已牺牲犯罪人的基本人权,否则刑罚不但没有存在的必要,反而成为国家专横的镇压人民的工具。因此国家在动用制刑权时,一方面,只有保障了包括犯罪人在内的全体公民的基本人权,其法律制度才能得到应有的尊重和实现,不然的话,整个社会便会陷入无序的状态,人或为刀俎,或为鱼肉;另一方面,国家只有在除刑法以外的其他法律制度自身不足以调整行为人的不法行为时,迫不得已动用刑法特有的调整手段——刑罚来制裁犯罪行为,才是合理的。这就是刑罚谦抑原则。刑罚谦抑包括以下几方面的内容:

首先,在制刑的过程中,体现刑罚谦抑原则。刑罚应尽量少地干预社会生活,其他替代手段可以解决社会冲突时,不用刑罚。万不得已需要动用刑罚时,也须尽量轻缓。边沁在谈到公正的刑事立法时曾经指出:所有的法律或应有的法律的一般目的都是在于增加全民的幸福;它首先应尽可能排除任何破坏幸福的事情;刑罚仅仅在保证排除犯罪的罪恶时才是必要的,因此,无根据、无效果、无益或代价太昂贵以及滥用的(刑罚)都是应该禁止的。①

其次,刑罚的发动离不开刑罚谦抑原则。谦抑的目的在于维护社会秩序的同时,尽可能多地留给公民自由的空间。因此,国家发动刑罚时,一定要理性思考和权衡刑罚的发动是否不必要地侵害了公民的自由。刑罚是昂贵的、高消费的社会控制手段,而刑罚的资源又是有限的,这就要求发动刑罚要慎重。总之,刑罚自由与秩序价值统一于刑罚公平正义,而二者的实现要求刑罚的发动体现谦抑原则。

再次,国家刑罚制度所针对的对象应当是那些具有严重社会危害性,且已达到相当年龄、具有健全理智者所实施的侵犯社会秩序的行为。这种行为不仅严重侵犯了社会秩序,而且是违反伦理观念的。如环境犯罪,不仅严重破坏人类与生态环境的和谐秩序,而且违反"环境友好"的伦理原则。我国现有法律制度包括刑罚制度所建立和维护的秩序着重强调人类内部秩序的调整,对人与自然秩序的调整关注不够。自然是我们生产生活的基础,为人类的发展提供了资源,使人类的延续成为可能。但是由于长期对自然的忽略,生态秩序的破坏已向人类敲响警钟,当代社会必须采取相应措施以挽救自然,也是拯救人类自身。把对生态秩序的调整提到刑罚制度上来,使原有的秩序价值的不足之处得以修正,这也是刑罚适应时代要求的必然选择。在制刑权的适用中应强调自然资源的可持续利用、环境的保护以及物种多样性的存续,强调保障代际之间能够协调发展,对自然资源公平配置,保障当代人与人之间公平的实现,保障当代和后代之间正义的实现。

最后,建立量刑均衡机制。犯罪是刑罚的前提,刑罚是犯罪的后果,犯罪不仅决定了行为人应当受刑罚处罚,而且决定了刑罚的轻重必须与犯罪的危害程度以及犯罪人的人身危险性相适应。贝卡里亚在《论犯罪和刑罚》一书中认为,把对称性的比例关系适用于犯罪和刑罚,可以使刑罚成为犯罪的对应物,它的强度仅仅取决于犯罪的危害程度。只有均衡的刑罚才会有一定的震慑力和执行力。因而,刑罚应

---

① 参见〔英〕边沁:《立法理论:刑法典原理》,孙力等译,中国人民公安大学出版社1993年版,第66—69页。

当体现均衡,只有这样,才是合理的、科学的,才会被民众所信仰、遵守。不均衡的刑罚,或者不足以对犯罪人的再犯条件进行限制,不足以威慑犯罪人;或者使犯罪人产生对立与不服情绪,难以教育改造犯罪人,因而不利于预防犯罪人再次犯罪;或者使被害人与一般人认为刑罚不公正、不合理,不足以安抚被害人,难以支持、鼓励一般人与犯罪作斗争,因而不利于预防其他人实施犯罪。

如果国家在运用制刑权的过程中做到了这些,那么刑罚在创制之时就为维护充分保障人的自由、体现公平正义的社会秩序打下了坚实的基础。

2. 在量刑中体现公平正义价值

现代世界各国,量刑权均由国家审判机关(即法院)来行使。所以,法院在行使量刑权时,应做到有罪必罚,罚当其罪,根据犯罪人及其所犯之罪的具体情况裁定其应得的刑罚,从而实现公平正义的价值。

刑罚手段在某种意义上来说,是一种行为。这种行为同样要受到社会伦理的制约。在适用、执行刑罚的实践中常有这样的情形:一些司法人员为了某种伦理的目的,却采取不伦理的手段,如为了预防犯罪而片面采用重刑,在他们看来,目的规定了一切,只要目的是正当的,就可以不考虑手段的伦理性。实际上,手段的伦理价值直接影响目的的伦理价值。所谓"只要目的符合伦理,任何手段都合理"的说法是似是而非的。伦理实践充分表明,伦理选择中手段的正确选择对于伦理冲突的解决具有重要意义。因为在伦理困境中有一个前提是确定的,这就是伦理主体必然要选择一种合伦理的目的。伦理最大的困境在于如何选择手段才能合乎这样一个伦理的目的。所以,伦理困境从这个意义上可以被归结为手段的冲突。要解决这个困境,手段的正确选择就成为关键。可以看到,在手段的选择中要解决的是如下两个基本问题:一是如何选择有效的手段,二是如何使手段具有伦理上"善"的价值。可以说,手段的有效性是伦理选择成为现实的关键,但显然有时这种有效的手段不一定是伦理的。这样,手段选择中的有效性和伦理上的"善"又不可避免地发生冲突,因而手段与目的也就必然发生矛盾。这时,目的的善就成为我们选择的指导原则。也就是说,为了目的的"善",手段上对"恶"的妥协、对"善"的牺牲是允许的。但这种选择又必须是"迫不得已的手段",而且这种手段往往是只带来很小的影响。据此,我们可以得出如下一个总结性的结论:一个手段,如果它是为了达到某个伦理目的所必要的,而且本身又是伦理的,那么手段就是合理的;如果手段迫不得已要带某种不伦理的性质,只要它与更高目的和最高目的并不矛盾又不改变目的的伦理性,那么这种手段也被认为是合理的。我们正是在这样的矛盾冲突的选择中,才得以实现真正的伦理行为自由的。

从报应的角度来看,刑罚是对犯罪的一种反应。因此,刑罚的手段肯定应当与犯罪的程度和严重性相适应。但是,刑罚是由国家发动的,在体现国家对犯罪行为的否定的道德评价的同时,还必须同时体现国家对社会道德的示范作用。这也正是由国家发动的报应和由私人发动的报复有着根本不同的地方:报复是纯粹感性的冲动,是没有节制的反应;而报应是十分理智的行为,是有节制的反应。这种反应除了要与犯罪的严重程度、犯罪人的刑事责任能力以及刑法的有关规定相适应以外,还要对社会伦理道德起到非常明显的示范作用。因此,刑罚的手段必然受到社会伦理道德承受能力的限制。国家在动用刑罚手段的时候,如果不考虑一定的伦理因素,那么刑罚就将难以被社会接受并发挥其维护社会秩序的功能。也就是说,即使面对极其凶残的、灭绝人性的罪犯,国家也不能以暴制暴、无所不用其极,必须在伦常、人道所能够容许和承受的范围内寻求惩罚的方法和手段。这恰恰也就是正义和邪恶的根本区别。换句话说,刑罚是支持伦理的,但只有适当的刑罚才能起到这样的作用。否则,刑罚的过量与滥用,不仅不能起到支持伦理的作用,甚至会败坏伦理。前苏联刑法学家列缅松曾经有过以下论断:不考虑方法的残酷刑罚会破坏社会的道德基础,会给社会造成严重的损害,这是无法通过对某些不坚定分子采取更严厉的恐吓手段所能弥补的。[①]

---

① 参见〔前苏联〕J. B. 马格里·沙赫马托夫:《刑事责任与刑罚》,韦政强等译,法律出版社 1994 年版,第 356 页。转引自黄立:《刑罚的伦理审视》,人民出版社 2006 年版,第 17 页。

除此之外，对犯罪人量定刑罚，如果存在轻重不等的两种以上的刑罚方法，根据犯罪人的主客观情况，如果选择较轻的刑罚方法便能产生预期的刑罚效果，那么应该裁定对其适用较轻的刑罚方法，而切忌选择较重的刑种。因为，在轻罚可以收到同样效果时，施以重罚就是错误的。对犯罪人量定刑罚，如果存在轻重不等的量刑幅度，根据犯罪人的主客观情况，若选择较短的刑期便能产生预期的刑罚效果，那就应该对其判处较短的刑期，而切忌判处较长刑期。

刑罚虽然无情，但它不应该是残酷的和专为惩罚而设。实际上，残酷的惩罚并不能真正达到立法者所追求的那种维护社会秩序的作用，选择恰当的、符合人伦的刑罚远胜于酷刑。人们在设计量刑制度时，设计了一套严格的司法程序，它不只是用来保证判决结果的正当性，而且是想通过正确的量刑让犯罪人认罪服法，让民众信赖刑罚的权威，以维护社会秩序，保障自由。

3. 在行刑中体现公平正义价值

如果说通过前述制刑、量刑两个阶段，刑罚权的运作已经在一定意义上实现了刑罚维护正义的目标，那么公平正义的最终实现还有待于国家行刑权的进一步行使。

行刑权，是国家对犯罪人执行其应得的刑罚的权力。行刑权是国家制刑权、量刑权的延续。行刑权一般由监狱管理部门代表国家行使。① 因此，我们着重研究监狱管理部门行使执行权中实现公平正义价值的问题。

行刑机关对被执行人执行法院对其判处的刑罚（包括刑种和刑期），其目的是让被执行人在监狱中能够反省自己的行为，避免其回归社会后再次危害社会。为此目标，他们在监狱中应参加劳动，接受教育改造。犯罪人也是人，在行刑过程中把他们当人来尊重，保证他们享有应得的某些自由权利，这对于教育改造犯罪人，促使他们早日回归社会，乃至刑罚伦理价值目标的实现，均具有极其重要的意义。现

---

① 但我国刑罚制度中的管制等刑罚，依法由公安机关行使执行权；而罚金等刑罚则由法院行使执行权。

代各国监狱法中均有对犯罪人权利的保护性规定。《世界人权宣言》的核心内容是"人皆生而自由,在尊严及权利上均各平等",这一规定不仅维护了普通公民的权益,而且从根本上也维护了在监狱、看守所等监管场所被羁押罪犯依法享有的合法权益。

当前,对于人权的国际保护,联合国以及一些地区性的国际官方组织(如欧洲议会、美洲国家组织和非洲统一组织)、世界性的非官方组织(如国际人权联合会、国际人权联盟、国际人权律师委员会、国际红十字会)以及一些涉及某些特定人权问题的世界性国际组织,都一直在积极地寻求和采取各种措施和方法,来促进人权的国际保护。人权保障是指通过一定手段,促使人权从应有权利向实有权利转化。刑罚中的人权不能简单地理解为被害人的权利,还应该包括被告人(或犯罪嫌疑人)的权利以及犯罪人的权利。有些罪犯被依法剥夺了政治权利,有些罪犯即使没有被剥夺政治权利,其各项权利的行使也受到一定的限制,但是犯罪人仍然享有基本人权。这里的人权是指享有人道主义待遇的权利、不受酷刑折磨的权利等。我国《监狱法》第7条也明确指出:"罪犯的人格不受侮辱,其人身安全、合法财产和辩护、申诉、控告、检举以及其他未被依法剥夺或限制的权利不受侵犯。"这就不仅为国家行使行刑权时尊重犯罪人的人格尊严及相关自由权利提供了法律依据,而且也对国家行刑权作出了明确限制:不得非法侵犯犯罪人的人格尊严与各项合法自由权利。

当前执法人员侵权屡见不鲜、屡禁不止,一个根本原因就是权力不受制约与权利意识的淡薄。执法人性化的前提应该是树立法律不仅意味着公民对国家和社会应承担的义务,更意味着公民应享有的权利的意识。执法应该体现伦理价值,应该尊重和关爱个体权利,使每一个公民通过一个个与自己有关的具体案例,以及一个个身边真实的执法者去体验我们社会的法治化程度,去感受权利和人格被尊重的程度。这样不仅从外在机制保障社会公平正义,而且从人们的内在机制保障社会公平正义。

第三章　刑罚原则的伦理分析

法律与伦理道德是不同的社会管理手段。但是,法律与道德之间存在天然亲缘关系。"任何法律都要以一定的伦理精神为底蕴。这也就是马克思所说的人以实践精神把握世界的方式。"①换言之,法律是对人类理性所理解的道德准则的一种表达,法律与伦理道德的内在精神与价值是一致的。因此,法律必然具有一定的伦理品性。任何法律制度都必须与其所在时代的社会一般伦理道德保持和谐一致。"当一条规则或一套规则的实效因道德上的抵制而受到威胁时,它的有效性就可能变成一个毫无意义的外壳,只有用服从正义的基本要求来补充法律安排的形式秩序,才能使这个法律制度免于全部或部分崩溃。"②刑罚的价值取向只有与社会伦理的价值取向相吻合,才会真正发生实际效力。

"法是以道德原则为原则的,法的原则就是道德原则。"③刑罚原则当然也是道德原则。刑罚的原则体现刑罚的基本价值取向,与社会伦理存在无法割裂的关系。刑罚原则的伦理性实际上是指通过刑罚原则所蕴含的伦理精神引导人们的行为,整合人们的德性,为实现人的全面自由发展提供最基本的道德理性基础,以及罪刑法定原则、罪责刑均衡原则、刑法适用平等原则、刑罚个别化原则体现的伦理精神与伦理价值问题。罪刑法定原则、刑法平等适用原则、罪责刑均衡原则,是我国刑法明确规定的基本原则,都与刑罚制度具有十分密切的联系,体现了尊重人权、维护公平正义、反对特权、防止罪刑擅断的伦

---

① 罗国杰主编:《伦理学》,人民出版社1989年版,第53—54页。
② 〔美〕博登海默:《法理学:法哲学及其方法》,邓正来译,中国政法大学出版社2004年版,第359页。
③ 王海明:《伦理学原理》,北京大学出版社2009年版,第10页。

理要求,"实质上也是处理国家与公民、国家与法人、国家与社会伦理关系、政治关系的政治伦理原则"[①]。刑罚个别化原则虽然不是明确规定的原则,但不仅《刑法》第 61 条的规定隐含了该原则,而且它也应该被奉为刑罚的基本原则。刑罚个别化原则体现的是功利主义的特殊预防目的以及支撑该目的的新防卫理论,体现的是个别正义和以人为本的人道主义精神。因此,也可以说它们本身属于伦理范畴,在一定程度上其本身也就是刑罚的伦理原则。所以,本章选择这四个基本原则进行伦理分析。

一、罪刑法定原则的伦理分析

罪刑法定原则是刑法的根本原则,是刑事立法、司法活动必须遵循的根本原则,是罪责刑均衡原则、刑法平等适用原则、刑罚个别化原则的前提与基础。罪刑法定原则确立的本意之一是将刑法与道德区分开来,这就意味着,某一行为仅仅具有道德非难性而不具有严重的社会危害性或者不具有严重危害社会的危险,不能通过刑法加以规制。但是,由此并不能否认罪刑法定原则的伦理品性。如前所述,罪刑法定原则本身就是刑法的一个基本道德原则,并且其中就蕴含着自由、正义、平等、保障人权等基本伦理价值。

(一) 罪刑法定原则思想基础的伦理分析

一般认为,罪刑法定原则早期渊源于 1215 年的英国《大宪章》,但是,罪刑法定原则最终确立于 18 世纪末 19 世纪初。近代罪刑法定原则的思想基础(或者说思想渊源)是自然法理论、限制国家权力的三权分立思想、抑制犯罪的心理强制理论。而现代罪刑法定原则的思想基础为民主主义、尊重人权主义。

[①] 曾粤兴:《刑法伦理性研究》,载《河南政法干部管理学院学报》2010 年第 4 期,第 68 页。

1. 近代罪刑法定主义的思想基础
(1) 自然法理论

自然法理论是近代资产阶级启蒙思想家提出的自然法哲学的总称。① 从一定意义上来说,自然法也就是伦理法。作为罪刑法定原则的理论基础之一,启蒙思想家所主张的自然法思想,是当时社会一般伦理的体现。

自然法最早可以溯源到柏拉图的理念论与亚里士多德的自然正义说,亚里士多德在其《尼各马可伦理学》中将正义分为自然正义与约定正义。自然正义具有普遍性与永恒性的特点,约定的正义一旦以法律的形式表现出来,就具有普遍性与稳定性的特点。② 因此,亚里士多德的自然法等同于自然准则。同时,亚氏还认为人定法以自然法为基础,其目的都是为了实现正义和人类的幸福。因此,笔者认为:亚里士多德的自然法理论从本质上而言也是伦理法。亚里士多德的自然法思想对近代启蒙思想家产生了深远的影响。斯多葛哲学以伦理学为中心,该学派的自然法思想也具有明显的伦理特征,他们主张人类应当服从以理性为基础的、具有普遍性质的自然法。如托马斯·阿奎拉认为:自然法是上帝意志的体现,自然法是人定法的基础,是道德准则的来源,人类凭理性可以认识到人性所固有的自然法。他说"自然法肯定了人的独立存在的地位、人的尊严、能力以及人的实践理性所享有的自律和自主。"③"自然法并非居于现在法律之外的一种理想法,而是本身居于现存法律之内的法律的道德原则。"④

---

① 参见高铭暄主编:《刑法专论》(上篇),高等教育出版社 2002 年版,第 71 页。

② 参见〔古希腊〕亚里士多德:《尼各马可伦理学》,廖申白译注,商务印书馆 2008 年版。

③ 佚名:《托马斯·阿奎拉的伦理自然法与道德价值》,载 www. philosophy. org. cn/article _ info. aspx? n = 20091120153321983133,访问日期:2010 年 10 月 6 日。

④ 〔美〕伯尔曼:《法律与革命:西方法律传统的形成》(第 1 卷),法律出版社 2008 年版,第 249 页。

阿奎拉的自然法思想起到极其重要的承前启后的作用。在17、18世纪反封建的启蒙运动和革命斗争中,近代资产阶级启蒙思想家高举自由、平等、博爱大旗,以自然法为理论基础,主张限制国家权力、保障公民自由。当时自然法学派的主要代表人物有荷兰的格劳秀斯和斯宾诺莎、英国的霍布斯和洛克、德国的普芬多夫和沃尔夫、法国的孟德斯鸠和卢梭等。他们认为,法不是来源于神的意志,而是来源于自然,来源于人的理性,自然法是一种道义原则。如格劳秀斯认为:自然法是正当的理性法则,即使神也不能改变它。因此,符合理性法则要求的行为即是正当行为,反之,就是罪恶的行为,也就是说,人类的一切是非善恶、公道与不公道,全是根据自然法来衡量与判定的,即自然法是正当理性的命令,它指示任何与合乎本性的理性相一致的行为就是道义上公正的行为,反之,就是道义上罪恶的行为。① 霍布斯则认为:自然法是人的理性所发现的一般规则,是建立在理性至上的普遍法则。法律是人类基于理性与自然法而缔结契约,成立国家,再由国家发布对人民的命令而形成的。霍布斯否定思想可以构成犯罪的观点,他认为:"有盗窃或杀人的意图,虽然从来没有见之于言行,也是一种罪恶,因为洞察人类思想的上帝可以让他对这事负责。但这个意图在没有落实为行动之前,就不能称为犯罪。"② 同时,他主张在法律没有制定前所施加的惩罚不是刑罚,其思想已经蕴含了罪刑法定内容。洛克从自然法理论以及奠基于自然法理论之上的社会契约论出发,提出了罪刑法定思想。洛克认为自然法就是人类的理性。"理性,也就是人类法:人类既然都是平等和独立的,任何人都不得侵害他人的生命、健康、自由和财产。"③ 洛克认识到单靠自然法不能够维持社会秩序,因此,主张人们依据契约在保护人权的范围内将立法权、刑罚权让渡给国家。只有正式制定出来的法律,才能让人们了解法律的基本标

---

① 参见马克昌主编:《近代西方刑法学史》,中国人民大学出版社2008年版,第6页。
② 〔英〕霍布斯:《利维坦》,黎思复等译,商务印书馆1985年版,第226页。
③ 〔英〕洛克:《政府论》(下篇),商务印书馆1981年版,第7页。

准,才能让自己知道什么可以做,什么不可以做。因此,只有国家正式制定和公布的法律才是确立公民是否犯罪以及是否要受刑罚和应受多重的刑罚的唯一标准。

　　启蒙思想家的自然法思想认为人的理性就是自然法,实际上,自然法一定程度上也就是具有普适性的道德法则,其本身就是一套完整的道德理论。① 正如韩忠谟所指出的一样:"在主张自然法的学者看来,伦理的部分实为法的最后价值之所在。"② 大陆学者也认为:"自然法学主张道德是法律的存在依据和价值标准,所谓自然法,是自然万物的理性法则,其实质是道德法则,它在人和社会中的充分实现便是法,因此,它不但是法律制定的最终依据,还是法律好坏的最高标准。"③

　　自然法思想反映了特定历史条件下资产阶级反对封建特权,倡导平等,反对酷刑,主张人道,反对封建法律、罪刑擅断,主张罪刑法定的社会需求与伦理价值。资产阶级启蒙思想家的自然法及奠基于之上的罪刑法定思想是对封建伦理秩序的否定与批判,反映了当时社会伦理的需求。当然,启蒙思想家的自然法理论倡导先验的普遍的理性和普适的道德,而忽视道德与法律的时代性、民族性特点,具有其固有的缺陷。但是,自然法思想让法律和刑法散发着人道主义的理性之光,为刑法的首要目的——保障人权——奠定了理论基础。而且,最重要的是,刑罚的前提与基础是存在道德上恶的行为。因此,自然法理论主张的罪刑法定思想并不排斥反而恰恰支持刑法的伦理判断,恰恰认可刑法的伦理后盾性质。

　　(2) 三权分立理论

　　三权分立理论渊源于自然法思想。孟德斯鸠是三权分立思想的

---

① 笔者认为:认为自然法理论仅仅只是道德法则也是片面的,自然法理论强调事物的本性和规律支配着世界,人靠理性可以认识这些规律。因此,自然法具有一定的科学特征,当然,人的理性也是有限的,自然法理论并没有真正解决人类如何认识和利用事物的本性与规律,这是其固有的缺陷。然而,自然法的这一缺陷不能否定其伦理性及其对人类社会的卓越贡献。

② 韩忠谟:《法学绪言》,北京大学出版社 2009 年版,第 108 页。

③ 曹刚:《法律的道德批判》,江西人民出版社 2001 年版,第 8 页。

杰出代表。

孟德斯鸠认为:"从最广泛的意义来说,法是由事物的性质产生出来的必然联系。……由此可见,是有一个根本理性存在着的。法就是这个根本理性和各种存在物之间的关系,同时也是存在物彼此之间的关系。"①"人,作为一个'物理的存在物'来说,是和一切物体一样,受不变的规律的支配。……在所有这些规律之先存在着的,就是自然法。……自然法就是人类在这样一种状态之下所接受的规律。"②因此,孟德斯鸠认为自然法是一种客观规律,一种根本理性。这就是孟德斯鸠所主张的法的精神,即自然法就是法的精神。而刑法的制定也必须遵循这种根本理性与客观规律。他说:"如果刑法的每一种刑罚都是依据犯罪的特殊性质去规定的话,便是自由的胜利。一切专断停止了,刑罚不是依据立法者的意念,而是依据事物的性质产生出来的;这样,刑罚就不是人对人的暴行了。"③孟德斯鸠提倡人为法是自然法这一人类理性与客观规律以及一个国家的人民、政体的性质和原则、自然状况和人们的宗教、风俗、习惯、贸易、立法者的目的等相结合的产物。虽然作为法的精神——根本理性与客观规律的自然法对整个人类是普遍的,但是,体现人类理性的各国的人定法是千差万别的。因此,孟德斯鸠所主张的自然法是一种社会精神、一种伦理思想。他所主张的自然法思想无疑比同时代的其他自然法学家更进一步了,其自然法思想其实已经具有一定社会法思想内容了。孟德斯鸠主张刑法的重要目的在于保障公民的自由,"这种安全从来没有比在公的或私的控告时受到的威胁更大的了。因此,公民的自由主要依靠良好的刑法"④。对于如何防止专断,充分保障公民的自由,孟德斯鸠坚持"性恶论",认为权力容易被滥用,因此,需要通过权力约束权力防止专

---

① 〔法〕孟德斯鸠:《论法的精神》(上),张雁深译,商务印书馆1963年版,第1页。
② 同上书,第4页。
③ 同上书,第224页。
④ 同上书,第223页。

断,以保障社会个体权利不被侵犯,由此,他系统提出了三权分立思想。① 他精辟地指出,政治自由只有在国家权力不被滥用的宽和的政府里存在。"一切有权力的人都容易滥用权力,这是万古不易的一条经验。有权力的人们使用权力一直到遇到界限的地方才休止。……从事物的性质来说,要防止滥用权力,就必须以权力约束权力。"② 根据孟德斯鸠的思想,立法机关必须依照正当程序,代表人民意志,制定出的法律应明确而具体地规定犯罪与刑罚,司法机关必须严格依照立法机关制定的刑法作出判决,行政机关必须严格执行这些判决。惟其如此,才能有效地保障公民的自由。孟德斯鸠同时主张良好的风俗、伦理道德的教化较之于单纯的惩罚在预防犯罪中所起的作用更大。"一个良好的立法者关心预防犯罪,多于惩罚犯罪,注意激励良好的风俗,多于施用刑罚。"③

孟德斯鸠的三权分立理论为罪刑法定原则奠定了坚实的政治制度基础。作为其基础的自然法在一定程度上实际上就是社会普遍认可的理性的伦理道德系统,建立民主政体的目的是制约与平衡权力,从而达到保障公民平等、自由、正义的目的。而三权分立是实现这些伦理价值的基本政治伦理要求。

(3) 心理强制说

近代刑法学之父费尔巴哈对刑法学最突出的成就是确立了建立在心理强制说之上的罪刑法定原则。

心理强制说是将人作为自然的存在者来考察的。费尔巴哈认为:人作为自然的存在者,无不生活在感性世界,并受自然规律的支配而没有自由,所以犯罪的原因不是自由,而是感性的冲动。正是这种追求在犯罪时获得快乐的感性冲动促使人犯罪的;为了防止犯罪,就需

---

① 孟德斯鸠对人性和权力持不信任的态度,他主张:法治与罪刑法定原则的目的在于通过分权与制约,限制立法权与司法权,以保障社会个体权利。

② 〔法〕孟德斯鸠:《论法的精神》(上),张雁深译,商务印书馆1963年版,第184页。

③ 同上书,第98页。

防止、抑制人的这种感性冲动。人在感性世界里是根据追求快乐避免痛苦的原则而行动的,因此,必须事先预告犯罪行为必然受到刑罚,让他衡量刑罚所带来的痛苦与犯罪所带来的快乐,才能抑制感性冲动而不犯罪。因此,对什么行为是犯罪以及对犯罪该处以怎样的刑罚,必须事先由法律明文加以规定,这就是罪刑法定主义。① 因此,费尔巴哈及其心理强制说认为,人具有趋利避害的本性,人在实施犯罪行为前,总会考虑犯罪行为会给他带来多大的快乐以及不实施犯罪行为给自己带来的痛苦又有多大,也会考虑自己因实施犯罪行为会给自己带来多大的痛苦。如果不实施犯罪行为给他带来的痛苦较之因犯罪而给他带来的痛苦(刑罚处罚)大,他就会选择犯罪。反之,就会放弃犯罪。因此,只有通过刑法明文规定犯罪及其后果,才能让人们事先预测犯罪后可能受到的刑罚处罚,使得人们因害怕受到处罚,避免犯罪所带来的大的痛苦而忍受与抑制不犯罪所带来的小的痛苦而不去犯罪,从而达到预防犯罪的效果。因此,法律事先明文规定的犯罪及刑罚是悬在潜在犯罪人头上的一把利剑,对其形成心理强制,促使他们趋利避害,不去犯罪。费尔巴哈根据心理强制说,明确提出罪刑法定原则,其罪刑法定原则的中国式简明表达方式"法无明文规定不为罪""法无明文规定不处罚"早已深入人心,成为刑法最重要的基本原则。同时,费尔巴哈为了严格区分法律和伦理,提出了权利侵害说。他认为:犯罪的本质是对他人权利的侵害。国家不应该干涉市民的宗教生活、伦理生活。刑法的目的在于限制国家权力,从而保障市民的自由与权利。犯罪不是违反伦理而是违反法律,立法者应当尊重良心的自由,法律不是伦理的审判者。刑法应该惩罚的不是人的思想而是行为。②

建立在心理强制说之上的罪刑法定原则严格区分道德与法律,把

---

① 参见马克昌主编:《近代西方刑法学史》,中国人民大学出版社2008年版,第98—101页。
② 参见〔日〕木村龟二主编:《刑法学入门》,有斐阁1957年版,第50页。转引自张明楷:《罪刑法定与刑法解释》,北京大学出版社2009年版,第14页。

刑罚当做遏制人感性的实施犯罪行为的欲望的手段,只有当行为严重侵害他人的权利时,才能认定为犯罪,才能科处刑罚,具有限制国家权力和保障人权的特点。当然,心理强制说也存在一定的缺陷。一方面,并非所有犯罪都是犯罪人基于对不实施犯罪所带来的痛苦与犯罪所带来的痛苦进行理性比较而实施的,现实生活中更是存在许多法盲犯罪、激情犯罪、信仰犯罪。心理强制说过于重视刑罚的威慑作用而轻视刑罚是对严重的"恶"①的行为的谴责与惩罚。因此,"心理强制说不能为禁止不当罚的行为等内容提供依据"②。特别是,离开了人们善恶基本伦理判断的刑法由于无法体现人类共同的价值观念,也就难以得到人们的认同,难以发挥实际效力。另一方面,费尔巴哈提出的权利侵害说为形式犯罪提供了理论依据,严格区分刑法与伦理有利于刑法谦抑。但是,刑法本身就是伦理的底线,与义务的道德存在不可割舍的亲缘关系,"法律既不能远离伦理习俗,也不能落后太多。因为法律不能自动地得到实施"③。刑法虽须与愿望的道德保持一定的距离,但其内在的价值蕴含是一致的,刑法是最低底线的义务道德的体现。④ 而且"对刑罚的正当性之思考也就是对刑罚之道德性的判

---

① 善恶的判断本身就是一个基本的伦理判断。
② 张明楷:《刑法的基本立场》,中国法制出版社 2002 年版,第 4 页。
③ 〔美〕罗斯科·庞德:《法律与道德》,陈林林译,中国政法大学出版社 2003 年版,第 162 页。
④ 美国著名新自然法学家富勒将道德分为两个层次:愿望的道德与义务的道德。愿望的道德是善的生活的道德、卓越的道德以及充分实现人之力量的道德,是以人类所能达致的最高境界作为出发点;而义务的道德则是从道德的最低点出发,它确立了使有序社会成为可能或者使有序社会得以达致其特定目标的那些基本规则。愿望的道德对法律没有任何直接的意义,违背愿望的道德的行为只能通过道德规范而不能通过法律予以谴责与调整,虽然愿望的道德与法律不具有直接的关联性,但它的间接影响却无处不在,法律是愿望的道德实现的前提与基础。义务的道德是法律与道德共同覆盖的区域,法律是义务的道德的表亲。义务的道德是社会对人最低限度的要求。违背义务的道德的行为不但要受道德的谴责而且还要承担法律责任。参见〔美〕富勒:《法律的道德性》,郑戈译,商务印书馆 2005 年版,第 5—39 页。

断","经得起道德评价的刑罚便是合理的刑罚,经不起道德评价的刑罚便是不合理的刑罚"[1]。因此,侵犯权利的行为就是或者应当是恶的行为,侵犯权利与违背社会伦理具有一致性。相反,心理强制说割裂了犯罪与违反伦理道德之间的关系,因而是片面的。

建立在自然法理论基础之上的古典学派认为,制定法应当符合自然法,为了防止罪刑擅断,需要严格限制司法权力,司法人员只要机械适用法律即可。三权分立理论以限制国家权力的方式保护个人自由,可以有效防止罪刑擅断,但是,"权力分立理论以保护个人自由为重点而忽视社会利益,且无法具备针对犯罪增加的新情况展开有效的社会防范对策。其理论中所谓司法权属于虚无而法官只不过是适用法的机器的说法,不过是以成文法的完全没有缺点为前提且不允许法律解释的概念法学的产物。不能说明作为罪刑法定主义内容的刑罚不溯及原则、禁止类推解释原则及排除习惯刑法原则,只能适用于处罚或刑的加重(的习惯法)"[2]。心理强制说将犯罪人当做类型化的抽象的"理性人",而忽视人性中经验性的一面和犯罪原因的多样化特征,过于重视刑法的一般预防作用。因此,建立在自然法理论、三权分立思想和心理强制说基础之上的近代罪刑法定原则,坚持绝对的罪刑法定主义与形式的罪刑法定主义。这种绝对的罪刑法定原则的基本内容为:绝对排斥习惯法的适用、绝对禁止类推;主张绝对确定的法定刑;禁止适用事后法。绝对的罪刑法定原则过于注重一般正义和形式正义,而忽视个案正义和实质正义。事实上,人类的理性是有限的,无论多么完备的制定法都具有抽象性与静止性特点,而这与变动不居的社会生活事实之间存在矛盾。形式正义与实质正义、一般正义与个案正义之间是辩证统一的关系。严格规则主义可能造成司法实践中个案正义的丧失和"恶法亦法"的局面。绝对罪刑法定原则以保障人权为

---

[1] 邱兴隆:《罪与罚讲演录》(第1卷),中国检察出版社2000年版,第18页。

[2] 〔韩〕李在祥:《韩国刑法总论》,〔韩〕韩相敦译,中国人民大学出版社2005年版,第11页。

根本出发点,在具体案件中却不一定能实现保障人权的目的。正是由于存在难以克服的矛盾,古典学派及绝对的罪刑法定原则从19世纪后期开始受到刑事实证学派的挑战。①

2. 现代罪刑法定主义的思想基础

对于现代刑法而言,随着时代的发展,自然法思想、三权分立思想与心理强制说本身的缺陷决定了它们只具有历史沿革的意义,而并不能给予罪刑法定原则有力的理论支撑。因此现代罪刑法定原则将民主主义和尊重人权主义作为罪刑法定原则的思想基础。②

(1) 民主主义

民主主义是指人民有参加国家事务或对国家事务有自由发表意见的权利的主义。民主与自由是现代西方社会的基本价值,也是现代社会最基本的社会伦理观念。民主主义要求国家重大事务应当由人民决定,法律应当由人民制定,并代表人民的意志。"民主意味着国家的法律秩序中所代表的意志符合国民的意志。"③"为了防止国家权力恣意行使的危险,必须由民主制定的法律规定犯罪与刑罚。"④罪刑法定原则的基础是民主,没有民主,自由、正义、平等就无法实现。刑罚是最严厉的处罚措施,其本身也是一种"恶",是不得已而为之。刑罚关涉对犯罪人名誉、财产、人身自由乃至生命权利的处置,一旦

---

① 刑事实证学派否定人的理性,主张刑法的机能是保护社会,犯罪人承担刑事责任的基础是犯罪人的危险性格即反复实施犯罪行为的危险性。以社会防卫论为理论核心的刑事实证学派赞成类推和不定期刑的适用,主张刑罚个别化。刑事实证学派倡导刑罚个别化,将古典学派的抽象的"理性人"还原为社会生活中真实的"经验人",根据不同情况的犯罪人给予不同的考虑,注重教育、矫正和犯罪人的再社会化,克服了绝对罪刑法定原则机械的缺点,具有人性化的实质正义特征。刑事实证学派一定程度上动摇了罪刑法定原则的根基,但却被纳粹法西斯政权所利用,成了肆意残害犹太人的工具,人权遭到空前的践踏。

② 参见〔日〕木村龟二:《刑法总论》(增补版),有斐阁1984年版,第62页。

③ 马克昌:《罪刑法定主义比较研究》,载《中外法学》1997年第2期,第154页。

④ 马克昌:《比较刑法学原理》,武汉大学出版社2002年版,第65页。

立法或适用不当,必然会不当侵害国民的合法权利。因此,犯罪圈的设置、刑罚的配置、刑法的适用都属于国家重大事务,应当代表国家意志。① 立法机关制定出反映人民意志的刑法之后再由司法机关严格适用,司法机关不能随意扩大解释,不能作出不利于被告人的类推解释。

民主主义要求刑法的制定与适用必须代表人民的意志,而衡量人民的意志的重要的标准之一是社会普遍认可的一般伦理观念。民主本身就是现代社会极为重要的伦理观念,真正通过民主程序制定出的刑法,确保刑法内容不再是统治者单方强制意志的表现,一般会反映自由、人道、宽容等基本人文精神和伦理价值。当然,民主的法律与体现普遍道德价值的刑法也不一定是理性的刑法,但是,理性的刑法必然会体现社会一般伦理观念。同时,理性的刑法作为后盾法也应当与道德保持一定的距离,刑法仅为伦理道德底线的保障。以近几年一直争议很大的恶意欠薪行为是否该入罪为例,中国传统伦理道德认为:欠债还钱,天经地义。从民众的呼声来看,似乎该入罪,《刑法修正案(八)》已经设置了该罪。但笔者认为:产生欠薪的原因是多方面的,刑罚并非不可避免,立法上难以界定、司法上难以认定,不能对症下药,难以实现立法者的目的,因此,将恶意欠薪行为单独设定罪名应当慎重。

(2)尊重人权主义

保障人权是现代社会的基本价值观念,也是现代法治的基本目标。"罪刑法定原则的核心,本来就是保障个人的权利,但经过法西斯专制统治一度对人权和人的尊严的践踏,第二次世界大战后,对人权的保障引起了特别的关注。"② 罪刑法定主义的道德基础是个人主义

---

① 如我国刑法的制定和修改就是通过全国性人民代表机关——全国人大及其常委会进行的。

② 马克昌:《比较刑法学原理》,武汉大学出版社2002年版,第65—66页。

的道德观,其根基在于人的尊严和自治。① 禁止不利于被告人的习惯法的适用,禁止不利于被告人的类推解释,禁止不利于被告人的事后法有利于人权保障的实质实现,有利于对公民"先喻后行";刑法内容适正性原则,有利于保障公民基本人权,禁止残虐、不人道的刑罚,是尊重人权的体现。

现代罪刑法定原则尊重人权的道德基础与近代罪刑法定主义的道德基础是一致的。所谓人权,是指在一定的社会历史条件下每个人按其本质和尊严享有或应该享有的基本权利。为了保障人权与人的尊严,真正实现人的自由,首先需要肯定和保障人自主选择的权利。而要保障人自主选择的基本权利,对于刑法而言,应当事先明确规定犯罪与刑罚,公民才可能预测自己的行为是否构成犯罪,如果构成犯罪,可能会处以多重的刑罚。如果没有刑法事先的明确规定,公民很多时候就不知道自己的行为是否构成犯罪,就难以自由、自主选择合法行为,基本人权就难以得到保障。刑法规定内容的适当性也是尊重人权的体现。"内容适当性"要求刑法内容是正义的,能保障人权,体现人道精神,刑法规定内容不适当,人的自由与平等就难以得到保障,而没有自由与平等的保障,人类就无法有尊严地生存与发展,也就谈不上人权保障。

(二) 现代罪刑法定原则内容的伦理分析

现代罪刑法定原则的形式侧面为成文法主义、禁止不利于被告人的事后法、禁止不利于被告人的类推解释;实质侧面为明确性原则、刑法内容适正性原则、禁止残虐、不人道的刑罚。

1. 罪刑法定原则形式侧面的伦理分析

罪刑法定原则是法治原则在刑法中的具体体现,而法治的形式特征虽不能完全体现人类社会普遍认可的所有善的伦理观念,但是,它

---

① 参见刘远:《罪刑法定主义的哲学视域》,载《北方法学》2009 第 3 期,第 52—62 页。

至少可以通过限制国家权力的方式保障公民的基本权利与自由。① 与法治形式特征对应的是罪刑法定原则的形式侧面,它主要是刑法内在道德的体现。②

(1) 成文法主义

成文法主义是指规定犯罪与刑罚的法律必须是成文的法律,习惯法不得作为刑法的直接法源,禁止不利于被告人的习惯法的适用。成文法主义旨在限制国家权力,公民通过对自己行为及其后果具有预测可能性而保障公民自由与权利。

成文法主义首先在于限制国家司法权力以保障公民的自由与权利。"罪刑之论科,在剥夺行为者之法益,所关至重,若漫无依据,则审判者上下其手,人民动辄得咎,将何以得讼狱之平,故必有法律明文垂为定则,以资准绳,此乃罪刑法定之根本原则。"③没有成文法,法律不

---

① 约翰·菲尼斯认为,法治的基本特征有:规则是对未来发生作用的,而非溯及既往的;规则并非以任何其他方式都不可能被遵守;规则必须公布;规则应清晰;规则必须与其他规则相一致;规则必须足够稳定以便人们通过对规则的了解来引导行为;制作适用于相对有限情况的判决和命令已经公布的、清楚的、稳定的、相对普遍的规则的指导;有权力以官方地位制定、实施和适用规则的那些人有责任遵守那些适用于他们的规则,以及确实一贯地实施法律,且与法律要旨保持一致。他进一步强调,由于反对共同善的阴谋家通常会试图通过对宪法和法律形式的遵守而获得和掌握权力,法治虽然可以降低一个邪恶政府追求邪恶的效果,并不能确保法治的形式不被反对共同善的阴谋家所利用,因此,法治不能确保共同善的每一个方面,有时候它甚至还不能保障共同善的实质。参见〔美〕菲尼斯:《自然法与自然权利》,董娇娇等译,中国政法大学出版社 2005 年版,第 216—219 页。

② 富勒还将法律的道德分为法律的内在道德与法律的外在道德,法律的内在道德指的是使法律成为可能的道德,富勒总结出法治的八个法律原则:法律的一般性;法律的公布;非溯及既往的法律;法律的明确性;避免法律中的矛盾;法律不应要求不可能实现的事情;法律的稳定性;官方行动与法律的一致性。上述八个原则是法律内在道德的体现。法律的外在道德指的是实体版的自然法,即通过法律规则来实现某些恰当的目的。参见〔美〕富勒:《法律的道德性》,郑戈译,商务印书馆 2005 年版,第 40—111、115 页。

③ 韩忠谟:《刑法学原理》,中国政法大学出版社 2002 年版,第 44 页。

公布,当然会方便国家灵活惩罚犯罪,短时间内有利于维护统治秩序。然而,没有公开的成文法规定犯罪与刑罚的话,就难以防止国家恣意行使刑罚权;没有成文法,公民也就难以监督刑法的司法和执法,其结果不仅会不当、随意侵犯公民的正当自由与权利,还会破坏社会公认的良好的一般伦理秩序。因此,成文法主义是刑法具有美好的道德品质与高尚人道情操的伦理价值的基础。同时,成文法主义有利于保障公民对其本人及他人行为及其后果具有预测可能性。预测可能性是保障公民自由的前提和基础。在一个不适用公开的成文刑法的国家,公民无法预测自己的行为是否可能构成犯罪,无法预测国家在什么情况下会限制与剥夺自己的自由,也无法预测他人是否会随意侵犯自己的自由与权利,无法预测他人随意侵犯自己自由的行为是否会受到惩罚以及会受到什么样的惩罚。换言之,既无法预测自己行为的合法底线,也无法预测他人行为的合法底线。其结果是公民会缩手缩脚,自身行为的自由必然受到限制,同时,由于没有成文刑法对公民最基本的自由与权利的界定,很容易导致国家在无法律依据的情况下随意侵犯公民的自由。这也是英美法系国家纷纷制定成文刑法的一个重要原因。

  与成文法主义对应的是刑法排斥不利于被告人的习惯法的适用。① 一定程度上,习惯法更能体现一定范围内的民意和一般伦理。因此,排斥不利于被告人的习惯法的适用似乎是违背一定范围内的一般伦理的。但是,由于习惯法往往具有地域性的特点,未经立法机关通过,不符合全体国民的一致认识,不符合民主主义的要求;并且习惯法由于没有稳定的成文形式,公民难以根据习惯法预测自己及他人的行为性质与其后果。允许不利于被告人的习惯法的适用必然不利于保障人权,同时,也可能造成罪刑擅断,不利于限制国家司法权力。因此,现代国家普遍禁止不利于被告人的习惯法的适用。近代罪刑法定

---

  ① 不利于被告人的习惯法的适用即"处罚或加重刑的习惯法之禁止",参见〔韩〕李在祥:《韩国刑法总论》,〔韩〕韩相敦译,中国人民大学出版社2005年版,第14页。

原则坚持严格的成文法主义,排斥一切习惯法的适用。但是,成文法也有缺陷:其普遍性特征决定了它关注的是一般正义,在具体个案中可能出现非正义情况,其稳定性的另一面是具有相对的滞后性,其高度抽象概括性的另一面是表述上必然具有一定的模糊性,其语义需要解释。基于保障人权与实现正义和有利于被告人的基本立场,现代罪刑法定主义认为:需要通过习惯法的补充以消解成文法主义的这些缺陷。

习惯法"是一切之中最重要的一种;这种法律既不是铭刻在大理石上,也不是铭刻在铜表上,而是铭刻在公民们的内心里,它形成了国家的真正宪法;它每天都在获得新的力量;当其他的法律衰老或消亡的时候,它可以复活那些法律或代替那些法律,它可以保持一个民族的创制力量,而且可以不知不觉地以习惯的力量取代那些权威的力量"①。习惯法在司法中的运用可以克服制定法的僵化性;可以补充成文法;体现了民族传统和社会文化;可以实现法律效果与社会效果的统一,降低司法成本,提高司法效率,弥补法律漏洞。② 如历史法学派强调"法分为三个阶段,即习惯法、立法和法典。习惯法是民族精神的直接产物,立法、法典是在其基础上发展起来的。习惯法高于立法,立法高于法典,立法只有在它体现着普遍作用的民族习惯和惯例时才是有用的"③。

有必要特别说明的是,现代两大法系之间出现日益融合、交流的趋势,表现在罪刑法定原则上,大陆法系在成文法的基础上重视判例的解释与补充作用,而英美法系也开始了法典化运动。英美法系中的罪刑法定原则主要从程序上加以规定。如美国宪法第十四修正案规定:"无论何州不经正当法律程序不得剥夺任何公民的生命、自由或财产。"成文法具有稳定性、系统性,法律规则明确,易于掌握与适用,易

---

① 〔法〕卢梭:《社会契约论》,何兆武译,商务印书馆1980年版,第70页。
② 参见高其才:《民族习惯法的司法运用》,载 www.civillaw.com.cn/qqf/weizhang.asp? id=42974,访问日期:2011年4月14日。
③ 王学辉:《从禁忌习惯到法起源活动》,法律出版社1998年版,第5页。

于保障裁判的统一适用,但成文法具有滞后性与抽象性缺点,缺乏灵活性,限制了法官的主观能动性,不利于实现个案正义。而判例法比较而言更细致具体,能灵活地适应形势变化,有利于个案的公正处理。但判例法的缺陷也是明显的:通过判例创制罪名与刑罚,必然是溯及既往的刑法,会超出国民的预测能力,不利于人权保障,不对判例法创制的程序进行严格限制,容易造成司法权的滥用和罪刑擅断。因此,现代大陆法系国家都不允许将判例法作为刑法的直接法源,只允许将判例作为犯罪构成要件的理解与违法性判断的依据(判例在此并不需要遵守有利于被告人的原则①)。如国外有学者认为:"罪刑法定主义要求犯罪的定型化;不过只以法律的规定,即使用多么精密的表达记述犯罪的成立要件,犯罪的定型也只能抽象地规定。由于就各个具体的案件法院所下判断的积累,犯罪定型的具体内容开始形成起来。承认判例有这样意义的形成的机能,不但不违反罪刑法定主义,实际上毋宁应当说是罪刑法定主义的要求。此外,对否定犯罪成立或可罚性的方向的判例的机能,也与罪刑法定主义没有矛盾。"②所以,越来越多的大陆法系国家承认判例的间接法源的地位。

需要说明的是:判例是判例法的载体,判例法是判例所蕴含的刑法适用规则与实质精神,因此,承认判例的间接法源地位,其实质是承认判例法的补充地位。

(2) 禁止不利于被告人的事后法原则

禁止不利于被告人的事后法原则是指刑法原则上没有溯及力,只有新法不认为是犯罪时或者处刑较轻时才具有溯及力。近代罪刑法定主义严格禁止事后法的适用,而现代罪刑法定主义并不禁止有利于被告人的事后法的适用。

---

① 因为判例本身是建立在成文法内容的基础之上,刑罚处罚的根据还是成文刑法而非判例,只要判例的解释不违背立法原意或立法目的时,新判例的解释即使不利于被告人,也不违背罪刑法定原则。

② 〔日〕团藤重光:《刑法纲要总论》,创文社1979年版,第46页。转引自马克昌:《罪刑法定主义比较研究》,载《中外法学》1997年第2期,第36页。

禁止不利于被告人的事后法的适用是保障公民预测可能性的客观要求,有利于保证刑法的安定性,能防止国家随意动用刑罚,从而有效保障公民的自由。如果某一行为,行为人今天实施了不认为是犯罪的行为,而明天生效的刑法认为是犯罪行为,适用明天的刑法而认为今天的行为是犯罪无疑是一件十分荒唐的事情,对行为人而言,无疑是不公正的。这正体现了人类社会"不教而诛,罪莫大焉"的伦理思想。① 正如有学者言,"溯及既往型法律真的是一种怪胎。法律是用规则来规范人的行为。说用明天将会制定出来的规则来规范或指引今天的行为是在说胡话"②。因此,国民只能根据现有的法律指引与决定自己的行为与生活。

当然,从保障人权的角度出发,现代罪刑法定原则并不禁止有利于被告人的事后法的适用,表现在刑法溯及力问题上,世界各国都采取了从旧兼从轻原则。因为,禁止事后法的适用的目的是保障刑法的安定性和国民对自己和他人的行为性质及其结果的预测可能性以充分保障人权。而行为人行为时的刑法认为是犯罪,修改后的刑法不认为是犯罪或处刑更轻时,该行为尚未判决或判决尚未生效时,适用新法不会破坏刑法的安定性,并且新刑法不认为是犯罪或处刑更轻,说明随着社会的发展,新法认为该行为已经不具有严重社会危害性或社会危害性更轻了,从保障人权与有利于被告人的角度出发,应当适用新法。所以,现代罪刑法定原则禁止的是不利于被告人的事后法的适用而并不禁止有利于被告人的事后法的适用。

(3) 禁止不利于被告人的类推解释

类推解释是指采用模拟推理的方法,从具体的内容出发,来阐明法律条文的含义。而从具体的内容出发,则是指需要判断的具体事实与法律规定的构成要件基本相似时,将后者的法律效果适用于前者。

---

① 参见曾粤兴:《刑法伦理化与和谐社会构建》,北京师范大学刑事法律科学研究院2007年博士后出站报告,第4页。

② 〔美〕富勒:《法律的道德性》,郑戈译,商务印书馆2005年版,第63—64页。

禁止不利于被告人的类推解释是罪刑法定原则公认的内容。从其所体现的伦理价值来看，是通过限制国家解释刑法的权力，保障公民的预测可能性，以充分保障公民的自由与权利，体现了个人主义的道德观。通过类推解释来解释刑法时，两个事实或行为之间的相似性是很容易确定的，仅仅因二者之间基本相似，就将与刑法规定为犯罪行为相似的行为归罪，必然扩大国家任意发动刑罚权的权力，不利于保障公民的自由与权利。从保障公民的预测可能性出发，公民只能通过了解与理解刑法条文可能具有的含义来确定自己的行为是否可能构成犯罪而对自己的行为作出自由的选择。而不利于被告人的类推解释必然超出刑法用语本身具有的含义，由于超出了公民的预测可能性，公民无法预测自身行为的性质及其结果，从而难以保障基本人权。

近代罪刑法定主义禁止任何类推解释，而现代罪刑法定原则主张禁止不利于被告人的类推解释，而并不禁止有利于被告人的类推解释。之所以允许有利于被告人的类推，是因为刑法中存在一些有利于被告人的规定；而这些规定因为文字表述以及立法疏漏的缘故，按照其文字含义适用时会产生不公平现象。① 所以，允许有利于被告人的类推解释，目的是克服立法者有限理性和立法疏漏的缺陷，以实现形式正义与实质正义、一般正义与个别正义的和谐统一，而且并不违反罪刑法定原则尊重人权的精神内核，因此，目前允许有利于被告人的类推解释，禁止不利于被告的类推解释已经成为学界通说。

举例来说，我国《刑法》规定了组织卖淫罪。传统理论认为，卖淫是指以金钱为代价，与异性性交的行为。但在司法实践中，一些地方司法机关为了维护风化秩序，将与性交类似的行为如手淫、同性性行为都解释为性交行为，组织他人提供类似性服务的行为，被当做组织卖淫罪处理。2011年年底，广东省佛山市南海区人民法院一审判决认定李某等三名被告人多次雇用女性为客人提供手淫服务的行为构成组织卖淫罪，2013年上半年，佛山市中级人民法院认为，卖淫行为不包

---

① 参见张明楷：《罪刑法定两个侧面对法治的启示》，载《法学论坛》2003年第2期，第98—99页。

括单纯为异性手淫的行为,然后以一审认定事实不清、适用法律错误为由发回重审,南海区人民检察院撤回起诉。为此,三名被告人获得17万元的国家赔偿。① 此案的典型意义在于:将边缘性行为解释为性交行为,属于类推解释,而且是明显不利于被告人的类推解释,实质上违反罪刑法定原则,反过来,立足于该案改判的实质理由,我们可以将提供与手淫服务相类似的行为,如用乳房摩擦异性生殖器、同性之间接触生殖器的行为类推为非犯罪行为,这就是有利于被告的类推,这种类推符合罪刑法定原则保障人权的旨趣,所以具有正当性。

2. 罪刑法定原则实质侧面的伦理分析

罪刑法定原则的形式侧面仅仅构成刑法成为良法的必要条件。为确保刑法及刑罚内容是善的,还必须确保刑法内容是明确的,刑法内容是适正的,必须禁止残虐、不人道的刑罚。

(1) 明确性原则

明确性原则要求"刑法的规定不论是关于犯罪的,还是刑罚的,都必须尽可能是具体的,而且,其意义必须明确"②。有了公开颁布的成文刑法,并不意味着就可以防止罪刑擅断,模糊的罪刑规定会不当扩大法官的司法适用解释权力,超出公民的预测可能性,不利于保障公民的权利。

当然,刑法条文的明确也是相对的,完全没有弹性的刑法其实是思维僵化的产物,面对新型犯罪案件难以发挥其可适用性。从认识论的角度来看,人类认识世界的客观局限性决定了立法者不可能对所有问题都认识清楚并加以规定,此外,语词是具有模糊性的,越接近范畴外延的边界就越模糊,而社会生活事实无疑是变动不居的。法律文本的相对静止性与社会生活的变动不居性是一对永恒的矛盾,因此,刑法的明确性具有相对性。企图追求绝对的明确,完全不给司法人员预

---

① 参见《佛山三男子提供手淫服务改判无罪获赔17万元》,载news.china.com.cn/live/2013-08/09/content_21605969.htm,访问日期:2013年8月16日。
② 〔日〕大塚仁:《刑法概说》,冯军译,中国人民大学出版社2003年版,第62页。

留一定的自由裁量权,既不利于打击犯罪,也不利于保障人权。正如富勒所说:"我们所能达到的清晰程度不可能超过我们所处理的问题所容许的程度,一种徒有其表的清晰可能比一种诚实的、开放性的模糊更有害。"①同时,刑法内容明确也只是为实现惩罚犯罪与保障人权提供前提,其还必须建立在刑法内容适正、刑罚人道基础上才可能充分保障人权。因此,明确性原则既具有形式特征,又具有实质内容。刑法的明确性原则的伦理性体现在将伦理所提倡的善和所谴责的恶,通过法律确认而规范化和具体化,以维护良好的社会伦理秩序。

与明确性相反,不明确的刑法容易使得司法机关和司法人员在实践中根据自己的理解随意扩大刑罚的适用,罪刑擅断的结果不但容易侵犯公民的正当权利,也容易纵容犯罪。如有学者提出,"罪刑法定原则通过对罪与刑的确定化、明晰化和实定化,对刑事立法权和刑事司法进行了严格的限制,防止其扩张和滥用,同时赋予社会成员明晰的行为空间和行为权利,同时保障社会成员适法行为的安定性和有效性,排除立法者、司法者假借维护社会秩序之需要或弥补现在法律不足的目的,或出于徇私、徇情、贪赃而滥用刑罚权,罪及无辜,刑及无辜或者纵容罪犯"。②事实上,"含糊和语无伦次的法律会使合法成为任何人都无法企及的目标,或者至少是任何人在不对法律进行未经授权的修正的情况下都无法企及的目标,而这种修正本身便损害了合法性"。③博登海默特别指出:"尽管为了在社会中确保法治的实施,一个由概念和规则构成的制度是必要的,但是我们必须永远记住,创造这些概念和规则的目的是为了应对和满足生活的需要,而且我们还必须谨慎行事,以免毫无必要地、毫无意义地强迫生活受一个过于刻板

---

① 〔美〕富勒:《法律的道德性》,郑戈译,商务印书馆 2005 年版,第 63—64 页。

② 陈正云:《刑法的经济分析与伦理价值》,载《法学研究》1999 年第 6 期,第 88 页。

③ 〔美〕富勒:《法律的道德性》,郑戈译,商务印书馆 2005 年版,第 76 页。

的法律制度的约束。"①

(2) 刑法内容适正性原则

刑法内容适正性原则是指"刑法仅仅形式地规定犯罪和刑罚是不够的,其内容也必须是合理的,要适应具体社会的要求,把真正当罚的行为作为犯罪,对其规定按照社会伦理观念是均衡的刑罚"②。

刑法内容适正性原则要求刑法内容是正义与正当、合理的,它是罪刑法定原则现阶段的灵魂。由于翻译原因,其与内容适当性原则、内容正当性原则是同义关系。其判断标准即是否有利于保障人权,是否人道,是否符合公平正义等。而正义既是法律问题,也是伦理问题。普遍的正义是刑法与伦理的共同理想与目标,也是伦理的善。刑法内容的合理性评价离不开社会一般伦理的评价。就刑罚而言,刑罚是遏制与预防犯罪不得已的"恶",不能随意发动。随着社会的发展,人类越来越注重人的价值,越来越宽容,刑法所调控的范围和强度必然越来越小。"制止犯罪和维持秩序,即使不适用刑法也可以实现,宗教、道德、习惯等各种社会规范本来就承担着这种机能。本来理想的就是用这样的社会规范来制止犯罪和维持秩序的。"③相反"把并不一定需要处罚的行为规定为犯罪,就不能进行与正义、公平相适合的人权保障,就违反了民主主义、人权尊重主义的本旨,也就丧失了罪刑法定的实质意义"④。刑法的后盾性属性决定其只可能保护伦理的底线。当然,刑罚并非动用得越少越好,当某一类行为严重危害社会并且其他社会控制手段无效时,动用刑罚就十分必要了。笔者认为,合理的刑法内容应当体现公正、谦抑、人道、效率等价值,并实现保障人权与维护秩序的协调、平衡。而刑法内容的合理界定,也必须考虑社会大众

---

① 〔美〕博登海默:《法理学:法律哲学与法律方法》,邓正来译,中国政法大学出版社2004年版,第242页。
② 〔日〕大塚仁:《刑法概说》,冯军译,中国人民大学出版社2003年版,第63页。
③ 〔日〕西原春夫:《刑法的根基与哲学》,顾肖荣等译,法律出版社2004年版,第44—45页。
④ 〔日〕大塚仁:《刑法概说》,冯军译,中国人民大学出版社2003年版,第63页。

的一般伦理观念。如我国《刑法修正案(八)》就汲取了我国传统社会伦理中"矜老恤幼"的思想,规定75周岁以上的老人只有以特别残忍的手段致人死亡的才可以适用死刑。

(3) 禁止残虐、不均衡的刑罚

禁止残虐、不均衡的刑罚是罪刑法定内容适正性原则的派生原则。禁止残虐的刑罚体现了人道、宽容的基本伦理价值;禁止不均衡的刑罚体现了公正、和谐的伦理价值。

众所周知,残虐的、不人道的刑罚,与文明社会不兼容,与保障人权的现代理念相违背,不利于整个社会和谐氛围的形成。相反,宽容作为一种普遍的美德和法律原则,有利于和谐社会的形成。因此,"禁止残虐的、不人道的刑罚"的主旨意义在于提倡刑罚应该有宽容之度。换言之,在刑罚上讲宽容,要求把人当人看,尊重公民的自由与权利。如贝卡里亚提出:"即使严酷的刑罚的确不是在直接与公共福利及预防犯罪的宗旨相对抗,而只是徒劳无功而已,在这种情况下,它也不但违背了开明理性所萌发的善良美德——这种理性往往支配着幸福的人们,而是一群陷于怯懦的残忍循环之中的奴隶——同时,严酷的刑罚也违背了公正和社会契约的本质。"[①]《世界人权宣言》《公民权利与政治权利国际公约》也明确规定:"任何人均不得加以酷刑或施以残忍的、不人道的或侮辱性的待遇或刑罚。"[②] 以石刑为例,目前只有极少数伊斯兰教国家还在适用石刑[③],石刑的适用与伊斯兰国家对通奸等违背伦理的行为的严

---

① 〔意〕贝卡里亚:《论犯罪与刑罚》,黄风译,中国方正出版社2004年版,第10页。

② 《世界人权宣言》第5条、《公民权利和政治权利国际公约》第7条。

③ 石刑是一种钝击致死的酷刑,即将受刑者埋入沙土用乱石砸死。通常把男性腰以下部位、女性胸以下部位埋入沙土中,施刑者向受刑者反复扔石头。如果是对已婚有孩子的妇女行刑,她的孩子必须到现场观看。行刑者的石块经过专门挑选,以保证让受刑者痛苦地死去。石刑在国际社会普遍被认为过于残酷,仍然适用石刑的国家包括没有舍弃伊斯兰教刑法的有阿富汗、伊朗、伊拉克、苏丹、阿拉伯联合酋长国、沙特阿拉伯和尼日利亚。参见 baike.baidu.com/view/972608.htm,访问日期:2010年12月18。

厉惩罚的传统宗教伦理密切相关。但是,由于石刑过于残虐与不人道,受到国际社会的广泛谴责,很多伊斯兰国家也已经废除了石刑,即使保留石刑的国家,也很少适用这一残酷且不人道的刑罚了。

禁止不均衡的刑罚,是罪责刑均衡原则的另样表述。罪责刑均衡原则强调对罪犯所处刑罚的轻重与其所犯罪行和所体现的人身危险性相适应,重罪重罚,轻罪轻罚。立法上的罪责刑均衡为刑罚的公正适用提供了抽象的标准,司法上的罪责刑均衡通过刑罚个别化为具体个案的刑罚适用实现了这种标准,因此,刑罚个别化与罪责刑均衡原则不仅没有冲突,而且是该原则的具体表现。有关该原则的伦理分析后文有详述。在此只是强调一点,罪责刑均衡原则体现了和谐与公正的伦理价值。不均衡的刑罚不仅违背了和谐的社会基本伦理需求,而且也不具有伦理公正性。因此,罪责刑的均衡性体现了和谐、公正等诸多伦理价值。

(三) 我国刑法罪刑法定原则实现的伦理性分析

"我国从《大清新刑律》确立罪刑法定原则到现在的百年间,罪刑法定原则在中国,从文本走向现实,始于 1997 年 10 月 1 日。……但是,罪刑法定的确定与罪刑法定的实现还有一段不小的距离,罪刑法定原则在当下的中国,更多存在法制度生成的层面,至于法秩序意义上的罪刑法定离学者的期待还有不小的距离。"① 可以说,罪刑法定原则从引入到实现,期间充满了与我国传统法律文化和伦理文化的碰撞与融合。

我国现行刑法明确确立了罪刑法定原则,而罪刑法定原则的立法与司法实现除了应当体现反对罪刑擅断、保障人权、反对特权、倡导平等与公正、人道等人类普遍性伦理之外,还需要适当与我国传统美德保持一致。

1. 我国罪刑法定原则立法实现的伦理分析

我国现行刑法明确规定了罪刑法定原则,《刑法》第 13 条对犯罪

---

① 于志刚:《罪刑法定原则认识发展中的博弈》,载《华东政法大学学报》2010 年第 1 期,第 16 页。

的概念作出了科学界定,废除了类推制度,规定了犯罪构成要件及刑罚种类,《刑法》分则对各种犯罪的罪状及刑事责任作出了比较科学、合理的规定,总体而言,我国刑法立法充分体现了罪刑法定原则的精神实质。当然,我国刑法立法在罪刑法定原则之伦理精神的贯彻方面还存在一些不足。

第一,重刑主义,死刑设置过多,刑法的宽容性与人道性不足。基于宽容与人道伦理,刑罚的宽缓化无疑是刑罚改革的方向,我国《刑法》分则条款对刑罚的具体设置无疑是十分严厉的。严厉的刑罚根据是重刑威吓的一般预防主义,体现的是过于重视刑罚威吓作用的政治伦理,而这与社会宽容与人道的一般伦理相违背,因此,刑罚应当更加宽缓。以死刑为例,我国现行《刑法》规定了 55 个死刑罪名[①],我国死刑罪名的数量与我国重刑主义法律文化传统及民众对死刑的强烈认同的伦理情感密切相关。虽然一般来说,刑法应尽量与社会一般伦理保持一致,但是,刑法不应当助长民众不理智的、强烈的报复心理,应当引导民众与司法官员树立宽容、人道的基本伦理道德意识。因此,笔者认为,我国刑法应当将死刑保留在故意剥夺他人生命的犯罪等极少数犯罪范围。

第二,未成年人认识能力与控制能力有限,可塑性强,国家应当对其以教育为主。未成年人无期徒刑的适用,加之监狱的交叉感染,难以起到改造的作用。据司法部统计,2001 年全国未成年犯总数为 15 328 人,2002 年为 16 479 人,2003 年为 19 990 人,2004 年为 21 975 人,2005 年为 23 957 人。这组数据表明,未成年人犯罪总体上升趋势,重刑并不能起到抑制作用。[②] 从来自我国东部与西部过渡地区的湖南省未成年人刑罚适用情况统计表可以推断(表 3-1),被判处无期

[①] 《刑法修正案(九)》(草案)拟再减少 9 个死刑罪名。
[②] 参见卢建平:《未成年人犯罪的刑事政策完善》,载 www.legaldaily.com.cn/fxy/content/20,访问日期:2013 年 7 月 15 日。

表 3-1 1998 年—2009 年湖南省未成年人刑罚适用情况统计表

项目	年度	1998 年	1999 年	2000 年	2001 年	2002 年	2003 年	2004 年	2005 年	2006 年	2007 年	2008 年	2009 年
5 年以上监禁刑	人数	203	247	331	371	299	354	350	385	390	275	294	264
	占当年未成年罪犯比例	15.98%	15.57%	15.54%	16.63%	13.91%	11.46%	9.87%	9.14%	8.59%	8.21%	9.47%	10.78%
5 年以下监禁刑	人数	712	906	1173	1213	1138	1690	1806	1934	1933	1513	1427	1142
	占当年未成年罪犯比例	56.06%	57.12%	55.07%	54.37%	52.95%	54.69%	50.93%	45.89%	42.57%	45.18%	45.96%	46.61%
非监禁刑	人数	355	433	626	647	712	1046	1390	1895	2218	1455	1318	1044
	占当年未成年罪犯比例	27.95%	27.30%	29.39%	29.00%	33.13%	33.85%	39.20%	44.97%	48.84%	43.45%	42.45%	42.61%
缓刑	人数	282	359	398	480	615	933	1212	1646	1928	1302	1183	900
	占当年未成年罪犯比例	22.20%	22.64%	18.69%	21.52%	28.62%	30.19%	34.18%	39.06%	42.46%	38.88%	38.10%	36.74%

备注:1. 本表中 5 年以上自由刑包括 5 年以上有期徒刑(含 5 年)和无期徒刑;
2. 本表中 5 年以下自由刑包括 5 年以下有期徒刑和拘役;
3. 本表中非监禁刑包括缓刑、管制、单处罚金及其他。

徒刑的未成年人很少。① 联合国《儿童权利公约》第 37 条规定："缔约国应确保：任何儿童不受酷刑或其他形式的残忍、不人道或有辱人格的待遇或处罚。对未满十八岁的人所犯罪行不得判以死刑或无释放可能的无期徒刑。"因此，笔者建议对未成年人明确规定不得适用无期徒刑。②

第三，对老年人有限制地废除死刑的刑法规定受益面太窄，难以彰显尊老矜老的社会一般伦理。中国自西周开始就有对老年人免除处罚与从宽处罚的规定。《礼记·曲礼上》说："耄与悼，虽有罪不加刑焉。"意指 80 虽以上的老人和 7 岁以下的小孩，即使犯了罪也不加处罚。③ 汉代和唐代也有对老年人犯罪减免刑罚的规定。《刑法修正案（八）》虽规定对 75 周岁以上的老年人有限制地废除死刑和从宽处罚，无疑一定程度上体现了人类共同的矜老尊老的共同伦理，但笔者认为还不够。75 周岁以上的老年人犯罪的毕竟很少，受益面太窄，笔者认为：一般认为 70 周岁是老年人的标志，如果说 65 周岁过低而 75 周岁过高的话，那么应当选择 70 周岁以上。我国正逐渐进入老年人社会，更需要彰显尊老矜老之伦理。目前我国 60 周岁以上的老年人口已达到 2.12 亿人，占全国人口总数的 15.5%。④ 同时，对老年人长期监禁的成本过高，亲情疏远淡化，家人拖累等问题难以解决。⑤ 因此，刑法立法应当限制对老年人适用无期徒刑。可供参考的例证是，2012 年 10 月 26 日，意大利米兰法院认定意大利前总统贝卢斯科尼犯逃税罪，

---

① 参见李宇先、钟玺波：《未成年人犯罪刑罚适用之价值选择及其实现》，载 www.article.chinalawinfo.com/ArticleHtml，访问日期：2013 年 7 月 25 日。

② 除上述文献外，持相同主张的文献还可参见王东阳、樊洪：《未成年犯罪人适用无期徒刑问题研究》，载《人民检察》2008 年第 16 期。

③ 参见黄立：《刑罚的伦理审视》，人民出版社 2006 年版，第 78 页。

④ 参见国家统计局：《2014 年国民经济和社会发展统计公报》，载人民网 http://society.people.con.cn/n/2015/0226/C1008-26599463.htm/，访问时间：2015 年 2 月 26 日。

⑤ 参见高铭暄、曾粤兴：《刑罚体现社会伦理的基本途径》，载《华东政法大学学报》2010 年第 5 期，第 30 页。

判处其监禁4年。2013年8月2日,意大利高等法院维持原判,但鉴于贝卢斯科尼已经年满70周岁而无须在监狱执行。① 这一例证表明,在刑罚适用上,发达国家也有宽宥的伦理观念。尽管这一案例所涉犯罪仅属于危害较重的罪行,但对于重罪的刑罚适用也不无启迪。

第四,剥夺政治权利因剥夺犯罪人不可剥夺的基本人权而饱受非议。我国的剥夺政治权利是指剥夺以下权利:选举权与被选举权;言论、出版、集会、结社、游行、示威的权利;担任国家机关工作人员的权利;担任国有公司、企业、事业单位和人民团体领导职务的权利。将言论、出版等权利作为资格刑的内容,在世界各国的刑事立法中,"不仅是绝无仅有的,而且其存在的合理性、存在的价值值得怀疑"②。思想自由、言论自由(由此而延伸的出版、集会、结社、游行、示威权利)是国际社会公认的基本人权。剥夺犯罪人的这些基本人权对于危害国家安全的罪犯而言,即使具有报应的根据,也缺乏功利主义的正当考虑,而对于非政治性的犯罪分子而言,剥夺其人权既无报应刑对应的行为事实,也无功利刑的正当理由,并且与国家社会公认的基本人权相冲突,与刑法的保障机制相抵牾,因此,剥夺政治权利的刑罚内容需要修改。③

第五,应当废除没收财产刑。公民的合法财产神圣不可侵犯是法治国家公民应当享有的基本权利,也是国家必须遵守的基本政治伦理原则。④ 犯罪工具和犯罪所得当然应当没收,而对合法财产予以没收不具有报应刑的伦理基础,因为合法财产没有恶的报应根据,不应作为报应的对象;作为功利刑,没收财产固然在一定程度上可以剥夺犯罪人继续犯罪的能力,但是,实践中很难操作,法院极少适用该刑种,

---

① 来源于中央电视台《新闻联播》2013年8月2日。

② 马松建:《资格刑的完善》,载 www.criminallawbnu.cn/criminal/Info/showpage,访问日期:2006年11月10日。

③ 参见曾粤兴:《法律的终极价值与法治的核心概念》,载《法治理念之光》,中国人民公安大学出版社2006年版,第3—4页。

④ 参见高铭暄、曾粤兴:《刑罚体现社会伦理的基本途径》,载《华东政法大学学报》2010年第5期,第29页。

即使偶有适用,也难以执行,导致该刑种徒具宣示意义。从功利刑的最终目标看,没收财产与将罪犯改造成为新人的最终目标存在矛盾,特别是没收非死刑犯罪人全部财产不利于其回归社会。边沁指出:"全部没收其财产对其后代就是不公平的,或者至少对其妻子和孩子是不公平的。"①因此,没收财产既无报应基础,又无功利价值,应当予以废除。

第六,被害人有过错酌定从宽量刑情节应当法定化。从刑法的角度而言,每一个人都只应该为自己的行为承担责任,被害人有过错无疑会减轻犯罪人的罪责。如刑法关于无过当防卫以及防卫过当的规定无疑是考虑到被害人有过错的因素。又如,1999年最高人民法院的《全国法院维护农村稳定刑事审判工作座谈会纪要》提出,在故意杀人、故意伤害案件中,"对于被害人一方有明显过错或对矛盾激化负有直接责任,或者被告人有法定从轻处罚情节的,一般不应判处死刑立即执行"。也肯定了被害人有过错对故意杀人、故意伤害死刑适用的限制作用。司法实践上也有同样的判例,许霆案②就是其中一例。该

---

① 〔英〕吉米·边沁:《立法理论》,李贵方等译,中国人民公安大学出版社2004年版,第382页。

② 2006年4月21日晚10时,许霆来到广州市天河区黄埔大道某银行的ATM取款机取款。结果取出1000元后,他惊讶地发现银行卡账户里只被扣了1元,狂喜之下,许霆连续取款5.4万元。当晚,许霆回到住处,将此事告诉了同伴郭安山。两人随即再次前往提款,之后反复操作多次。后经警方查实,许霆先后取款171笔,合计17.5万元;郭安山则取款1.8万元。事后,二人各携赃款潜逃。同年11月7日,郭安山向公安机关投案自首,并全额退还赃款1.8万元。经天河区人民法院审理后,法院认定其构成盗窃罪,但考虑到其自首并主动退赃,故对其判处有期徒刑1年,并处罚金1000元。而潜逃1年的许霆,17.5万元赃款因投资失败而挥霍一空,2006年5月在陕西宝鸡火车站被警方抓获。广州市中级人民法院审理后认为,被告人许霆以非法侵占为目的,伙同同案人采用秘密手段,盗窃金融机构,数额特别巨大,行为已构成盗窃罪,遂判处无期徒刑,剥夺政治权利终身,并处没收个人全部财产。许霆随后提出上诉,2008年3月,广州市中级人民法院认定许霆犯盗窃罪,经最高人民法院核准,在法定刑以下判处有期徒刑5年。载 www.news.sina.com.cn/z/eyqkpwq/,访问日期:2006年2月12日。

案中对许霆最有利的量刑情节无疑是银行的 ATM 取款机出错,银行对 ATM 取款机的监管、检查、维修无疑存在重大过错,由于被害人有过错不是法定从宽情节,广州市中级人民法院一审判决的结果严格依照法律规定,判处无期徒刑是合法的,却不符合情理。如果《刑法》规定"有被害人的犯罪,被害人有过错的,可以从轻处罚;被害人有重大过错的,应当从轻或者减轻处罚"。根据《刑法》的这一规定,就可以直接对许霆判处法定刑以下刑罚,从而符合常理常情,在维护社会良好秩序的同时也保障了被告人的基本人权,实现了社会公正。当然,在立法尚未进行修改时,可以将这一典型案例的判决作为判例法,在此之后的类似案件根据"被害人有重大过错可以减轻被告人罪责(即可以从宽判处被告人)"①的原则进行处罚也是可以的。毕竟,判例法实际上已经客观存在于我国的法律实践中。

2. 我国罪刑法定原则司法实现的伦理分析

"法律规范具有普遍性和确定性特点,所以伦理所提倡的善和所谴责的恶,可以通过法律确认而规范化和具体化;法律强制具有有效性和权威性特点,所以伦理所提倡的善和所谴责的恶,可以通过法律的强制力而达到扬善惩恶的目的。所以,社会基本道德伦理体现在融合于法律法规之中,法律是道德伦理的凝固化、具体化、外在化和公开化。"②罪刑法定原则及其实现实际上也就是惩恶扬善伦理道德的实现。罪刑法定原则的司法实现要求建立以司法独立为核心的司法体制,发展一套娴熟的司法解释技术,确立法治的司法理念。③ 主要包括:司法独立、司法解释、司法过程中的伦理判断。

(1) 司法独立

司法独立是罪刑法定原则司法实现的基本保障。没有司法独立,

---

① 曾粤兴:《判例是什么》,载《法学家茶座》(第十辑),山东人民出版社 2005 年版,第 54 页。

② 刘华:《法律与伦理的关系新论》,载《政治与法律》2002 年第 1 期,第 5 页。

③ 参见陈兴良:《罪刑法定司法化研究》,载《法律科学》2005 年第 4 期,第 38—48 页。

司法工作者就难以完全依照刑法的规定及刑法的目的定罪量刑,容易造成刑罚不公,无法体现罪刑法定原则的基本价值和社会一般伦理,罪刑法定原则在司法实践中就难以真正实现。

(2) 司法解释

司法解释是罪刑法定在我国司法实践中实现的特殊表现形式,在我国对司法适用起着重要的作用。"通过司法机关制定的司法解释实际上也是一种法,我称之为司法法,即司法机关制定的法。尽管这种司法法以解释为名,实际上大多已经超越了解释的权限,而是对法所未作规定的事项加以规定,具有法律创制的性质。"[①]

一般认为,刑事司法解释必须保持在立法语言语义的射程之内,不能擅越立法权,不能违反罪刑法定原则,超越公民对国家刑事法律制度的预测能力。刑事司法解释只能针对刑法在具体适用中存在的问题进行解释,坚持严格解释,禁止不利于被告人的类推解释,限制扩大解释,以保障罪刑法定原则的实现。为了实现这一目的,刑事司法理念对司法解释的影响尤为重要。原因在于刑事司法理念实际上包括了社会伦理要求。[②] 特别是"罪刑法定原则须在保障人权、谦抑性司法理念的指导下才能全面实现"[③]。但不可否认的是,目前的司法解释工作中还存在诸多问题,比如许多法院将随身携带几十克毒品在交通工具上或者持有车票、机票并且自己吸食毒品的被告人一律判处运输毒品罪。实际上,非法持有毒品罪中的"持有"是指行为人对毒品事实上的支配和管领,主要表现为静态持有(如在固定场所存储等)和动态持有(如随身携带等)。刑法设立非法持有毒品罪是因为持有毒品人持有的毒品数量较大,无法查清其是自己吸食还是帮别人运输,

---

① 林维:《刑法解释的权力分析》,中国人民公安大学出版社 2006 年版,陈兴良序,第 3 页。

② 参见曾粤兴:《刑法伦理化与和谐社会构建》,北京师范大学刑事法律科学研究院 2007 年博士后出站报告,第 76 页。

③ 曾粤兴、李霞:《刑事和解与刑法基本原则的关系:兼及刑事和解的价值取向》,载《法学杂志》2009 年第 9 期,第 35 页。

或者是自己运输后准备贩卖出去等扩散行为或故意的情形下而设置该罪的。众所周知,单纯的吸食毒品行为并不构成犯罪,只有扩散毒品才会产生社会危害性,因此,运输毒品罪应当具有扩散毒品的行为或意图。试想,从被告人家里搜出较大数量的毒品与从其坐车回家的路上搜出毒品,有什么不同呢?仅仅因为后者有携带毒品"空间移位"的行为就简单认定其行为为运输毒品犯罪,未免太草率。因此,对运输毒品罪中的"运输"应当作限制性解释,即不能仅仅解释为"空间移位"这一基本语义,还应当限制在具有"为了帮助他人走私、贩卖毒品或以其他方式扩散毒品的行为或故意"才构成运输毒品罪。事实上,确实存在部分被告人购买较大数量毒品用于自己吸食的案件,如果是"冰毒"或海洛因,超过50克,无其他减轻情节,按运输毒品罪定罪量刑,就会判处15年有期徒刑以上刑罚,对行为人而言,自然是不公正的。因此我们不能以毒品的空间移动来确定是否构成运输毒品罪,而应当以是否有确凿的证据证明行为人有扩散毒品(或称流通毒品)的行为与故意来确定行为人的行为是否构成运输毒品罪。

(3)司法过程中的价值判断

刑事司法离不开司法工作者的伦理判断。"法网不能割裂人类美好情怀,情、理、法和谐一致的处理结果,方能让公民感受法律的脉脉温情和亲和力,才能真心向往法律,自觉遵守法律。"[①]值得注意的是,刑罚处罚既是法律谴责,也是伦理评判,但这并不意味着刑事司法是按照司法工作者的个人好恶进行的。司法工作者应当有良好的伦理道德观念与素养。理性与公正的司法应当充分反映社会大众的一般伦理。如因无钱医治亲人重病而抢劫与好逸恶劳、贪图享受而抢劫,在其他情节基本一致的情形下,基于动机的差别,对前者的道德谴责要远远小于后者,因此,在法定刑幅度内,前者的量刑就应该轻于后者。

法不容情,应当理解为法律的适用不容许执法者、司法者循个人

---

① 高铭暄、曾粤兴:《刑罚体现社会伦理的基本途径》,载《华东政法大学学报》2010年第5期,第30页。

私情。法律包括刑法,是立法者代表人民大众立足于社会伦理并为了实现社会伦理以及政治伦理而制定的行为规则,因此,法律包括刑法需要"容情",即容得下社会常情或者说一般人伦之情。这个道理并不复杂高深,有司法经验者很容易理解,因此,司法实践中"法容常情"的例证俯拾即是,如"助人自杀"[①]获得从宽处罚、"大义灭亲"获得从宽处罚等。童伟华教授介绍了一个典型的案例:辽宁省一个名叫王琼的女性,因反抗犯罪分子的强暴而从五楼跳下来,跌成重伤致残。由于罪犯没有赔偿能力,王琼不愿意拖累家庭,恳求父亲王廷和将她掐死。王廷和经过痛苦的思考,"成全"了女儿并向警方自首。一审开庭时,公诉人表达了对王廷和的同情,建议法院对王廷和依法轻判。法庭当庭宣判,王廷和犯故意杀人罪,判处有期徒刑 3 年,缓刑 3 年。这一宽容的判决,纳入了社会伦理的考虑,显得富有人情味,更加合理。[②]

二、罪责刑均衡原则的伦理分析

追求对等与均衡是人类的本能,也是公正价值的具体体现,并且一直是人类的美好道德要求,是社会和谐的基本需要。罪刑均衡原则所体现的伦理价值与罪刑法定原则具有一致性,有限制国家权力、保护公民权利,体现社会公正价值等伦理性特点。"罪责刑均衡原则是罪刑均衡原则和刑罚个别化原则的统一。"[③]它体现了公正、平等、自由、秩序、宽容、人道、和谐等伦理价值。

(一)罪责刑均衡原则根据的伦理分析

刑罚是对犯罪的报应,这是罪责刑均衡原则的报应根据,因此道

---

① 这是指行为人应被害人的请求而帮助被害人自杀的案件。一般情况下,此类案件的被害人都已丧失自我结束生命的能力。在我国,类似案件还有安乐死。

② 参见童伟华:《法律与宽容》,社会科学文献出版社 2008 年版,第 236—239 页。

③ 曾粤兴、李霞:《刑事和解与刑法基本原则的关系:兼及刑事和解的价值取向》,载《法学杂志》2009 年第 9 期,第 36 页。

德上的可谴责性与犯罪的严重程度和刑罚的轻重有关。犯罪越重,道德上的可谴责性越强,刑罚越重;反之亦然。正如大塚仁所说:"刑罚这种恶害痛苦的程度不仅应该在价值上,而且应该在伦理上与犯罪相适应。"①

罪责刑均衡原则在古典报应论、功利论和一体论中均有体现,但各自的伦理内涵不一。

1. 古典报应论

古典报应论认为刑罚的根据在于它是犯罪的道德过错的报应。从报应的本意来看,报应要求犯罪人所承担的刑事责任应当与其所犯罪行的客观危害与主观过错相适应。典型的说法是"轻罪轻罚,重罪重罚"。这一说法是"善有善报、恶有恶报""罪有应得"观念的翻版。故有人说:"我们完全可以大胆定论:报应观念体现了社会公正观念,报应的本质就是公正。"②而且,报应论克服了"以牙还牙,以眼还眼"同态复仇的随意与不理性,是对复仇的否定。③ 因此,从伦理角度看,报应论有可取之处。报应论由以下理论组成:

(1) 等害报复论

等害报复论(或称"等量报复论")认为刑罚应当与犯罪所造成损害的质与量相等同。康德是等害报复论的首倡者。康德认为,犯罪是人内心道德邪恶的表现,应当受到道义的责罚。他认为:"如果你偷了别人的东西,你就是偷自己的东西;如果你打了别人,你就是打了你自己;如果你杀了别人,你就是杀了你自己。"④犯罪与刑罚之间的联系是刑事责任,而犯罪人承担刑事责任的前提是犯罪人具有过错,无过错的行为不应该受到道德谴责,也就不应当承担道义责任。只有有过

---

① 冯军:《刑事责任论》,法律出版社1996年版,第3—4页。
② 邱兴隆:《刑罚理性导论:刑罚的正当性原论》,中国政法大学出版社1998年版,第7页。
③ 参见邱兴隆:《关于惩罚的哲学:刑罚根据论》,法律出版社2000版,第13—14页。
④ 〔德〕康德:《法的形而上学原理》,沈叔平译,商务印书馆1997年版,第165页。

错的行为才能受到谴责,而刑罚是行为人实施严重过错行为承担道义责任的法律手段。因此,康德所主张的罪责刑均衡原则的基本逻辑是行为人实施了严重的危害社会的行为,应当受到道德谴责,应当承担道义责任,因此,应当对之适用相应的刑罚。从这个角度而言,康德所主张的罪责刑均衡原则是刑罚应当与犯罪所造成的客观危害、其所应当承担的道义责任相均衡的,且必须考虑行为人是否具有主观过错,无过错则无责任。将道义责任作为刑罚的基础与根据"无疑是对道德与刑法的关系的一种正确表示"[①]。但刑法是伦理道德的底限,刑法应当维护社会大众所认可的一般伦理道德,刑法不应该作为统治阶级强行推行维护其根本利益而损害社会大众利益、不被社会大众认可的伦理道德。作为刑罚根据的道德判断的基本标准应当是社会大众普遍认可的一般伦理道德。因此,将道义责任作为刑罚的唯一根据并不合理。而且,等害报复论主张的罪责刑均衡原则仅局限于犯罪所造成的客观危害结果与刑罚的等同,而忽视了主观过错程度对行为人承担刑事责任及施加刑罚的影响,因此,其所主张的罪责刑均衡原则既不能做到真正的均衡与公正,也不能做到刑罚与犯罪在客观损害形态上的一致,故等害报复论无法体现宽容与人道的基本伦理精神。正如有的学者认为:"基于报应正义而对犯罪人个人自由的剥夺不得不受到宽容的限制。因此,我们追求的报应正义只能是经宽容所缓和的报应正义。"[②]所以说,建立在等害报复论基础上的罪责刑均衡原则的缺陷是显而易见的。

(2) 等价报应论

等价报应论克服了等害报复论的许多缺陷从而更具有合理性。黑格尔认为"刑罚是对犯罪的否定评价的体现;刑罚对犯罪的否定评价的质与量应该与犯罪的质与量相等同;刑罚与犯罪在质与量上的等

---

① 邱兴隆:《关于惩罚的哲学:刑罚根据论》,法律出版社2000年版,第33页。

② 同上书,第75页。

同是两者内在价值上的等同"①。黑格尔从法律报应论的角度为刑罚寻找合理根据。他认为犯罪是对法律秩序的侵犯与否定,而刑罚是对犯罪的否定,刑罚通过对犯罪的否定从而恢复遭受破坏的法律秩序,实现正义。因此,黑格尔坚持的罪责刑均衡原则其实就是罪刑等价主义,即犯罪与刑罚以刑事责任作为中介,刑罚的质与量与犯罪的质与量在价值上等同。等价报应论的理论基础在于人的自由意志,并且"克服了等量报复论因刑罚有限但犯罪无限而导致的刑罚之分配的不可行性……也克服了等量报复论只以犯罪的客观危害形态决定刑罚的片面性"②。因此,黑格尔主张的罪责刑均衡原则是刑罚与犯罪的客观危害与主观过错的均衡。而且,黑格尔坚决反对酷刑,反对同态复仇式的等害报复论,因此,其刑法思想明显具有宽容、人道的特点。虽然说等价报应主义的罪责刑均衡原则具有一定的宽容与人道特征,但等价报应主义亦有缺陷。因认为生命是无价的,黑格尔坚持对于杀人等剥夺生命权利的犯罪适用死刑是正义的。但随着人类文明的不断发展,社会越来越宽容、人道,越来越注重人(自然包括了犯罪人)的价值,死刑的废除是大势所趋。故等价报应主义理论无法解释死刑废除的根据,而且该理论完全不考虑刑罚的一般预防与特殊预防目的而仅仅寻找刑罚的报应根据,不考虑犯罪人的再犯可能性,具有一定的片面性。

(3) 该当论

该当论主张刑罚是对犯罪道德错误的谴责,而对犯罪错误的谴责程度应该与错误的应受谴责性程度相当,作为谴责犯罪的手段的刑罚的严厉性应该与作为谴责对象的犯罪的严重性相当。③ 该当论者虽从伦理非难的角度寻找刑罚和罪责刑均衡的根据,但明确主张了刑罚具有预防犯罪的目的,并且将犯罪的客观危害和道德上应受谴责性的大小作为犯罪严重性的评价标准,刑罚的种类与刑量的大小必须与犯罪严重性相适应,因此,该当论克服了等害报复论刑罚的种类与量的大

---

① 邱兴隆:《关于惩罚的哲学:刑罚根据论》,法律出版社2000年版,第17页。
② 同上书,第17—18页。
③ 同上书,第22页。

小必须与犯罪种类与量的大小一致所带来的同态复仇式的缺陷及等价报应论所无法解释的废除死刑的缺陷。其所坚持的罪责刑均衡原则的人道性与宽容特点显而易见。

总体而言,报应论者从伦理非难的角度寻求刑罚手段本身的正当性,却忽视了刑罚目的的正当性,以此为根据的罪刑均衡原则不能实现惩罚与预防、自由与秩序、平等与效率、一般正义与个案正义、形式正义与实质正义的协调与平衡,存在明显的缺陷。

2. 古典功利论

古典功利论者认为人具有趋利避害的本性,当刑罚带来的痛苦与损失大于不犯罪造成的压抑或痛苦时,根据"两害相权取其轻"的人的本性,想要犯罪的人会放弃犯罪。功利主义者也主张罪责刑均衡原则,但是,其所主张的罪责刑均衡原则的主要目的不是实现报应正义,而是实现预防犯罪与维护社会秩序的刑罚目的。古典功利论的杰出代表是贝卡里亚和边沁。

贝卡里亚主张:"刑罚的目的仅仅在于:阻止罪犯再重新侵害公民,并规诫其他人不要重蹈覆辙。"① 但他更强调一般预防的价值。他主张的罪责刑均衡建立在其预防犯罪理论的基础之上。贝卡里亚认为:"犯罪对公共利益的危害越大,促使人们犯罪的力量越强,制止人们犯罪的手段就应该越强有力。这就需要刑罚与犯罪相对称。……如果对两种不同程度的侵犯社会的犯罪处以同等的刑罚,那么人们就找不到更有利的手段去制止实施能带来较大好处的较大犯罪了。"② 贝卡里亚主张轻罪轻罚、重罪重罚,但是,罪责刑的均衡不是取决于罪与刑的等害或者等价,而是取决于预防犯罪的需要。他主张刑罚与犯罪应当在性质上相似、程度上相当、执行上相称,从而将犯罪与刑罚排列成轻重相应的罪刑阶梯。虽然他主要从功利角度寻求罪责刑均衡的合理根据,而忽视刑罚的本质是对已然之罪的惩罚与道德谴责,但

---

① 〔意〕贝卡里亚:《论犯罪与刑罚》,黄风译,中国方正出版社2004年版,第28页。

② 同上书,第17—18页。

是,并不能否定其罪刑均衡思想的伦理性,他将预防犯罪、维护社会秩序作为人类共同的道德情感,罪责刑均衡的伦理正义体现在维护人类这一共同道德情感的正义上。此外,贝卡里亚强烈反对死刑,认为死刑残酷、不人道,主张刑罚宽和,体现了人类普遍认可的宽容与人道的社会伦理精神。

边沁认为刑罚本身是恶的,只要刑罚之恶小于犯罪所带来的恶,刑罚就是正当的。他明确提出罪责刑均衡原则,并且设计了罪责刑均衡的五个具体原则,即:① 刑罚之苦必须超过犯罪之利;② 刑罚的确定性越小,其严厉性就应该越大;③ 当两个罪行相联系时,严重之罪就应当适用严厉之刑,从而使罪犯有可能在较强阶段停止犯罪;④ 罪行越重,适用严厉之刑以减少其发生的理由就越充分;⑤ 不应该对所有罪犯的相同之罪适用相同之刑,必须对可能影响感情的某些情节予以考虑。① 边沁认为,为了实现罪刑均衡,刑罚必须具有以下特点:可分割性;本质上而非形式上的平等性;可比较的轻重比例;与罪行的相似性;示范性;经济性;刑罚可以减轻或者免除。② 他还明确反对滥用之刑、无效之刑、过分之刑和昂贵之刑。③ 边沁也是从预防未然之罪,即从刑罚的目的的正当性来论证刑罚及罪责刑均衡原则的合理根据的。边沁也对死刑持完全否定的态度,其刑法思想具有明显的宽容、人道与谦抑特点。

古典功利论者注重刑罚对一般人犯罪的遏制与预防作用,主张刑罚主要应当与遏制一般人犯罪相适宜,以维护社会秩序为刑罚的首要价值,具有一定社会本位的伦理价值特点。然而,古典功利主义的罪责刑均衡思想过于重视刑罚的目的而忽视了刑罚本身所具有的报应正义性,过于重视刑罚目的的正当性而轻视了手段本身应当具有的正义性。同时,如果仅仅出于一般预防的需要对犯罪进行配刑的话,很

---

① 参见〔英〕边沁:《立法理论:刑法典原理》,孙力等译,中国人民公安大学出版社1993年版,第68—70页。
② 同上书,第78页。
③ 同上书,第66—69页。

容易出现重罪轻罚、轻罪重罚的情形,无法真正实现刑罚与犯罪的危害性程度与主观过错程度相适应,从而破坏刑罚与犯罪之间的均衡,无法真正实现平等与正义,并且"不能完全排除立法的盲目性和任意性"①。因此,现代刑法学家很少再坚持单一的一般预防论。

总体而言,古典功利学派的罪责刑均衡原则注重对人的价值的尊重,注重宽容、人道精神,体现了社会公正价值,符合人的道德情感。正如有学者所说"刑事古典学派更具有道德和伦理色彩。他们所寻求的是对人的价值的尊重与实现,是对善的达致。因而,他们所言的刑法是与理性是一致的,与人的内在道德情感是相一致的,这便赋予了刑法以亲和力,使人们认同直至信仰刑法有了伦理基础;刑法是基于生活而生,关涉到人的生存处境,它应当是善的,它应当是追寻善的;只有符合人的道德情感的刑法才是人们可以接受的"②。然而,古典功利论的理论建立在理性人的假定基础之上,将人假定为意志自由的、平等的、无差异的理性人,这一假定实际上是不成立的。现实证明,人只具有相对的意志自由,人的理性也是相对的。所以,认为犯罪是人理性决定的结果而寻找刑罚的根据,必然导致罪刑法定原则与罪责刑均衡原则仅仅关注一般正义而忽视了个别正义。事实上,一般正义需要通过个别正义加以体现。

综上,无论是古典报应论者还是古典功利论者所主张的罪责刑均衡原则,都具有抽象和机械的缺点,难以真正实现罪责刑均衡。

3. 一体论

仅仅将报应论或功利论作为刑罚的合理根据都存在一定缺陷,现代刑法主流观点都倾向于一体论,即既肯定刑罚的伦理报应属性,同时也不否定刑罚的一般预防与特殊预防目的,将报应与刑罚目的同时作为刑罚的根据。与此相应的是,在罪责刑均衡原则上,认为刑罚应

---

① 邱兴隆:《关于惩罚的哲学:刑罚根据论》,法律出版社 2000 年版,第 87 页。

② 李峰:《对刑法正当性的诘问:罪刑法定含义解析》,载《上海市政法管理干部学院学报》2001 年第 2 期,第 22 页。

当与犯罪的客观危害、犯罪人的主观过错和再犯可能性（或称人身危险性）相适应。有的学者认为这是罪刑均衡与刑罚个别化的折中。①笔者认为，将罪刑均衡原则理解成刑罚与犯罪的客观危害、主观过错均衡，将刑罚个别化理解为刑罚与犯罪人的人身危险性相适应，这种观点无疑是合理的。如果将刑事责任作为罪与刑的逻辑连接点，形成"罪—责—刑"的逻辑结构，那么在考虑追究犯罪人刑事责任时不但应该考虑犯罪的客观危害、犯罪人的主观过错，同时还应该吸收刑罚个别化思想，考虑犯罪人的再犯可能性，以实现报应与功利的妥协。因此，一体论所主张的罪责刑均衡原则实际上肯定包容了刑罚个别化。

一体论的思想在我国有所创新和发展，其典型代表是邱兴隆的"理性统一论"。"理性统一论"的基本规则为：报应与功利兼顾；报应限制功利；报应让步功利；报应与功利折中调和。这一观点为笔者所赞同。笔者认为，至少在现阶段，我们应当坚持功利限制报应的刑罚观，使得刑罚与罪责刑均衡原则能真正实现公正、宽容、人道、谦抑、和谐等基本伦理价值。②

（二）我国罪责刑均衡原则实现的伦理分析

作为观念与理论的罪责刑均衡原则最终应当通过立法与司法得以实现。因此，有必要对我国罪责刑均衡原则的立法规定与司法实践进行必要的伦理分析。

1. 我国罪责刑均衡原则立法实现的伦理分析

罪刑之间的均衡主要考虑的是罪行的客观危害、主观过错与刑罚之间的均衡，而刑事责任的承担，还需考虑犯罪人的人身危险性。因此，罪责刑的均衡实际上是以罪刑均衡为基础，合理吸收刑罚个别化思想，是刑罚报应、一般预防与特殊预防根据的妥协。

---

① 参见邱兴隆：《关于惩罚的哲学：刑罚根据论》，法律出版社2000年版，第286页。

② 参见曾粤兴：《刑法伦理化与和谐社会构建》，北京师范大学刑事法律科学研究院2007年博士后出站报告，第143—146页。

我国现行《刑法》明确将罪责刑均衡原则作为我国刑法的基本原则。《刑法》第 5 条规定："刑罚的轻重,应当与犯罪分子所犯罪行和承担的刑事责任相适应。"该条规定意图在罪与刑之间构建刑事责任的连接点,形成"罪—责—刑"的逻辑结构,实现罪责刑之间的均衡。在该条文的统帅下,我国《刑法》用若干条文构建了有中国特色的罪责刑均衡体系。这一体系也相应地反映出当代中国社会的部分伦理价值内容。首先,我国《刑法》总则中,根据行为的危害程度与主观恶性大小规定了许多量刑情节,比如防卫过当、避险过当、预备犯、未遂犯、中止犯等,并据此规定了相应的处罚原则。主要体现的是罪行害恶与刑罚之间的均衡。同时《刑法》总则还规定了累犯制度、自首制度、缓刑制度、减刑制度和假释制度等刑罚制度,反映的是罪犯人身危险性与刑罚之间的相适应,具有防卫社会和人道、宽容和节制刑罚的伦理特点。同时,《刑法》总则还规定了轻重有序的刑罚体系。① 我国《刑法》总则的这一系列规定充分反映了我国罪责刑均衡原则是在罪刑均衡的基础上针对未然之罪而适当考虑了人身危险性因素。因此,我国的罪责刑均衡原则是行为的危害程度、行为人的主观恶性与人身危险性和刑罚之间的均衡。② 其次,我国《刑法》分则中,按照行为所侵犯的客体构建了类罪名体系。具体个罪的刑罚幅度,基本与罪行害恶均衡。并且对各种犯罪规定了相对确定的法定刑,以便于司法人员按照具体案件所反映的危害程度、行为人的主观恶性和人身危险性作出罪责刑相适应的判决。

当然,我国刑事立法在罪责刑均衡原则上还存在一些与公正、人

---

① 关于我国刑罚体系的缺陷,笔者已经在上文"罪刑法定原则的伦理分析"中详细论述了,比如:死刑过多,人道与宽容性不足;没收财产失之公正;剥夺政治权利侵犯基本人权且刑罚多余等。

② 对于现行《刑法》第 5 条规定的罪责刑均衡原则,学界一般认为:该内容不仅仅规定了罪与刑之间的均衡,还考虑了人身危险性因素,参见赵秉志主编:《新刑法全书》,中国人民公安大学出版社 1997 年版,第 102 页;张明楷:《刑法学》,法律出版社 2003 年版,第 72 页;陈兴良:《刑法哲学》,中国政法大学出版社 2004 年版,第 551 页。

道、和谐、宽容等基本伦理价值相冲突的不足之处。以下例举一二。

(1) 死刑条款过多,罪责刑失衡

我国《刑法》死刑配置过多,这是不争的事实。这样的立法配置似乎具有一定的伦理报应正义性。但从人伦道义上看,这一认识并不妥当。首先,对于那些不直接侵犯生命权利的犯罪——比如贪污罪,受贿罪,走私、贩卖、运输毒品罪,组织卖淫罪等罪——而言,这些犯罪所侵犯的法益与生命权相比是不对等的。因此,对这些侵犯法益低于生命权的犯罪配置剥夺生命权利的刑罚是不公正的,不具有刑罚报应对等性根据。其次,死刑的特殊预防效果无疑是最大的,但死刑对潜在犯罪人的一般预防效果是否一定大于自由刑无法证实。可以说,以一人之生命震慑若干人之意志自由,这种杀鸡骇猴式的刑罚,无疑背离了罪责刑均衡的本来意义,是缺乏公正意义的刑罚。因此,总的来说,我国《刑法》中死刑配置过多不符合罪责刑均衡原则。笔者认为:现阶段我们尚不具备全面废除死刑的社会物质条件与社会精神条件①,但是,只能对侵犯生命权益以及不低于生命价值的犯罪配置与适用死刑。②

(2) 生刑与死刑之间空当太大,罪刑失衡,失之公正

现阶段废除《刑法》中所有死刑条款并不现实。而有期徒刑的最高刑期过低,导致自由刑与死刑之间衔接空当过大的问题,必然需要提高有期徒刑的最高刑期,相应提高无期徒刑减刑后实际执行的刑期。而由此导致的自由刑执行成本提高的问题,需要通过提高自由刑

---

① 笔者赞同陈兴良教授所主张的废除死刑需要物质文明程度与精神文明程度两个基本条件。一般而言,社会物质文明程度高的国家,更注重人的价值,社会也更宽容。参见陈兴良:《死刑备忘录》,武汉大学出版社2006年版,第23页。

② 笔者主张配置与适用死刑的六大原则:不是直接谋夺生命的暴力犯罪,原则上不应适用死刑;故意夺人之命的犯罪可以配置死刑,但未遂犯不应适用死刑,无直接证据定罪时的坦白不应适用死刑;对抽象危险犯不应配置和适用死刑;单一加重情节不应适用死刑——故意性质的"人命"情节例外;对智能犯、数额犯不应配置和适用死刑;政治犯原则上不应适用死刑。参见曾粤兴:《死刑条款的体系解释》,载赵秉志、郎胜主编:《和谐社会与中国现代刑法建设》,北京大学出版社2007年版,第587—593页。

假释和缓刑适用率加以解决。我国《刑法》规定有期徒刑上限为15年,数罪并罚不超过20年,数罪刑期总和超过35年的,数罪并罚不得超过25年,减刑后实际执行刑期最低可达12.5年,无期徒刑13年后可以假释。这样一来,自由刑与死刑之间相差过于悬殊。死刑适用过多,生刑太轻,生死两重天,自由刑与生命刑之间的衔接是个大问题。当然,随着最高人民法院收回死刑复核权之后,死刑适用明显少了很多,并且《刑法修正案(八)》对数罪并罚的最高刑期和无期徒刑实际执行的刑期提高了,一定程度上使得生刑与死刑之间的空当缩小了,但是,生刑与死刑之间还存在较大空当。笔者认为,有期徒刑最高刑可以提高到25年,数罪并罚最高可以提高到30年,同时相应提高无期徒刑减刑后适用的刑期。这样就可以解决生刑与死刑之间空当过大的问题,使得刑罚体系协调与平衡,以达到罪责刑均衡的目的。而随着死刑条款的大幅削减,死刑适用数量剧减,自由刑最高刑期的提高,刑罚执行成本必然大幅度提高。要解决这个问题,需要通过提高假释和缓刑适用率来完成。笔者认为,对于执行较长刑期的罪犯,符合最低刑期标准和实质要件,已达到教育改造目的的,应当予以假释。短期自由刑历来受到人们的诟病。对于执行短期自由刑的罪犯而言,其社会危害性和人身危险性并不十分严重,一般而言,对其适用缓刑并不会损害刑罚的公正价值,不会导致罪责刑不均衡。如果予以关押,会增加罪犯之间交叉感染的机会,而且由于刑期短,难以达到教育改造的目的。基于此,笔者主张对于执行短期自由刑的过失犯罪,原则上应适用缓刑;对社会危害性和人身危险性不大的故意犯罪也应尽量适用缓刑。同时通过行刑社会化和社区矫正加以解决。这样,既可达到刑罚的目的,也符合刑罚执行的经济性原则。《刑法修正案(八)》对缓刑适用的条件作出了更明确的规定[①],有利于提高缓刑适

---

① 《刑法》第72条第1款规定:"对于被判处拘役、三年以下有期徒刑的犯罪分子,同时符合下列条件的,可以宣告缓刑,对其中不满十八周岁的人、怀孕的妇女和已满七十五周岁的人,应当宣告缓刑:(一)犯罪情节较轻;(二)有悔罪表现;(三)没有再犯罪的危险;(四)宣告缓刑对所居住社区没有重大不良影响。"

用率。

(3)《刑法》没有规定刑事和解制度①

刑事和解是建立在恢复正义理论基础上的诉讼制度,是指特定范围内的犯罪被告人在中立者的调停下,通过真诚的赔礼道歉和适当的经济赔偿取得被害人及其亲属的谅解,司法机关由此对犯罪嫌疑人、被告人作出不起诉决定或者从轻处罚或者免除处罚判决,以此尽快恢复正义的制度。从罪责刑均衡原则上看,刑事和解制度符合罪责刑均衡的要求。原因在于:一方面,报应仅仅是刑罚正义实现的一种表现形式而已,通过道歉、经济赔偿而得到被害人及其亲属的谅解,从而修复被犯罪所破坏的社会关系,本身就是一种正义的体现。另一方面,连被害人及其亲属都已经原谅犯罪嫌疑人、被告人了,国家还有必要严格按照其客观危害与主观过错而不考虑双方和解这一重要情节定罪量刑吗?而且赔礼道歉与经济赔偿本身意味着犯罪嫌疑人、被告人有良好的悔罪表现,其再犯可能性比较小。因此,刑事和解蕴含着效率、正义与和谐的伦理价值,刑事和解制度所体现的罪责刑均衡原则是恢复正义、效率、和谐价值限制与节制报应正义的体现。事实上,"刑事和解由于充分考虑其对被害人采取的有效补救、补偿措施及悔罪表现,从而不追究其刑事责任或从轻、减轻处罚,有利于社会的稳定,也有利于鼓励犯罪嫌疑人改过自新,有利于预防犯罪。从这个意义上来说,刑事和解恰恰是罪责刑相适应原则的实现而不是违背。毕竟,刑罚的目的不是制造更多的犯罪,而是预防犯罪"②。因此,有必

---

① 我国新修订的《刑事诉讼法》第五编特别程序中虽然明确规定了刑事和解程序,但《刑事诉讼法》的规定仅侧重于刑事和解的程序性设置,而对于刑事和解的实体性内容的协商,刑事和解对公权力(审判权、指控权)的影响并没有规定,而实践中最难把握,也最难运用的恰恰就是刑事和解的实体性内容。

② 曾粤兴、李霞:《刑事和解与刑法基本原则的关系:兼及刑事和解的价值取向》,载《法学杂志》2009年第9期,第37页。

要在刑法立法上规定刑事和解制度。①

（4）没有规定辩诉协商制度

单纯从报应主义的角度来看，辩诉协商制度似乎也违反了罪责刑均衡原则，实则不然。如前所述，罪责刑均衡原则所体现的伦理价值不仅仅是报应正义，还有效率、秩序、和谐、中庸、人道、宽容、谦抑等。没有辩诉协商制度，导致检察机关基于各种原因而对证据上存在重大疑点的案件提起公诉，法院要么作出有罪判决，要么无罪释放。选择前者，就可能冤枉无辜；选择后者，则可能放纵犯罪。无论是前者，还是后者，都无法实现正义。而辩诉交易制度"有可能让心中无底，担心招致更严重处罚的犯罪嫌疑人、被告人主动坦白认罪，换取较轻处罚，实现相对的公平正义，并且可以节省国家司法资源"②。所以，辩诉协商制度所体现的罪责刑均衡原则也是效率、中庸、和谐、秩序等价值节制报应的相对正义的罪责刑均衡。

（5）刑法对个别犯罪的刑量配置未能达到体系内部的协调一致

如对酷刑犯罪的处置，刑量过小；对传授犯罪方法罪、容留和强迫妇女卖淫罪的刑量配置过重③，等等。

2. 我国罪责刑均衡原则司法实现的伦理分析

罪责刑均衡原则不只是立法原则，也是司法原则。罪责刑均衡原则的司法实现需要司法人员专业的法律知识、良好的司法理念、丰富的审判经验和良好的道德素养；需要充分考虑常识、常情、常理；需要

---

① 当然，虽然我国没有构建完备的刑事和解制度，但是，司法实践中一般会将经济赔偿、赔礼道歉、被害人及其亲属谅解作为有被害人犯罪的一个重要的酌定量刑情节。2013 年 12 月 23 日最高人民法院颁布的《关于常见犯罪的量刑指导意见》也明确规定："对于积极赔偿被害人经济损失并取得谅解的，综合考虑犯罪性质、赔偿数额、赔偿能力以及认罪、悔罪程度等情况，可以减少基准刑的 40%以下。"

② 高铭暄、曾粤兴：《刑罚体现社会伦理的基本途径》，载《华东政法大学学报》2010 年第 5 期，第 31 页。

③ 参见曾粤兴：《死刑条款的体系解释》，载赵秉志、郎胜主编：《和谐社会与中国现代刑法建设》，北京大学出版社 2007 年版，第 587—593 页。

合适的量刑方法;需要合理的量刑指南;等等。

(1) 司法人员的专业知识、司法理念、审判经验与道德素养

良好的专业知识是司法人员准确认定案件事实、适用法律的前提。随着我国法学教育事业的快速发展,并将通过司法考试作为担任检察官、法官的门槛,司法人员的整体专业素养有了大幅提高。当然,专业知识只是一方面,良好的司法理念十分重要。一个把刑法仅仅当做维护社会秩序而认识不到刑法具有限制国家权力、保护人权功能的法官,其审理的刑事案件量刑必然趋严,有可能在证据不足时作出有罪判决,从而违反罪责刑均衡原则。正如霍姆斯大法官所言:"法律的生命不在于逻辑,而在于经验。"审判经验对于罪责刑均衡原则在司法中的实现十分重要,笔者经常发现一些年轻法官,对案件事实的认定、法律适用,尤其是案件事实与法律规范的结合,很难把握。这主要不是专业知识的问题,而是审判经验的问题。有经验的法官对案件的把握一般比较准确,而且经验的积累,会让审判人员充分考虑各种量刑情节,充分考虑常识、常理、常情,从而作出合理的判决。司法人员的道德素养十分重要,不能凭个人好恶判决案件,而应当充分考虑社会普遍认可的一般伦理。关于这点,已经在上文"罪刑法定原则司法实现的伦理分析"中详细阐述,在此不再赘述。

(2) 常识、常理、常情

常识、常理属于人们的经验性知识,司法实践中,常识、常理是法官认识案情、解释法律和合理进行逻辑推理的前提和基础。"在英国刑法学中见到的最多的一个词语是'常识',即陪审团成员的一般生活经验。"[①]常理即公众通常有认识的事理。常情即人们在共同社会生活中形成的人伦之情(血缘亲情)、人之常情(除人伦亲情外的正常的个人情感)、民间习俗以及国家特定的社会经济环境和条件等。[②] 在现代社会生活中,常识也包括普及性的科学知识,与常理有内容上的

---

① 袁益波:《英国刑法的犯罪论纲》,知识产权出版社2007年版,第8页。
② 参见任喜荣:《伦理学法及其终结》,吉林人民出版社2005年版,第103—109页。

交叉,如枪支会走火,随意摆弄枪支有危险;汽油、酒精易燃烧,进加油站不能吸烟、不能拨打手机;对老人要尊重,但对目露凶光的老人要提防;等等。背离常识、常理、常情认定案件事实与适用法律,必然导致刑事司法活动的机械化和教条化,其判决结果就完全可能错误,容易违反罪刑法定原则与罪责刑均衡原则的精神实质。常情及其包含的情理是人们对事物尤其是日常生活现象的共同认识与普遍感情。法律既是冰冷的理性,却又饱含脉脉温情。因此,"应当以合乎情理作为司法的指南,在每一案件中努力获得特定境况中最合乎情理的结果"。① 正如《名公书判清明集》中所说:"法意、人情,实同一体。徇人情而违法意,不可也;守法意而拂人情,亦不可也。权衡于二者之间,使上不违于法意,下不拂于人情,则通行而无弊矣。"②刑罚的价值,如正义、宽容、谦抑、自由、秩序、和谐,无不反映普世的或一定历史时期的情理与事理,同时也是普世的或一定历史时期伦理价值的反映。因此,从这个意义上来说,法从来都是容情的。从刑法理论与刑法制度来说,期待可能性理论及其在刑法制度上所体现的正当防卫制度、紧急避险制度等,都反映了刑法对人情事理的充分考虑。以许霆案为例,法院最终在法定刑以下量刑,形式上似乎是违反了罪刑法定原则和罪责刑均衡原则,但是,充分考虑情理,常人在 ATM 柜员机上输入密码就可以获得巨款时,都可能怦然心动,从而对许霆的道德谴责程度自然也就远远低于一般盗窃行为。虽然客观危害较大,而主观恶性却相对较小,对其减轻处罚恰恰是罪责刑均衡原则的实现而不是背离,一个睿智的法官会在"援法断罪"的基础上执法原情,即严格依照罪刑法定原则定罪量刑,又兼顾情理,缓解社会纠纷与矛盾,恢复人与

---

① 〔美〕理查德·A. 波斯纳:《法理学问题》,苏力译,中国政法大学出版社 2002 年版,第 165 页。转引自王凯石:《刑法适用解释》,中国检察出版社 2008 年版,第 187 页。

② 中国社会科学院历史研究所宋辽金元史研究室点校:《名公书判清明集》(上),中华书局 1987 年版,第 311 页。转引自罗昶:《伦理司法》,法律出版社 2009 年版,第 16 页。

人之间的和睦,建立并不断完善一种和谐而完美的社会秩序,司法实践中刑事和解就是法律与情理之间妥协与平衡的表现。当然,司法活动中不宜过于张扬情理,屈法伸情无疑会突破罪刑法定原则的界限,难以做到罪责刑均衡。

（3）合适的量刑方法

合适的量刑方法有利于罪责刑均衡原则在司法上的真正实现。我国各级法院的量刑,一般采取经验量刑法,即通过审理案件,掌握罪质和案情,然后在法定刑范围内,参照司法实践经验,确定量刑基准,并充分考虑各法定量刑情节和酌定量刑情节,最后综合估量而得出应当执行的刑量。经验量刑法具有"缺乏客观性、缺乏标准性、缺乏科学性"[1]的缺陷,量刑容易受法官的个人专业素养与个人道德素质的影响。这也就不难解释司法实践中,客观危害、主观恶性及各量刑情节基本一致的两个案件,不同法院、同一法院中不同法官,甚至是同一个法官,最终的量刑却差异很大,甚至案件的定性都会不同。因此,经验量刑法容易导致量刑的不均衡。经验量刑法有必要结合层次分析法、数量模型法、定量分析法、计算机量刑法等多种量刑方法综合进行。值得注意的是,由于犯罪的外在表现及量刑情节及社会生活事实的变化多端,加之量刑必须考虑情理,所以,法官的素质与经验对量刑的作用必不可少。因此,完全不考虑法官的经验的量刑是机械的,并不能做到真正的罪责刑均衡。

（4）合理的量刑指南

合理的量刑指南会给法官对各量刑情节以更加直观的认识,从而有利于统一全国各地的量刑标准,克服法定刑幅度过大的缺陷,能在一定程度上有效解决法官认识不统一而造成的各地量刑失衡问题。值得欣喜的是,最高人民法院2013年12月23日颁布《关于常见犯罪的量刑指导意见》,对量刑原则、量刑方法、常见量刑情节的适用、常见犯罪的量刑作出了详细的指导性规定,有利于全国各级法院针对具体

---

[1] 陈兴良:《刑法的价值构造》,中国人民大学出版社1998年版,第670—671页。

案件作出罪责刑比较均衡的判决。当然,其中也有一些内容值得进一步研究。

三、刑法平等适用原则的伦理分析

平等是人类一直不懈追求的基本伦理观念与法律价值,它源于人类社会的心理本能。刑法平等适用原则是法律面前人人平等原则在刑法适用中的具体体现。

(一)平等:人类的根本道德原则

平等是一个关系范畴,是人类不懈追求的理想,是人类社会发展的必然,是文明社会应该具有的根本道德原则。正如勒鲁所说:"平等不是一个事实,或者更确切地说,不是我不知其表的、偶尔从我们的一切演说、推理、法规中发现的事实;平等是一项原则,一种信仰,一个观念,这是关于社会和人类问题的并在今天人类思想上已经形成的唯一真实、正确、合理的原则。"①

从奴隶社会到封建社会,人类从未停止追求平等的步伐。因为每一个人都希望自己能像别人一样生活,自己能像别人一样受到尊重。正如博登海默所说:"当那些认为自己同他人是平等的人却在法律上得到了不平等待遇时,他们就会产生一种卑微感,亦即产生一种他们的人格与共同的人性遭到侵损的感觉。"②资产阶级启蒙思想家高举人权、人道旗帜,主张人类平等。卢梭是其中的杰出代表,他认为,人类不平等的根源在于私有制,而人类要实现平等,首先要使人民成为契约的主体,使人因其自身的主体性而获得平等的法律地位。而人所共有的平等的自由是人性的产物。是人生存与得到应有的尊重与关

---

① 〔法〕皮埃尔·勒鲁:《论平等》,王允道译,商务印书馆 1988 年版,第 68 页。
② 〔美〕博登海默:《法理学:法哲学及其方法》,邓正来译,中国政法大学出版社 2004 年版,第 284 页。

怀所必须的。"人性的首要法则,是要维护自身的生存,人性的首要关怀,是对于其自身所应有的关怀。"①"我愿意自由地生,也自由地死。也就是说,要自愿地服从法律,服从于这种我和任何人都不可摆脱的体面的束缚。"②但是,这个"体面的束缚"是建立在民主政体下平等的基础之上的。因为,"我希望国家之中无人自称能凌驾于法律之上,国外也无人能强迫一国屈从于任何权威。因为一个政体不论是怎样构成的,如果其中有一人不服从法律,其他一切人就必定要受其摆布"③。

中国奴隶社会与封建社会统治阶级为了维护自身的特权利益,一直力图建立与巩固等级森严的社会制度。中国古代思想家对平等也多持轻视与否定态度,而坚持与维护等级森严的封建伦理秩序。"君君,臣臣,父父,子子"④的思想对现代人都还有影响。荀子也曾说过"贵贱有种,长幼有差,贫富轻重皆有称"⑤。当然,古代人也有限地表达了平等的思想。《晏子春秋·内篇问上》,晏婴在回答齐景公"古之盛君"的行为准则时说:"其取财也,权有无,均贫富,不以养嗜欲。"《论语·季氏》:"闻有国有家者,不患寡而患不均,不患贫而患不安。盖均无贫,和无寡,安无倾。"《战国策·秦策》:"法令至行,公平无私,罚不讳强大,赏不私亲近。"《商君书·壹刑》中明确提出了壹刑的主张,指出:"所谓壹刑者,刑无等级,自卿相将军以至大夫庶人,有不从王令,犯国禁,乱上制者,罪死不赦。有功于前,有败于后,不为损刑。有善于前,有过于后,不为亏法。忠臣孝子有过,以其数断。"⑥韩非子也指出:"法不阿贵,绳不挠曲。法之所加,智者弗能辞,勇者弗敢争。

---

① 〔法〕卢梭:《社会契约论》,何兆武译,商务印书馆1980年版,第5页。
② 〔法〕卢梭:《论人类不平等的起源和基础》,高煜译,广西师范大学出版社2002年版,第52页。
③ 同上注。
④ 《论语·颜渊》。
⑤ 《荀子·礼记》。
⑥ 《商君书·壹刑》。

刑过不避大臣,赏善不遗匹夫。"①从南宋末年钟相、杨么起义提出"等贵贱,均贫富"到太平天国的《天朝田亩制度》中进一步提出的"有田同耕,有饭同食,有衣同穿,有钱同使,无处不均匀,无处不饱满"②的绝对平均思想,都体现了人们追求平等的不懈努力。

现代社会,平等观念已经深入人心,早已成为人类公认的普遍伦理原则。但是,"平等是个有争议的概念:赞扬或贬低它的人,对于他们赞扬或贬低的究竟是什么,意见并不一致。准确地表述平等本身就是一个哲学难题"③。因为历史文化背景等多方面的差异,人们对平等的理解并非完全一致,学者们从不同的角度出发,对平等作出不同的界定。王海明认为,平等是社会公正的根本问题。它可以分为完全平等和比例平等,对于人们生存与发展必要的、起码的、最低的基本权利应当完全平等,而对人们生存和发展比较高级的非基本权利,则按每个人对社会所作出的贡献大小而分配权利,是比例平等。完全平等与比例平等相冲突时,应当牺牲后者以保全前者,二者平衡的基础是人权具有神圣不可侵犯性。④ 而罗尔斯认为正义的两个原则是:第一个原则:每个人对与所有人所拥有的最广泛平等的基本自由体系相容的类似自由体系都应有一种平等的权利;第二个原则:社会和经济的不平等应这样安排,使它们:① 在于正义的储存原则一致的情况下,适合于最少受惠者的最大利益;② 依系于在机会公平平等的条件下职务和地位向所有人开放。同时,他又主张:第一个原则优先于第二个原则,第二个原则中②又优先于①。⑤ 实际上,罗尔斯所主张的第一个正义原则指的就是人们对基本权利的完全平等原则。他所主张的

---

① 《韩非子·有度》。
② 《太平天国(一)》,上海人民出版社1953年版,第321页。
③ 〔美〕德沃金:《至上的美德:平等的理论与实践》,冯克利译,江苏人民出版社2003年版,导论第2页。
④ 参见王海明:《伦理学原理》(第二版),北京大学出版社2009年版,第224—230页。
⑤ 参见〔美〕罗尔斯:《正义论》,何怀宏等译,中国社会科学出版社1988年版,第302—303页。

第二个原则中的①指的是差别原则,②指的是机会平等原则。其中完全平等原则优先于差别原则和机会平等原则,机会平等原则又优先于差别原则。

笔者认为,上述内容从不同角度对平等作了精当的分析。实际上,平等还可以分为分配规则的平等、分配机会的平等和分配结果的平等。对于生命、身体、人格尊严、言论自由等基本权利,人们应当享有分配结果的平等。而由于社会成员的素质、能力等方面存在不同程度的差别,在任何一个社会中,要实现分配结果上的绝对的、无差别的平等几乎是不可能的。① 所以,规则平等和机会平等显得比结果平等更为重要。而且出于人道、效率等价值的考虑,规则平等也是相对的。比如出于人道的考虑,对犯罪时的未成年人和审判时怀孕的妇女不适用死刑。这种规则的不平等恰恰体现了社会的公正。当然,结果的平等也十分重要。

平等与其他伦理价值之间关系密切。现代社会中的平等具有绝对的相对性,我们只能追求相对的平等而不是绝对的平等。换言之,平等应当与其他伦理价值平衡、协调。平等是自由的基础,没有平等,多数人的自由就无法得以保证;自由应当是相对的,只有人人都享有平等的自由,真正的自由才有实现的基础。平等是社会有序的基本保障与体现。人类的本性要求平等,"一切出乎意料的、难以控制、混乱的以及其他诸如此类的危险事情的发生,都与不平等有关。也就是说,导致上述局面的人为原因,总是与不平等的观念、不平等的做法、不平等的体制有关"②。不平等的做法与体制必然导致社会的不稳定,导致社会无序。专制与特权具有孪生关系,因而专制制度不能保障平等,若专制又纵容特权,必然导致国民经济上的不平等,进而导致法治上的不平等。平等是正义的内核,没有平等,公正就无从谈起。平等也是效率的需要。效率与平等之间存在矛盾。平等要求资源与财富的平等分配,而效率必然要求差别对待。平等是人存在与发展的

---

① 分配结果的绝对平等实际上就是绝对平均主义。
② 张明楷:《刑法格言的展开》,法律出版社 2003 年版,第 42 页。

基本价值。而要保持二者的协调与平衡,必然要求以公平为目标,在保持良性竞争的前提下,不断提高效率,不断增加社会财富。公平正义是和谐社会的本质特征,和谐的本意就有协调与平衡之意,和谐社会应当是一个公平的社会。国家应当保障和实现社会成员的各项基本权利,通过制定和执行合理的制度与法律维护他们的合法权益,以保证他们享有基本相同的发展机会,使得他们能够平等参与社会竞争,参与社会生活。要实现社会的和谐,必然需要尽量缩小收入差距、化解矛盾、维护公平。

(二) 刑法平等适用原则的伦理基础

我国《刑法》第 4 条规定:"对任何人犯罪,在适用法律上一律平等。不允许任何人有超越法律的特权。"其含义是:对任何人犯罪,不论犯罪人的家庭出身、社会地位、职业性质、财产状况、政治面貌、才能业绩如何,都应追究刑事责任,一律平等地适用刑法。依法定罪、量刑和行刑,不允许任何人有超越法律的特权。[①] 其实质是反对特权,反对歧视。刑法平等适用原则体现了平等的基本伦理观念与伦理原则,并能保障社会安定与和平,保护平等的自由,实现社会公正,有利于和谐社会的构建。

1. 刑法平等适用原则有利于平等自由的保护

自由是人类社会最重要的伦理价值。但是,自由从来不是绝对的。只有每个人享有自由,又不侵犯其他人同等自由的情况下,才能人人都享有自由。"人是生而自由的,但却无往不在枷锁之中。自以为是其他一切的主人的人,反而比一切更是奴隶。"[②]通过刑法的平等适用,对同等罪行实行同等处罚,不允许任何人享有任何特权,在定罪、量刑与行刑上实现平等,实际上就平等保护了犯罪嫌疑人、被告人和被害人的权利,实现了对这些人的基本权利与自由的平等保护。

---

① 参见高铭暄、马克昌主编:《刑法学》(第二版),北京大学出版社、高等教育出版社 2005 年版,第 29 页。

② 〔法〕卢梭:《社会契约论》,何兆武译,商务印书馆 1980 年版,第 4 页。

2. 刑法平等适用原则有利于维护良好的社会秩序

人们对刑法的信仰与尊重在于刑法及刑法的适用能对自己行为具有预测可能性,并能准确预测别人的行为。如果允许刑法适用上存在特权,刑法的普遍性与确定性就将被破坏,人们难以预测别人的行为与行为后果,人们的基本权利无法得到保障,而社会秩序的稳定也就无法实现。而通过刑法的平等适用,人们对自己以及他人行为及其结果具有预测可能性,并且由于没有不平等的现象,人们对刑法的认可度更高,刑法实施效果会更好,社会会更加安定、有序。因此,刑法平等适用原则具有保障社会安定与和平的价值。

3. 刑法平等适用原则体现了社会一般公正观念

贝卡里亚认为:"道德的政治如果不以不可磨灭的人类感情为基础的话,就别想建立起任何持久的优势。任何背离这种感情的法律,总要遇到一股阻力,并最终被其战胜。"[①]贝卡里亚在这里所指的"不可磨灭的感情"实际上指的就是以公正为核心的人类的普遍伦理情感。公正要求对所有人平等对待、同样情况同等处遇、不同情况不同对待。平等是公正的价值内核,是公正的应有之义。因此,刑法平等适用原则就是指刑法应该不分轩轾地适用到一切情况、一切人物,而无论地位高低、财产状况、家庭出身等。笔者认为,刑法平等适用原则,其精髓是反对特权、反对歧视,基本道理在于反映特权与歧视的因素与行为本身的社会危害性以及行为人的人身危险性没有直接联系,如宗教信仰、民族种族、出身贵贱、财富多寡、地位高低、党派属性、相貌美丑等。[②] 而与社会危害性、人身危险性有关的因素,在具体案件中会因事而异、因人而异,根据具体案件中影响社会危害性与人身危险性的所有因素适用刑罚,是罪责刑均衡原则的体现,也是刑罚适用实质平等的实现,是刑罚个别化原则的理论基础。

---

① 〔意〕贝卡里亚:《论犯罪与刑罚》,黄风译,中国方正出版社2004年版,第8页。

② 参见高铭暄、曾粤兴:《刑罚体现社会伦理的基本途径》,载《华东政法大学学报》2010年第5期,第31页。

4. 刑法平等适用原则与效益价值不相违背

刑法平等适用原则能实现刑罚的效益价值。一方面,刑法对人们基本权利与自由的平等保护因维护了良好的社会秩序,体现了社会一般公正观念而得到公众的普遍认可与遵守,从而对犯罪的遏制与预防起到十分重要的作用。从这个角度而言,刑法平等适用原则本身就具有效率价值。另一方面,我们所谓的"平等"并非绝对均等,现实中的平等观念应立足于相对的平等,也即由分配规则所决定机会的相对平等。刑法平等是指刑法领域中对相同情况相同对待、不同情况不同对待。但"相同情况"并不是对象之间不存在任何差异,而是类的相同性。换言之,被评价的对象之间存在各种各样的差异,有的差异是平等可以容纳或者可以忽视的差异,而有的差异则影响被评价对象之间的类别划分,以致决定被评价对象类的归属,从而对具有此类差别的对象应当区别对待,这也是实质平等的要求。① 所以,平等原则并非仅仅在客观危害和主观过错基本一致时必然适用相同的刑种和同等的刑量。比如,假释制度、减刑制度、累犯应当从重,自首可以从轻或者减轻处罚,情节轻微的可以免除处罚,是因为罪犯人身危险性因素影响着量刑;被害人谅解可以从轻处罚,是考虑社会和谐的因素;未成年人犯罪不适用死刑主要是出于人道的考虑。这些差别处遇恰恰体现了实质公正与人道的伦理观念,并且具有节省司法成本、行刑成本,有效遏制与预防犯罪的作用,刑罚的效益价值得以实现。因此,刑法适用平等原则与刑法效益原则并不相违背。

5. 刑法平等适用原则有利于和谐社会的构建

和谐也是一个关系范畴。社会和谐指的是在尊重、把握和充分利用自然规律和人类社会发展规律的前提下,社会系统内部各要素处于协调运作、良性转化和均衡、有序的一种动态发展状态。它是秩序、自由、公正和效率等价值协调与平衡的结果。刑法平等是和谐社会的必备要素,因为"尊重他人的权利是防范犯罪唯一可靠和万无一失的手

---

① 参见曾粤兴、李霞:《刑事和解与刑法基本原则的关系:兼及刑事和解的价值取向》,载《法学杂志》2009 年第 9 期,第 36 页。

段;一旦不是每一个侵犯他人权利的人在行使他自己的权利时恰恰在同等的程度上受到阻止,那么不平等就会或多或少地存在着,人们也就永远无法实现这种意图。因为只有这样一种对等一致能在人内在的道德培养教育和国家措施的开展之间保持和谐,没有这种和谐,即使是最巧妙的立法也永远不能达到其最终目的"①。因此,通过刑法的平等适用,平等尊重与保障人民的基本权利与自由,才能实现社会和谐。所以,刑法的平等适用原则不仅是构建和谐社会的必然需求,其本身就蕴含和谐的价值,有利于和谐社会的构建。

综上,平等本身就是最基本的伦理原则,而刑罚适用平等原则有利于平等的自由实现,有利于维护社会秩序,体现了社会公正,与效益价值不相违背,有利于和谐社会的构建,因此,刑法平等适用原则具有深厚的伦理基础。

(三) 刑法平等适用原则实现的伦理分析

刑法平等适用原则及其所体现的平等、公正、和谐等伦理价值及理念最终需要通过定罪、量刑与行刑来实现。"一次不公正的(判决)比多次不公正的举动为祸尤烈。因为这些不公的举动不过弄脏了水流,而不公的判决则把水源污染了。"②因此,刑法平等适用原则的实现对于刑事法治和平等保护公民权利与自由显得十分重要。

1. 定罪平等的伦理分析

定罪平等指的是定罪标准的平等,即对任何人的行为是否构成犯罪,构成此罪还是彼罪,只有根据行为人行为的社会危害性及其社会危害程度来划定罪与非罪、此罪与彼罪的标准,不能因人而异,不能因人定罪。司法实践中,刑事法官确定罪与非罪、此罪与彼罪的标准应当严格按照刑法与相关司法解释的规定进行。并非所有案件的定罪标准都像盗窃罪与故意伤害罪那样泾渭分明,社会生活中的罪与非罪

---

① 〔德〕洪堡:《论国家的作用》,林荣远等译,中国社会科学出版社1988年版,第148页。

② 〔英〕培根:《培根论说文集》,水天同译,商务印书馆1983年版,第85页。

的标准有时具有一定的模糊性,比如诽谤罪,侵犯对象是"他人",是否包括"法人或单位","法人或单位"是否具有人格权、名誉权,如果具有这种权利,严重侵犯这种权利的行为是否构成诽谤罪,需要理解立法原意或立法精神。诽谤罪的定罪标准都是"情节严重",而"情节严重"的判断则需要法官结合刑法和司法解释的规定,利用自由裁量权加以界定。以邓永固案①为例,且不说公安机关的立案是否符合"严重危害社会秩序或者危害国家利益"的条件,即使邓永固在网上所发布的帖子的内容是完全虚假的,侵犯法人名誉权的行为是否构成诽谤罪也需要法官理解立法精神,如指称纪委领导为"败类",并公布他们电话的行为是否达到"情节严重"的定罪标准的程度。又如司法实践中,存在大量"以行政处罚代替刑事处罚"的现象,这些现象事实上影响刑法适用的平等。因此,有必要加强监督,完善行政执法与刑事司法之间的衔接机制,从而严密刑事法网,实现司法平等。

再如选择性司法。实践中,查处某类案件,往往由当权者根据某种需要来决定,如查处腐败犯罪案件、污染环境刑事案件、食品安全犯罪案件,其特点是在涉嫌犯罪的一组人中,挑选个别行为人进行打击而放过其他人,即使被查出的人想检举"其他人"而争取立功,也会被公安、司法机关拒绝。这是近年来新出现的现象,显然也属于定罪的不平等。定罪的不平等,不但包括罪与非罪界定的不平等,也包括此罪与彼罪界定的不平等及罪数认定的不平等。定罪不平等必然违背罪刑法定原则与罪责刑均衡原则,造成司法不公,也会导致人们对刑

---

① 基本案情为:四川遂宁市蓬溪县青年邓永固在网上用真名发布帖子,称"高升乡在退耕还林中存在违纪、违法行为",并称遂宁市、蓬溪县及县林业局有关领导是"败类"。2008年10月17日,邓永固因涉嫌诽谤罪被蓬溪县公安局刑拘。同年12月31日,蓬溪县人民检察院正式向蓬溪县人民法院提起公诉。蓬溪县人民法院判处邓永固的行为构成诽谤罪,邓永固上诉,遂宁市中级人民法院于2009年10月10日维持原判。参见佚名:《四川蓬溪法院开庭审理邓永固涉嫌诽谤罪一案》,载 http://www.chinacourt.org/html/article/200904/22/353985.shtml,访问日期:2011年3月28日;邓永固:《邓永固诽谤案二审:遂宁中院枉法判决》,载 dygcn.blog.hexun.com/39110256_d.html,访问日期:2011年3月28日。

法及司法的不信任,不利于预防犯罪。

2. 量刑平等的伦理分析

量刑平等是指对于犯罪分子决定刑罚的时候,应当根据犯罪的事实、性质、情节和对社会的危害程度和人身危险性情况,依法予以平等地追究,不能因人而异、因人而罚。不应该不当地考虑被告人的身份、地位、被害人身份等情况。

(1)准确适用法定量刑情节与刑罚裁量制度

有学者总结出实践中影响量刑平等的客观因素,有被告人个人情况、被害人个人情况、民族、区域、社会形势、民愤等。[①] 司法实践中确实存在大量量刑不平等的现象,比如职务犯罪中被免予刑事处罚率和缓刑适用率远远高于其他犯罪,实际上是不当地考虑了职务犯罪人曾经的国家工作人员身份,无疑是特权意识的表现。2009年5月至2010年1月,最高人民检察院组织开展的全国检察机关刑事审判法律监督专项检查活动发现,2005年至2009年6月,全国被判决有罪的职务犯罪被告人中,判处免刑和缓刑的共占69.7%。[②] 这个数字远远高于其他刑事案件的免予刑事处罚率和缓刑适用率,引起了最高人民检察院和最高人民法院的高度重视。最高人民法院于2010年2月8日颁发(法发〔2010〕9号)《关于贯彻宽严相济刑事政策的若干意见》第8条第4款明确规定:"要严格掌握职务犯罪法定减轻处罚情节的认定标准与减轻处罚的幅度,严格控制依法减轻处罚后判处三年以下有期徒刑适用缓刑的范围,切实规范职务犯罪缓刑、免予刑事处罚的适用。"明确规定严格掌握职务犯罪法定减轻处罚情节的幅度。而最高人民检察院2010年11月18日印发《关于加强对职务犯罪案件第一审判决法律监督的若干规定(试行)》,对职务犯罪案件第一审判决实行上下两级检察院同步审查制度。随着相关制度的完善,这种刑法适

---

① 参见赖早兴:《刑法平等论》,中国人民大学2005年博士论文,第113—124页。

② 参见佚名:《最高检规定解决职务犯罪适用缓刑偏多问题》,载news.xinhuanet.com/ziliao/2010-11/19/c_12792331.htm,访问日期:2011年4月18日。

用不平等现象会在一定程度上得到遏制。

（2）慎用酌定量刑情节

司法实践中量刑的不平等还会体现在司法人员不当地适用酌定量刑情节上。以刘海洋案为例，法院认定刘海洋用硫酸伤害北京动物园内的黑熊的行为构成毁坏公私财物罪，同时认定刘海洋认罪态度较好，一贯表现不错，从而社会危害性不大，人身危险性轻微，免予刑事处罚。有学者明确表示质疑：法院判决的酌定量刑情节的依据是相当牵强的，"清华大学学生"这个特殊身份是在实际的判决之中起作用的"潜规则"，因为是清华大学的学生，将来可能成为国家的栋梁、为国家做出贡献，同时也因为清华大学在中国高校之中的显赫地位和在中国政治结构中的特殊背景，所以，法院对其作出免于刑罚处罚的判决。①

3. 行刑平等的伦理分析

行刑平等的实现要求行刑的标准一致，即对罪犯的刑罚执行，对受刑人应平等对待，既不能在执行刑罚措施中搞特殊化，亦不能在假释、减刑、暂予监外执行中搞差别待遇。

以减刑、假释为例。减刑与假释是受刑人应当平等享受的权利而不是刑罚执行者对其中一部分受刑人的恩赐。平等减刑与假释有利于所有受刑人积极接受教育和改造，促使受刑人积极回归社会。而对受刑人不平等地减刑，对悔改态度良好和有立功表现的受刑人不予减刑或假释，对表现不好的人却予以减刑或假释，会起到负面作用。原因在于：对表现不好的受刑人予以减刑或假释并没有起到改造的效果，难以起到预防再次犯罪的作用，而对悔改表现好或者有立功表现的受刑人不予减刑或者假释，只会挫伤其接受教育与改造的积极性，同时也会因表现不好的人被减刑或假释而觉得不公平，容易激起这一部分人的反感甚至反抗，不利于受刑人改造与回归社会。因此，减刑与假释的不平等本身是不公正、不人道的。当然，实践中确实存在部分减刑、假释不平等的现象。这与刑罚执行者的腐败以及减刑、假释

---

① 参见付立庆：《论刑法适用中的隐性不平等》，载《法律科学》2004 年第 2 期，第 43 页。

标准的不客观、不统一有直接关系。比如实践中普遍以《关于计分考核奖惩罪犯的规定》作为量化的减刑、假释依据,而这一标准本身难以平等衡量受刑人的真实表现,也为违法减刑、假释创造了许多可乘之机。再如实践中减刑、假释与保外就医不平等的现象是很多的。据统计,检察机关自 2004 年 5 月起开始开展打击违法减刑、假释、保外就医专项检查,至当年 10 月,全国各地已查出违法减刑、假释、保外就医 17 836 人。① 近年来对职务罪犯行刑情况的专项整治,又查出大量行刑不公的案件。

4. 刑法平等适用原则中的法官与刑罚执行者因素

刑法平等适用原则的实现离不开法官与刑罚执行者(主要指监狱管理人员)的素质(包括专业素质与道德修养)。刑法适用的不平等一般也是这些人造成的。专业素质与道德素质高的司法人员能准确认定案件事实,准确定罪,并充分考虑各种法定与酌定量刑情节,合理、科学量刑,对于人情案也能秉公司法,不因被告人地位、财富状况、个人好恶而影响量刑。道德素质高的刑罚执行者还会充分地尊重受刑人的基本权利,平等对待他们,平等减刑、假释、保外就医。反之,则会导致刑法适用的不平等。因此,对于司法人员和刑罚执行者而言,除了要不断提高自身专业素质与道德修养之外,还需要通过一系列的制度督促他们提高各方面素质,通过制度加强监督。惟其如此,才能真正实现刑法适用平等。

四、刑罚个别化原则的伦理分析

刑罚个别化思想经历了一个不断进化的过程。近代学派所提倡的刑罚个别化以人身危险性为核心,将刑罚的根据定位为预防犯罪,尤其是特殊预防上,而否定刑罚的报应根据与一般预防根据,甚至认为刑罚的唯一根据是防卫社会,难以真正实现公正与人权保障。而现

---

① 参见佚名:《检察机关查处违法减刑假释 17 836 人》,载 www.cnhan.com/gb/content/2004-10/30/content_394762.htm,访问日期:2011 年 3 月 28 日。

代刑法中的刑罚个别化是建立在一体论刑罚根据基础之上的。现代刑法中刑罚个别化原则是指根据犯罪及犯罪人的具体情况,"根据犯罪人个人已构成的'罪行'和'潜在'的社会危险性、人格形成过程以及复归社会可能性大小来适用相应的刑罚"①,即针对每一个具体案件,充分考虑罪行的社会危害程度与人身危险性程度定罪、量刑和行刑。现代刑法中的刑罚个别化所体现的伦理精神与罪刑法定原则、罪责刑均衡原则、刑法平等原则是一致的,但更注重刑法的个别正义和刑罚的社会防卫价值。

(一) 刑罚个别化原则的伦理性特点

刑罚个别化较之于古典学派的罪刑法定原则与罪刑均衡原则而言,更注重实质正义、个别正义,注重对社会利益的保护,但并不否定刑法的人权保障功能。

1. 刑罚个别化的人性基础:经验人与理性人的辩证统一

刑事古典学派所主张的道义责任是建立在犯罪人的意志自由的基础之上的,犯罪人具有意志自由而可以实施合法行为,却选择了实施违法行为,从而具有道义非难性。与之相反,近代刑事实证学派的人性假设是经验人,即任何一个人都生活在社会之中,人的行为受各种社会的和自然的因素的制约与影响。人的本性,从本质上来说是被决定的,因而根本不存在所谓的意志自由。② 在此基础上,刑事实证学派认为要预防犯罪,需要对具有人身危险性的人当做病人一样,根据其犯罪或者可能犯罪的不同原因,对症下药,以达到保卫社会的目的。该派观点把具有人身危险性的人当做病人看待,具有人性关怀的一面。但是,刑事实证学派完全否定人的意志自由,否定人对自己行为选择的理性的一面,从而完全否定刑罚对已然之罪的伦理非难又是十分片面的。

---

① 《中国刑法词典》,学林出版社1989年版,第389页。
② 参见陈兴良:《刑法的人性基础》(第二版),中国方正出版社1999年版,第101页。

事实上,人是具有相对意志自由的。"我们具有意志自由的意思应当被理解为:我们有时确实有能力用某种与我们实际行为方式不同的方式去行为。因此,如果某人告诉我们说,我们具有意志自由,而同时他们又想否认我们具有上述能力,那么他们纯粹是把我们引向歧途。如果我们除了已经做出的行为之外,实际在任何意义上都不可能来做出其他行为的话,那么,我们就显然没有普遍意义上说的那种意志自由。"①现代刑法中的刑罚个别化在肯定人性具有经验的因素、肯定犯罪原因多样性的基础上,同时承认人具有相对的理性与相对的意志自由,即刑罚个别化理论认为人性既有理性的因素,也有经验的因素,是二者的辩证统一。肯定相对的意志自由,就肯定了刑罚具有伦理非难的属性。"如果不谈谈所谓意志自由、人的责任、必然和自由的关系等问题,就不能很好地讨论道德和法的问题。"②肯定了人性经验的因素和犯罪原因的多样性,也就肯定刑罚的特殊预防与社会防卫的目的。

2. 刑罚个别化的价值基础:防卫社会与个别公正

刑事实证学派将犯罪人人身危险性的特殊预防作为刑罚个别化的基础和依据。他们从犯罪产生的人类学、自然、社会等多方面原因出发,将具有人身危险性的人当做具体的对象,根据不同的原因采取不同的方法而加以教育、矫正,使之尽量消除人身危险性,最终回归社会。刑事实证学派认为刑罚不是针对已然之罪的惩罚,而是针对未然之罪的矫正。因此,刑事实证学派所主张的刑罚个别化具有社会本位的伦理性特点。将犯罪人当做病人加以矫正、教育与治疗,并使之社会化,具有尊重人尊严和人道性的一面。对此,有学者说:"特殊预防所主张的并不是要把行为人赶出社会并在他身上打上耻辱的烙印,而是要使他与社会融为一体。这样,重新社会化这个社会国原则的要

---

① 〔英〕穆尔:《伦理学》,中国人民大学出版社1985年版,第98页。
② 《马克思恩格斯选集》(第3卷),人民出版社2004年版,第152页。

求,就比其他各种理论更加公正。"①还有学者则认为:"人身危险性作为刑罚根据的确立,完成了从刑事古典学派的刑罚一般化到刑事实证学派的刑罚个别化的转变。刑罚个别化要求适用刑罚应当以犯罪人的人格特征为依据,对症下药,从而使刑罚实现实质公正,以区别于刑事古典学派刑罚一般化的形式公正。"②但是,刑事实证学派所主张的刑罚个别化完全排斥刑罚的报应与一般预防根据,会导致无罪施罚、轻罪重罚、同罪异罚,并且人身危险性难以预测,所以,"个别化因存在严重的理论缺陷而是一种天生不良的刑罚理念,同时又因不具有现实性而是一种后天不足的刑罚理念"③。完全不考虑刑罚报应与一般预防根据的刑罚个别化无疑会违背罪刑法定原则与罪责刑均衡原则和刑法适用平等原则,会造成刑罚适用的随意性,从而导致不公正现象的发生。

如前所述,现代刑法学中的刑罚个别化是建立在刑罚根据一体论基础上的,因此,刑罚的个别化自然要受到报应论与一般预防的制约。主张"刑罚是为特殊预防和一般预防服务的。刑罚在其严厉程度上是由罪责的程度限制的,并且,只要根据特殊预防的考虑认为是必要的,同时,根据一般预防的考虑也不反对,那么,就可以不达到罪责的程度。"④刑罚个别化在承认意志相对自由的前提下,肯定犯罪原因的多样性,肯定人身危险性的地位,在立法中规定自首、立功等刑罚裁量制度和减刑、假释等刑罚执行制度,量刑时既充分考虑社会危害程度大小和主观过错,又充分考虑反映犯罪人犯罪的多种原因及人身危险性大小因素,比如悔罪表现等,刑罚执行时根据其改造表现实行减刑、假释,既体现了特殊预防的需要,也是个别正义的体现。正如学者们所

---

① 〔德〕罗克辛:《德国刑法学总论》(第1卷),王世洲译,法律出版社2005年版,第40页。
② 陈兴良:《刑法的人性基础》,中国方正出版社1999年版,第118页。
③ 邱兴隆:《罪与罚讲演录》(第1卷),中国检察出版社2000年版,第111页。
④ 〔德〕罗克辛:《德国刑法学总论》(第1卷),王世洲译,法律出版社2005年版,第40页。

说:"公正原则和人道原则要求刑罚认真细致的个别化。这里所要考虑的不仅是犯罪的严重程度,还要考虑犯罪人的个人质量、减轻情节和加重情节。"①当然,现代刑法中的刑罚个别化原则也具有防卫社会的特点,并且具有宽容、人道和保障人权的特点。

(二) 刑罚个别化原则实现的伦理分析

刑罚个别化原则的实现主要体现在量刑和行刑上,因此,刑罚个别化主要是刑罚适用原则。但是,立法上也会涉及很多刑罚个别化内容。刑罚个别化原则的实现应当体现公正、人道、宽容等基本伦理规范。

1. 刑罚制定上的个别化

刑罚制定上的个别化是指制定刑罚时充分考虑犯罪情节及犯罪人的个别情况特别是其人身危险性状况。刑罚裁量和刑罚执行上的个别化需要刑法立法者提供制度性资源。因此,刑罚制定既要与一般犯罪相适应,也必须考虑具体的犯罪、个别的犯罪。刑罚个别化,就是把抽象的刑罚制度运用到具体个案的过程。这一过程的关键环节在于刑事司法,但其前提环节即立法并非无所作为。在刑法立法上,着眼于行为人特殊的量刑情节和行刑情节,不仅为司法提供制度性资源,而且也蕴含了刑罚个别化的因素。翟中东教授认为:

> 共性寓于个性中,刑罚制定要实现一般化,使制定的刑罚与抽象的犯罪或者说一般的犯罪相适应,必须考虑个别的犯罪、具体的犯罪,不考虑具体的犯罪的具体情况,谈不上考虑一般的犯罪。……如果刑罚制定时不考虑具体罪的个别情况,只能使刑罚规定过度概括,使刑罚难以操作。所以合理的选择是在刑罚制定中重视具体罪的具体情况,使刑罚的制定尽可能反映具体罪的具体情况。刑罚制定个别化能够存在主要是因为刑罚制定个别化

---

① 〔俄〕库兹涅佐娃、佳日科娃:《俄罗斯刑法教程(总论)》(上卷),黄道秀译,中国法制出版社 2002 年版,第 76 页。

具有重要价值。①

我国《刑法》没有明确规定刑罚个别化原则,但是,罪责刑均衡原则中蕴含有刑罚个别化的精神与内容。同时,刑法规定了累犯、自首、立功、缓刑等重要刑罚裁量制度和减刑、假释等刑罚执行制度,这些制度都蕴含了量刑与行刑要考虑行为人人身危险性的内容,因而都体现了刑罚个别化的伦理精神。累犯是因为人身危险性大而应从重处罚;自首、立功是因人身危险性小而可以从宽处罚;缓刑是因考虑犯罪人各方面的表现认为适用缓刑不至于再次危害社会;减刑与假释是因为受刑人在刑罚执行期间表现良好而认为适用假释与减刑而不会再次危害社会了。《刑法修正案(八)》还明确规定对缓刑和假释实行社区矫正。此外,法定刑中一般设置相对不定期刑,为司法中的刑罚个别化留下了足够空间。总体而言,我国《刑法》总则关于刑罚的规定体现了刑罚个别化的精神。

但是,《刑法》关于刑罚个别化内容的规定尚存在一些不足,有待完善。首先,可以考虑将刑罚个别化原则在《刑法》中明确加以规定作为刑罚的基本原则和罪刑均衡原则的校正性原则。其次,在刑罚结构上,短期自由刑会增加罪犯之间交叉感染的机会,刑期短,难以达到教育改造的目的,可以考虑增加劳役刑,放宽缓刑适用的条件。《刑法修正案(八)》规定缓刑与假释必须实行社区矫正,但是,对犯罪人如何实现社会矫正需要进一步明确规定。《刑法》规定,假释与缓刑由公安机关监管,而公安机关由于管辖的事务十分广泛,导致警力不够,实际上难以起到监管的作用。笔者认为,可以考虑由基层司法行政机关加以监管。资格刑方面,我国《刑法》规定了剥夺政治权利刑,所剥夺的权利内容包括选举权和被选举权,言论、出版、集会、结社、游行、示威的权利,担任国家机关职务的权利,担任国有公司、企业、事业单位和人民团体领导职务的权利。这四类权利中,单纯的政治权利是除"言

---

① 翟中东:《刑罚制定个别化问题研究》,载《国家检察官学院学报》2002年第3期。转引自110法律咨询网 www.110.com/ziliao/article-2208,访问日期:2013年7月22日。

论、出版、集会、结社、游行、示威的权利"之外的三种权利,因犯特定重罪而予以剥夺,在法理上没有问题,而剥夺言论、出版、集会、结社、游行、示威的权利,实际上是剥夺了犯罪人的基本人权,因为这些包含了政治色彩的权利,在我国政府已经签署的联合国《公民权利与政治权利国际公约》中已经被确认为基本人权,其中的言论自由与集会权利,本质上属于人的自然权利,决定于人的社会属性,法律可以加以限制但不应全部剥夺,否则人就不成其为社会人,因此,剥夺这种权利是不公正的;出版权是言论自由权的延伸,与结社、游行、示威的权利一样,具有双面性,其积极的一面,可以为社会发展做出贡献,其消极的一面,表现为妨害社会管理,一概加以剥夺,也不合理;此外,言论自由在事实上是无法剥夺的,出版自由也是可以通过间接的方式如借他人之手出版回忆录之类实现的,所以,宜删除剥夺政治权利刑中的剥夺人权的内容。为了防止具有特定资质的人再次犯罪,可以在资格刑上进行改进,剥夺其从事特定行业的资格,以达到剥夺其再次犯罪的能力。再次,针对有被害人的犯罪,犯罪人的悔改与赔偿经济损失既体现了恢复正义的现代正义价值,也表明了犯罪人人身危险性的降低,我国应当完善刑事程序法与实体法,将司法实践中的刑事和解法定化。

2. 刑罚裁量上的个别化

首先,目前理论界与实务界均认为刑罚个别化主要是针对刑罚量刑而言,与定罪无关。笔者认为这一认识并不妥当,实际上,在定罪上也可以体现刑罚的个别化原则。罪责刑均衡原则的题中之意即当行为人的责任轻微时,可以免于处罚,反过来,根据量刑制约定罪的原理[①],当行为人无需接受刑罚处罚时,可以作出认定犯罪但免予处罚的决定,或者直接不起诉。我国《刑法》第13条"但书"规定:"情节显著轻微危害不大的,不认为是犯罪。"这一规定所指的情节主要是定罪情

---

① 这是指对某些特殊的疑难案件,在完成从定罪到量刑的思考过程后所进行的反向思考。这种思维模式,是良性司法,是实现公平正义的一种技术手段。参见曾粤兴:《量刑制约定罪》,载《法学家茶座》(第31辑),山东人民出版社2010年版,第43—46页。

节,但刑罚功利主义认为,行为人的人身危险性也是定罪应当考虑的因素。罪责刑均衡,除了指已然之罪与刑事责任和刑罚相适应外,还包括"未然之罪"(即人身危险性)与刑事责任和刑罚的相适应程度。① 所谓"未然之罪",显然属于刑罚个别化范畴。

其次,刑罚裁量上的个别化需要严格依照《刑法》及相关司法解释的规定,充分考虑反映人身危险性的各法定与酌定量刑情节。邱兴隆教授反对刑罚个别化,认为个别化与一般预防相对立失之片面;个别化对报应论的排斥显失公正;个别化不只是一种不合理的刑罚理念,也是一种不现实的刑罚理念,因为人身危险性具有无法预测性。② 笔者认为,这一认识建立在对国外刑法学者对刑罚个别化的理论分歧之上,有一定的道理,但同其所赞成的报应与功利相统一的"刑罚一体论"存在内在的矛盾。个别化属于功利主义刑罚理论,早期的功利刑理论反对一般预防而主张个别预防。从刑罚一体论产生以后,刑法学者逐渐认识到一般预防与个别预防并非水火不容的关系,功利与报应是可以统一的。顺理成章的结论是,罪刑均衡所体现的一般预防与刑罚个别化所体现的个别预防具有兼容性。③

那么,刑罚裁量时如何考察犯罪人的人身危险性程度?如果仅仅把人身危险性的表征因素看做是行为人在行刑阶段乃至刑满之后的举动,那么,所谓的人身危险性的确是无法预测的,考虑这种危险性本身就是一种危险的选择。但是,立足于唯物辩证法原理,我们可以把人身危险性的表征因素放在行为人的行为过程,包括行为之前以及行为之后的表现。有学者提出从犯罪人的基本情况、犯罪前的表现、犯

---

① 参见陈兴良:《刑法哲学》(修订三版),中国政法大学出版社2004年版,第149页。

② 参见邱兴隆:《刑罚的哲理与法理》,法律出版社2003年版,第289—309页。

③ 参见〔挪威〕安德聂斯:《刑罚与预防犯罪》,钟大能译,法律出版社1983年版,第5页以下;高铭暄、马克昌主编:《刑法学》(第五版),北京大学出版社、高等教育出版社2011年版,第222—227页。

罪中的表现和犯罪后的态度加以考察①,笔者深表赞同。犯罪人的基本情况在一定程度上能反映其个人道德水平及可改造程度。比如犯罪人的年龄,年龄小说明可塑性大,而老年人再犯能力减弱。一个道德败坏的人实施强奸罪后,再次犯罪的几率比普通人大。而犯罪人犯罪前的表现和犯罪人的基本情况都能在一定程度上反映其犯罪的原因,也能反映其再次犯罪的可能性大小。一个一贯表现不好、小偷小摸的人,因盗窃罪或抢劫罪被抓获,其再犯可能性比较大。常有舆论主张,"不管某某功劳有多大,地位有多高……"很多学者也主张犯罪人罪前对社会的贡献不应该作为对其从宽处罚的依据。其实,此类言论不尽正确。"功劳大小,不仅反映一个人的社会贡献的不同,更重要的是能反映一个人主观恶性和人身危险性的不同。一贯表现好,社会贡献突出者,偶有失足,矫正余地当然大于小错不断、遵纪守法程度低者,因此,当今各国,从量刑到行刑,无不考虑成为人身危险性判断依据的'功劳'因素。从制度引导功能讲,个别化原则或者说功过考虑,亦有助于激励公民遵纪守法,为社会多作贡献。"②我国《刑法》关于累犯、再犯从严处分和司法实践中对偶犯、初犯的从宽处罚,就是根据其一贯表现所反映出的人身危险性程度所作出的合理裁判。犯罪中的表现也能反映人身危险性程度。比如胁从犯,其人身危险性程度就较低,而中止犯,除了危害结果没有发生,社会危害程度不高之外,很重要的是其悔改态度,所以,同样是危害结果没有发生,中止犯的处罚比未遂犯要轻得多,原因在于前者的主观恶性与人身危险性比后者要小得多。犯罪后的态度也表明人身危险性程度,比如,一个盗窃犯的初犯,得手后再将所盗窃之物在被害人尚未发现的情况下又放回原处,量刑上应当从轻。再比如,捅了别人一刀,马上送被害人去医院,被害人还是因医治无效而死亡与连续捅人几刀而致人死亡比较,前者虽不

---

① 参见周振想:《论刑罚个别化原则》,载赵秉志主编:《刑法基本原则专题整理》,中国人民公安大学出版社2009年版,第401页。
② 贾凌、曾粤兴:《〈刑法〉基本原则的新解读》,载《云南大学学报(法学版)》2002年第2期,第45页。

属于中止犯,但是,故意伤害后积极救治与赔偿经济损失的罪犯比什么都不管的罪犯的人身危险性程度明显要低,量刑上应充分考虑其悔改态度和再犯可能性而予以从宽惩罚。

犯罪人的人身危险性程度,表明其改造的难易程度。司法人员在量刑时应当全面、客观考察反映罪犯人身危险性程度的所有法定与酌定量刑情节,从而作出公正的判决。

刑罚裁量上的个别化,是实现个案公正的必由之路。刑罚的公平与正义,不是存在于抽象的刑罚理论和法律条文中,而是寄身于千差万别的刑事案件中。正如自然界找不到完全相同的两片树叶一样,人世间找不到完全相同的两个刑事案件。所谓"同罪"是相对而言的,个别化使"同罪不同罚"不仅成为应然,而且成为实然。同罪同罚,只是立法上的拟制,司法裁量不可能机械地照搬刑法规定。立法上的罪责刑均衡,只能通过司法裁量加以具体实现。刑罚裁量上的个别化使千差万别的刑事个案的审判实现了罪责刑均衡原则的要求。

3. 刑罚执行上的个别化

刑罚执行的个别化除了体现对罪犯惩罚的个别正义之外,还可以促进对罪犯的矫正,降低、消除其再犯可能性,实现再社会化,从而有利于保护社会。

行刑的个别化体现了人道精神。《刑法》规定对未成年人犯罪的,不适用死刑,只有罪行极其严重的才适用无期徒刑;审判实践中,对14周岁至16周岁的罪犯一般不适用无期徒刑;对75周岁以上的老年人限制适用死刑;对审判时怀孕的妇女不适用死刑。这些规定除了反映出未成年人可塑性大,教育改造更容易,再犯可能性比成年人小,老年人再犯能力降低等内容外,还体现出矜老恤幼的传统美德,这种美德,既是人道主义的体现,更是防止罪犯再次犯罪的需要。试想,如果不保障罪犯的基本人权[①],如果不把罪犯当人看,对他们没有基本的人文关怀,又怎么可能教育、改造与矫正他们呢?又怎么可能实现刑罚的

---

① 此处的罪犯的基本人权应当与普通人有差别,因为刑罚本身就是剥夺罪犯权利的惩罚方式。但是,罪犯也是人,也应该得到基本尊重。

特殊预防目的呢？现在全国各地的监狱管理部门和监狱都在探索一些人道行刑的制度与措施，比如，有的监狱允许来探监的罪犯的配偶与之一起过夫妻生活，有的监狱允许表现好的罪犯回家过春节，允许罪犯参加函授与自学考试，等等。这些措施体现了人道的基本伦理观念，也有利于针对不同罪犯的具体情况采取不同的教育与改造措施，有利于其回归社会。

此外，行刑上根据犯罪人的悔改与立功表现进行一定的奖赏与优惠，体现了诚信的社会一般伦理；对犯罪人进行分类关押，有利于防止交叉感染；对未成年人与女性犯人进行分开关押，一方面有利于监狱管理，另一方面可以针对未成年罪犯与女性罪犯的不同特点进行教育改造。而且行刑的个别化还可以根据犯人不同的专业特长在其劳动改造中从事不同的工作。比如，高学历、高智商的犯人可以让其管理图书馆（室），一方面，可以发挥其学历高、管理图书室能力较之于一般人强的特点，另一方面可以发挥其专业特长，甚至可以让其从事科学研究，对社会做出贡献。同时，犯人因工作适合其专业而得到归属感与尊重感，有利于其改造。行刑上的个别化还体现在对罪犯教育上的个别化。监狱应当根据犯人年龄、性别、所犯之罪的特点及其道德水平、心理特点进行个别化的教育。关于行刑个别化的问题还需要监狱管理机关与监狱和学者们进一步研究，通过行刑的个别化，使得犯人尽快回归与适应社会，以防止如《肖申克的救赎》中犯人在回归社会之中途因感到难以融入社会而自杀的情形发生。

第四章 刑罚的伦理分析

刑罚通过对犯罪人一定权利和利益的剥夺,明确地表达国家对犯罪人及其行为所持的否定的态度和评价。这种否定和评价带有十分强烈的道义谴责性,国家借助这种蕴含伦理价值的惩罚来教育国民,以维护社会的稳定和安宁。正如有学者指出:道义谴责性贯穿于刑罚过程的始终,却是永恒不变的。正是由于刑罚具有的道义谴责性,才使得刑罚不仅仅只是一种外在的强制、一种他律,而是具有内在道义根据的价值判断,也才使得作为法律范畴的刑罚与社会伦理有了不可分割的联系。[①]

本书所谈的伦理,是社会主义初级阶段的新型伦理,有经过甄别的中国传统伦理底蕴中的精华,也有西方人类文明的成果中国化后的产物,更有社会主义精神文明和政治文明的结晶。本书所谈的伦理,针对刑罚的属性,只限于一般社会伦理和政治伦理(包括制度伦理),而不探讨经济伦理、环境伦理、科技伦理等专属领域的伦理范畴。

笔者将从伦理的两大评判标准——善与和谐,来衡量和分析刑罚。

善,著名伦理学家王海明谓之为"伦理行为应当如何的道德总原则",本书将主要用来分析刑罚应当是什么。在善这一上位概念指导下的具体判断根据有公正——社会治理的最重要道德原则;人道——社会治理的最完美道德原则(而善待自己的原则——幸福和贵生,与刑罚无必然联系,将不进入笔者的视野)。[②]坚定的报应主义者康德、

[①] 参见黄立:《刑罚的伦理反思》,载《中国人民公安大学学报》(社会科学版)2006年第2期,第67页。

[②] 参见王海明:《伦理学原理》(第二版),北京大学出版社2005年版,第191—306页。

黑格尔等为善提出了适用法则——人是目的,而不能作为单纯的手段。惟此,公平、正义和人道才有阐释的空间。

和谐,是社会治理的最高理想境界,中国传统伦理道德的终极理念。在这一上位概念下,有众多的工具性概念作为具体的判断根据,如:中华法系的"无讼""中庸",西方伦理学的"均衡",政治伦理学的"以人为本",等等。无讼,在于"使民不争",中华法系的法律,其作用不是为人们满足私欲提供合法的渠道,恰恰相反,它是要尽其所能地抑制人民的私欲,最终达到使民不争的目的。①无讼对自给自足的农耕社会而言是有效的,但在市场经济社会里没有用武之地,我们追求的是为社会各阶层提供充分博弈的平台,最大限度化解矛盾,因此,"无讼"不再进入本书的研究视野。古代中国所言之和谐,是以"天人合一"的自然之道统领一切意识形态以及道德、法律、政治等一切社会治理手段,甚至以此限制皇权。本书所称"和谐"有别于古代的和谐观,特指中国特色社会主义的本质属性,是科学发展的辩证统一,是包括中国共产党在内的马克思主义政党不懈追求的一个社会理想。社会主义和谐社会,应该是民主法治、公平正义、诚信友爱、充满活力、安定有序、人与自然和谐相处的社会。本书将在此语境中,以社会伦理的"中庸"、刑法伦理的"均衡"及政治伦理的"以人为本"作为具体的判断根据,来分析刑罚。中庸,曾因政治需要遭受批判和曲解,本书在此用的是其本意——中和、中道。根据质量守恒原则,量变引起质变,事物的运动发展不超过边界,才能保持其本质;一旦越界,事物将发生质的突变,甚至走向对立面。我们想要使冰变为水,如果温度不够,那冰还是冰;但过于加温的结果,却是可能让冰直接化为气。正如亚里士多德所言:"过度与不及都属于恶,中庸才是德行。"②本书所指以人为本的"人",既不同于儒家重义轻利理念指导下抹杀人之本性的"道德

---

① 参见梁治平:《寻求自然秩序中的和谐》,中国政法大学出版社2002年版,第215页。

② 苗力田主编:《亚里士多德全集》(第8卷),中国人民大学出版社1992年版,第36页。

人",也有别于西方社会过分张扬自由、追逐个人经济利益、以自我为中心的"经济人"①,而是马克思主义提出的"全面发展的人"。以人为本,是社会主义科学发展观指导下的民本思想,就是要以实现人的全面发展为目标,从人民群众的根本利益出发谋发展、促发展,一切为了人民群众,一切依靠人民群众。在政治领域,具体表现为"新三民主义"——权为民所用,情为民所系,利为民所谋。和谐的伦理折射到刑罚上,反映在两个层面:一是,国家和社会必须为犯罪的产生承担责任,竭尽所能地为人民提供完善的生存条件和良好的发展条件,减少犯罪生长的温床。而不是一味地高压打击,最终丧失刑罚的边际效益。正如刑事社会学派的开创者李斯特所认为的:"好的刑事政策和行刑政策(包括好的社会政策)比最好的刑罚还要有实效。"②二是,国家在保全社会维护秩序的同时,理应矫正改造犯罪人,有义务为其回归社会创造一切条件。

一、生命刑的伦理分析

生命刑是以剥夺犯罪人生命为惩罚手段的刑种,是现代刑罚体系中最古老、最具残酷性、最具终结性的刑种。

(一) 生命刑之善恶评判

把脉生命刑的国际、国内现状,可以得出生命刑的存在价值在全球范围内受到了空前的质疑,废止死刑已成为国际潮流,但为何包括中国在内的人口上亿的发展中大国和包括美国、日本在内的发达国家却都不约而同地保留了死刑制度?生命刑的存与废,当如何抉择?在尝试给出这个辩争两百年的话题的答案之前,让我们先从应然到实然对生命刑作出善恶评判。

---

① "道德人"和"经济人"的区分,由英国经济学大师亚当·斯密提出。
② 马克昌主编:《近代西方刑法学说史》,中国公安大学出版社 2008 年版,第 231 页。

1. 应然的状态——废除生命刑

作为刑罚的一种,其价值取向应当是什么?生命刑的存废应当如何取舍?

国家制定刑罚的目的是为了追求社会秩序,但在伦理层面,刑罚的终极伦理目的是实现和谐。秩序的实现很简单,高压的政治管治和严刑峻法在一定时期和一定程度上都可以实现秩序,我们可以把这种秩序称为刚性秩序,这与和谐的秩序是不可同日而语的。和谐的秩序是理性秩序,是可持续发展的社会最佳状态,在这样的状态下,公民享有充分的自由,自由和秩序是有机的统一;政治、法律对社会的控制建立在提供有效的纠纷解决机制、理性的利益博弈方式和顺畅的矛盾诉求渠道,而非刚性的管控打压。刚性的秩序,于政府而言,成本高昂;于社会而言,缺乏活力;于个体而言,权利不当受限;其代价是矛盾累积、"社会安全阀"[①]失效,体现出的是负价值。[②]生命刑的存在,对刚性秩序的维护功不可没,但是,生命刑的一般预防目的——以产生极大的恐惧感威慑其他潜在犯罪人不要重蹈覆辙——只能产生不可持续的刚性秩序,与和谐的终极伦理相悖;另一方面,生命刑的特别预防目的——彻底消灭犯罪人的犯罪能力,以达到消灭犯罪的功利目的——与犯罪在特定时期内的不可消灭性的理性认识相违背。当国家领导人喊出"公正比太阳还要有光辉"[③]时,当和谐理念深入人心时,生命刑的价值取向已经偏离了社会伦理和政治伦理的价值轨道。因此,生命刑在现代社会,由于丧失目的的正当性而失却正义的伦理基础。

"善"的宏观目的是"增进社会和每个人的利益总量",生命刑是剥夺犯罪人的生命的刑罚,自然不可能增进犯罪人的利益,即使增进

---

① "社会安全阀"理论由美国学者刘易斯·科塞在《社会冲突的功能》一书中最先提出。

② 参见曾粤兴、于涛:《群体性事件的刑法伦理分析》,载《中国人民公安大学学报(社会科学版)》2010年第3期,第48页。

③ 温家宝在十一届全国人大三次会议闭幕记者招待会上回答记者提问时的讲话。其指出:我们国家的发展不仅要搞好经济建设,而且要推进社会的公平正义,促进人的全面和自由的发展,这三者都不可偏废。

了社会和其他人的利益,也因犯罪人及其家属的利益受损而有了缺陷。退一步说,刑罚固然是解决冲突的手段,"善"在人们的利益发生冲突时,体现为用最小的恶去否定、制止更大的恶。边沁大师没有给出功利的量化公式——什么恶才是最小的。其实,这个公式是不可能给出的,因为功利在作为一种价值判断、一种伦理取向时,它和其他伦理一样,是随着生产力、生产关系的变迁而变化的。生产力的发展,大幅度提高了破案率,降低了确定惩罚的成本,秩序维护所需的威慑的重心从惩罚的严厉性转移到惩罚的确定性上。在人的生命价值没有提高到神圣不可侵犯之地位的时代,国家制定并执行生命刑,相对于私人的无序报复就是最小的"恶";在刚性秩序是唯一的选择时,生命刑的存在足以震慑一部分人,就是最小的"恶"。但当历史进步到人的生命神圣不可侵犯的时代,社会要求可持续发展、要求和谐时,功利对生命刑的评价标准也相应发生质的改变。功利不再简单地考虑威慑和报应,新的公正观和人道主义也进入其评价的视野,在强调生命诚可贵的时代,死刑因为必须建立严格的证据规则和繁琐的诉讼程序,变得极其昂贵。生命刑以剥夺人的生命为手段来维持秩序,就不再是最小的恶,而是目的、手段皆恶的不必要之恶。正如贝卡里亚指出的:"体现公共意志的法律憎恶并惩罚谋杀行为,而自己却在做这种事情;它阻止公民去做杀人犯,却安排一个公共的杀人犯。我认为这是一种荒谬的现象。"①昂贵之刑、极端之刑、滥用之刑、无用之刑非善刑,当生命刑遭到必要性的拷问时,也就失去了功利的最后阵地。

2. 实然之道——权宜保留但严格限制生命刑

废止生命刑的应然性当无可置疑,但立即废止与渐进废止的选择仍然困惑着刑罚学人。

"杀人偿命、欠债还钱",几千年的死刑观,不仅在普通民众的伦理观里根深蒂固,也强势地影响着执政党的刑罚政策,甚至在刑法学界都颇具市场。"一刀切"地废除生命刑,于现阶段的中国而言,肯定是

---

① 〔意〕贝卡里亚:《论犯罪与刑罚》,黄风译,中国方正出版社2004年版,第63页。

矫枉过正,有违中庸之道。

　　犯罪的发展已经超越了马克思、恩格斯对犯罪的定义——"犯罪是孤立的个人反对统治关系的斗争"①。在恐怖活动猖獗、手段极其残忍、致死致伤无辜百姓人数众多的前提下,保留死刑是必要之举。被恐怖组织洗过脑的"战士",自以为追求的是某种崇高的理想,视自己的生命、他人的生命为草芥,生命刑对恐怖主义的组织者和实施者而言,威慑功能是不存在的,其他刑种的教育和矫正功能对这些人而言也没有存在的意义。当威慑、矫正等派生功能都无法作用时,生命刑的自在功能——根绝其再犯可能,使之彻底不为害的剥夺功能,依然能发挥作用,这也是权宜保留死刑的正价值。对恐怖活动的直接、间接的受害者而言,对恐怖主义者适用死刑,是恢复正义、倡导人道的唯一正解;在无法矫正、教育的前提之下,为了最大多数人的最大幸福,对恐怖主义保留生命刑,也是现有历史条件下功利的无奈选择。

　　现阶段我国民众对正义的理解立足于社会本位观念。在社会本位的伦理视角下,剥夺杀人者的生命就有着现实的正当性。社会本位的伦理将长期影响废除死刑的民意,一国的法律终将以本国的民意为基础,失去民意的法律好比空中楼阁。每个国家都有自己的文化土壤,盲目地嫁接国外的制度,很难收获预期的效果,甚至破坏了本国固有土壤的酸碱平衡,对社会既有的秩序控制机制形成破坏。正如马克昌先生所言:"死刑是有两重性的,有好的一面,也有恶的一面;既不能把它说得十全十美,也不能把它说得一无是处。在一个国家中死刑应否废除的议论,绝对不能脱离该国的国情,特别是不能脱离该国的严重犯罪的发案率状况和国民对于死刑的感情和观念;否则,就不免陷于脱离实际的空论。"②

　　上述种种缘由,决定了我国的死刑改革只能渐进进行,死刑作为历史范畴还将继续发挥其历史作用,但是,保留死刑只是也只能是权

---

　　① 《马克思恩格斯全集》(第3卷),人民出版社1960年版,第379页。
　　② 马克昌:《比较刑法原理:外国刑法学总论》,武汉大学出版社,2002年版,第844页。

宜之计,废除死刑是历史的必然。我国庞大的死刑罪名数量和执行数量,与大国的国际形象极不相符。违背了"慎刑""恤刑"的传统伦理,和"以人为本"的社会主义伦理背道而驰,与人权至上的国际伦理更是格格不入。"最严重的犯罪"无论从国际人权的角度还是依据国际法律文本,只能理解为"导致死亡或其他极其严重后果的故意犯罪"[①]。联合国经济与社会委员会秘书长在此法理基础上,更是强调:毒品犯罪、绑架罪、强奸罪、经济犯罪、职务犯罪、宗教犯罪等不属于适用死刑的最严重犯罪。[②]依此标准,我国《刑法》规定的一半以上的罪名不属于最严重的犯罪,与国际人权伦理是背道而驰的。

死刑虽然有报应主义的伦理基础,但泛滥的报应主义,特别是无底线的威慑主义抬头倾向,既与功利主义的刑罚目的相冲突,也违背以人为本的政治伦理和人道主义的一般社会伦理。无论从功利还是正义的角度,死刑与对应的罪行理应具有等价性。如果死刑之恶远远大于实际罪行之恶,从功利的角度而言是不经济的、不必要的;从正义的角度,罪责刑不相匹配,则是非正义的。"罪刑均衡"反映在伦理上,就是对刑与罪进行伦理评价时,罪所侵犯的法益与刑所剥夺的利益,必须具有抽象的价值对应性,如若两者的价值明显不对称,无论是大于还是小于,都不符合公正所要求的正义和公平标准。如此说来,对那些不以剥夺他人生命和伤害肢体为目的的非暴力犯罪施加最严厉的剥夺生命的刑罚,以暴制非暴,刑罪在价值上悬殊太大,与正义和功利的现代理念就大相径庭了。

(二) 生命刑之和谐展望

生命刑不可否认地具有最严厉最残酷的惩罚功能,似乎与和谐的理念天生不具有可调和性,其实,不尽然。生命刑作为国家控制社会

---

① 转引并参见威廉·夏巴斯:《"最严重的犯罪"和死刑的适用》,载赵秉志、威廉·夏巴斯主编:《死刑立法改革专题研究》,中国法制出版社2009年版,第59页。

② 参见《关于死刑的第六个五年报告》。

的一种手段,在旗帜鲜明地对最严重的犯罪进行道义谴责的同时,国家也在借助这种蕴含伦理价值的惩罚来教育国民,以维护社会的稳定和安宁。惩罚的同时,也在扬善;残酷的背后,还有温情。既然生命刑暂时不能退出历史舞台,我们在制刑、配刑、动刑和行刑的过程中,就应当深度发掘中华法系和西方的优良社会伦理,酝酿社会主义新型伦理,助推生命刑的惩罚功能与扬善功能的良性互动,以期促进整个社会的和谐发展。

1. 扩大不适用死刑主体的范围

(1) 年老者

"老吾老,以及人之老;幼吾幼,以及人之幼。"中国自古有矜老恤幼的美德,当今保留死刑的一些国家也在刑法中规定,对70岁以上老人不适用死刑,如:恐怖主义事件频发、社会治安压力远甚我国的俄罗斯,限制死刑的力度就大于我国,死刑不适用于70岁以上者。这些规定,体现了人类矜老恤幼的共同伦理和儒家仁爱思想,值得继续传承与借鉴。我国已经逐步进入老年社会,更需要彰显尊老矜老伦理。以功利的视角来看,老年人随着生理功能的下降,再犯能力自然降低,也无处死之必要。值得一提的是,《刑法修正案(八)》规定:对已满75周岁的人,严格限制死刑的适用。笔者认为,无论是历史源流、与邻国立法比较,还是立足于我国人口平均寿命为70岁的现实,都有必要把不适用死刑的年龄定为70周岁,才能合理扩大这一宽缓刑罚原则的受益面。

(2) 哺乳者

联合国经济与社会理事会《关于保护死刑犯权利的保障措施》第3条明确规定:对新生婴儿的母亲不得适用死刑。医学的发展证明母乳喂养是最科学的喂养方式,如果得不到母乳喂养,婴儿的健康势必受到威胁。从罪责自负的角度来看,母罪不及弱婴,变相剥夺婴儿享受科学的母乳喂养的权利,对"性本善"的婴儿而言是不公正的。

(3) 精神病患者及智力低下者

"无知者无畏",对没有正常人的理性和畏惧感的精神病患者和智力低下者而言,死刑的威慑力再强也无济于事;对不能正常感受痛苦的人施加报应,报应无从谈起。

我国《刑法》对因发育不全导致的智力低下者的刑事责任没有明文规定,对精神病人的刑事责任问题在第18条第1款至第3款作了专门规定,这些规定表明,对间歇性的精神病人在不发病时,因具备刑事责任能力,可以成为死刑适用的对象。

笔者认为,对上述三类群体适用死刑,不但减损了刑罚的边际效益,与功利背道而驰;而且空置了理解人、同情人、关怀人的人本精神。因发育不全导致的智力低下者和限制刑事责任能力的精神病人,从刑事责任来看,因辨认或者控制自己行为的能力低于正常人,对其的刑罚也应当有别于正常人,不适用死刑才是罪责刑相适应原则和宽严相济刑事政策的体现,也才是公正的伦理要求;对该群体的体恤和宽容,是一个民族、一个社会伦理价值取向的表征。而对于犯罪时精神正常但在审理过程中、宣判时、执行时发病的间歇性精神病人,如果判处死刑,不仅变相剥夺了其辩护、上诉、立功等一系列的诉讼权利,与程序正义相悖,而且,因其对刑罚威慑力的感知度下降或者丧失,死刑的功能实现和功利价值都不同程度受损。在此情形下,中止审判或执行程序,对其进行医疗救助,待其恢复神智之后,再继续相关程序才较为妥当。

(三) 存留养亲的现代解读

存留养亲制度是我国古代的一项刑罚执行制度,即对被判处死刑、流刑等刑罚的人,因父母或祖父母年老,更无成人子孙或无期亲可以照料生活,有条件地暂不执行原判刑罚,准其奉养尊亲属,待其尊亲属终老一年或子孙成年后再执行或改判。存留养亲制度始于北魏,孝文帝在其诏书中第一次提出,其后1400余年一直是中华法系重要的刑罚执行制度。《唐律》规定:"诸犯死罪非十恶,而祖父母、父母老疾应侍,家无期亲成丁者,上请。诸犯流罪者,权留养亲……课调依旧。若家有进丁及亲终期年者,则从流。计程会赦者,依常例。即至配所应侍,合居作者,亦听亲终期年,然后居作。"①存留养亲制度吻合儒家矜老怜幼的伦理思想,也是"不孝有三,无后为大"的孝道思想在刑罚上的折射,既使鳏寡老人能够老有所养,不至造成社会动荡,又有利于感化和改造罪犯,在一定程度上体现了惩罚和教育相结合的原则,充分体现了中华法系刑罚的"恤刑原则",对刚性秩序下缓冲抵触情绪,减少社会对立面功不可没。

几千年儒家文化的熏陶,使"传宗接代"形成根深蒂固的民众心理。特别是社会保障制度远没有健全的现实历史阶段,"养儿防老"是国人不得已的选择,有子嗣不仅仅是为了传宗接代、继承宗祧,同时也是为了使自己的将来有所保障,老有所养更多地依靠子孙而非国家来完成。在文化侵蚀和社会经济压力双重合谋下,国人无形中赋予了后代过多的期许。而这种期许已经被计划生育的基本国策挤压到极小的空间,如若不幸这个唯一的子嗣还因触犯刑律被判死刑,那么,传宗接代的古训、老有所依的梦想都将被粉碎。传统与法律的对撞可能被保障体系的困境和现实的经济压力催化、发酵为剧烈的对抗,在有效的社会保障制度建立健全之前,存留养亲的伦理蕴含或可缓冲这种不可调和的矛盾。

中华法系的存留养亲制度,无论其适用条件(老或疾并独子、无期亲)、禁用限制(十恶之罪)以及事后监管措施,都有具体的规定而且严格执行。新中国成立后,为贯彻"少杀、慎杀"的刑罚政策,我国独创了死刑缓期执行的刑罚执行制度,但现行死缓制度与古代的存留养亲制度相比,却显得十分粗糙。有学者指出,我国的死缓制度有如下两点缺陷:一是适用死缓标准含义不明,不全面、不严谨,缺乏科学性;二是适用死缓的实质条件过于原则,不明确、不具体,难以把握。②完善死缓制度,有利于限制死刑,这是我国刑法学界的共识,完善死缓制度时,有必要吸纳存留养亲制度的精华,在死缓适用的主体上给予极大

---

① 《唐律·名例》。
② 参见张泗汉:《完善死缓制度,减少死刑适用》,载赵秉志、郎胜主编:《和谐社会与中国现代刑法建设》,北京大学出版社2007年版,第550—551页。

的关注。我国实行30余年的计划生育政策,使城市家庭结构呈"4-2-1"型,在社会保障体系缺位的现实困境下,这一个孩子就是一个家庭的希望。将存留养亲制度嫁接进死缓制度,除手段极其残忍、超越社会容忍度的罪行极其严重的暴力犯罪者外,均可将存留养亲的伦理关怀体现在死缓制度中,这是中国传统文化与现代伦理的共鸣。

二、自由刑的伦理分析

如果说生命刑已届日薄西山,那被誉为"刑罚之花"的自由刑,却正如日中天,占据世界刑罚体系的核心地位。前一节对生命刑的伦理审视,主要围绕存与废的价值冲突进行。本节对自由刑的评判,则将紧紧围绕自由刑本身功能的伦理审视进行,通过自我修复、完善与其他刑种的衔接,进而提升整个刑罚体系的结构效益,以最大化的正价值构建和谐。

自由刑在我国同样占据刑罚体系的中心,管制、拘役、有期徒刑、无期徒刑四种主刑都是自由刑。管制属于限制性自由刑,后三种属于剥夺性自由刑。无期徒刑、超过3年的有期徒刑属于长期自由刑;3年以下有期徒刑、拘役、管制属于短期自由刑。

(一) 自由刑之善恶评价

对自由刑之善恶考量,将放在我国自由刑自身功能在制刑、量刑、行刑等不同阶段的实现程度及实现过程中的伦理折射中进行。

1. 剥夺功能

无期徒刑、有期徒刑、拘役三种自由刑都具有剥夺功能。在制刑上,自由刑剥夺的是犯罪人的自由,而不是犯罪人的身体和生命。一方面剥夺其依凭自由可以获取的经济和社会利益,使其犯罪之"得"不偿被剥夺自由之"失"。另一方面,剥夺犯罪人的再犯能力。特别是无期徒刑,是作为身体刑、生命刑的替代刑来设计的。根据犯罪生理学和犯罪心理学的最新研究结果,犯罪人通过减刑和假释脱离无期徒刑,必须经过至少13年的监禁和改造,就算不考虑矫正的效果,行为人因为错过了犯罪的青春冲动期和犯罪能力的最佳实施期,其再犯的可能性和再犯能力都大幅度降低。在不剥夺生命,给国家留有纠错的余地、为犯罪人留有改过自新的余地的前提之下,又最大限度地实现剥夺功能,可以说,包括无期徒刑在内的自由刑,是中庸的、公正的,也是人道的。

在量刑上,自由刑有无期徒刑、有期徒刑、拘役三个剥夺型刑种的配置;有期徒刑有7个刑格;除无期徒刑外,其余两个刑种都有长短不一的刑度。自由刑的剥夺功能具有可分性和对应性,为法官的自由裁量提供了富有弹性的选择空间,很好地实现了刑罚的个别预防功能。比较于绝对不可分的生命刑而言,自由刑可根据具体的案件及具体犯罪人的主观恶性、人身危险性量体裁衣,"个别化"地量身打造罪责刑相适应的刑罚,在刑种轻重、刑期长短上都区别对待,较好地实现了个案公正。对具体的犯罪人而言,自由刑是公平的、人道的。

在行刑上,对长期自由刑设计了减刑和假释制度、对短期自由刑设计了缓刑制度,这些行刑制度为犯罪人回归社会创造了条件,具有人道主义的关怀。国家建立了一整套监狱管理制度,如:分设男子监狱、女子监狱、少年监狱;探亲制度;自学考试制度;等等;并且我国的自由刑在剥夺自由的同时更强调思想改造,同样体现了以人为本的伦理。

2. 威慑功能

如果说自由刑的剥夺功能反映了理性、经济的报应的话,威慑和矫正功能则集中反映出自由刑的有效预防。能否有效威慑社会上潜在的犯罪人不敢以身试法,能否有效教育、改造犯罪者本人,唤醒其赎罪的良知,不再危害社会,就成为自由刑善恶与否的评判标准。

现代刑罚伦理强调刑之确定与公开。自由刑的诞生,为制刑时考虑社会秩序强调一般预防功能提供了轻重有序、刑度有阶的体系选择,明确了什么行为应受惩罚、受多重惩罚。因为自由不仅能给人们带来物质上的利益,更能提供身体的享受和精神上的快乐,这种享受和快乐很难用货币来衡量,正常人一般很少愿意选择用自由去交换货币,失去自由就失去了享受金钱的机会。因此,自由刑剥夺和限制自由的功能带来的威慑是现实的、巨大的。可能有人不怕死,把死看做一了百了的解脱,但经年累月失去自由带来的身体和精神的双重折磨,甚至余生在监狱中度过的恐惧,往往比生命刑更能收获威慑之效。自由刑的威慑功能针对的仅仅是自由,不再涉及犯罪人的肢体和生命,是饱含人道的威慑。这种威慑能较好地取得制刑的一般预防功效,它也代表了正义的方向。

在量刑上,自由刑的功利是以经济的惩罚来获取最大化的边际威慑,针对社会对不同犯罪、不同犯罪人的容忍底线,选择轻重迥异的刑种和长短有别的刑度。身体刑与生命刑在和犯罪的对抗中,只能攀升残酷的花样以至最终失却边际威慑,而自由刑的威慑功利始终得以在报应的框架内运行,不像身体刑与生命刑那样在追求威慑效果时常常有突破报应约束的冲动,比较而言,自由刑是中庸的、公正的、人道的。

在行刑上,剥夺型自由刑的威慑效应是通过监禁和劳动改造来体现的;限制刑自由刑是通过宣告和劳动改造来体现的。与身体刑通过残害肢体带来终生痛苦和屈辱、生命刑通过剥夺生命的恐惧不同,自由刑剥夺和限制的仅仅是自由这种无形的载体,是人道的威慑。但是,我国的监狱作为国家保密单位,对自由刑的处刑处于高度机密中,行刑方式的不透明,与被害人家属、被告人家属和社会公众的沟通缺失,降低了自由刑的社会效果,也有违人道性的伦理要求。

3. 矫正功能

矫正功能是自由刑独有之功能,其他刑种难以望其项背。自由刑的矫正功能体现在行刑阶段。相比较生命刑、身体刑简单粗暴、即时性的行刑过程来看,自由刑的行刑是繁琐的、复杂的、历时性的,国家建盖监狱的费用、维持监狱运行的人力、物力的投入都是巨大的,仅仅从剥夺和威慑功能的实现来看,自由刑的成本是高昂的。但因为自由刑独有的矫正功能——将罪犯改造成为新人,同时为国家保存了劳动力、矫正过程尚可创造利润、为犯罪人回归社会创造条件、强调国家对犯罪产生负有不可推卸的责任,等等,显著的社会效益降抵了自由刑高昂的经济成本,甚至因为矫正功能的实现过程,体现了公正、人道的现代刑罚伦理,可能使自由刑创造出巨额"净利润"。

4. 安全阀功能

安全阀的功能是刑罚报应性的社会效应。"报应是正当性的题中应有之义,它既满足了被害人的复仇欲望,又将刑罚限制在犯罪人的犯罪行为的范围之内,从而达到被害与加害之间的利益与心理上的平衡。在这中间,社会除了满足正义感之外,别无所求。"① 身体刑和生命刑的报应是绝对报应,威慑的功利常常自我膨胀、有天然的冲动突破刑罚正当性的规制;而自由刑从走上历史舞台的那天起,就因为其自身的伸缩性、对应性、矫正性、个别预防性以及剥夺载体的超然性,限制了国家对威慑的功利放纵,将刑罚牢牢控制在正义的阀门内。社会对犯罪的报应抑或报复心理是天生的、无序的、有突破最大限度冲动的,身体刑和生命刑本身彰显的就是最大限度的报应,无法有效地开关社会安全阀,常常为了社会的利益而牺牲犯罪人的个体利益。自由刑的上述特性恰恰有利于社会安全阀的有效控制,引导社会对犯罪的报复情绪理性释放,并追求在自由刑的行刑过程中,教育、劝导犯罪人生成赎罪的良知。在安全阀功能的实现过程中,自由刑很好地追求了社会最大多数人的最大幸福,同时又尽可能保障了犯罪人的基本人权,兼顾了对社会的正义与对犯罪人及其亲属的人道,是理解人、同情人、关怀人的最好阐释。

5. 鼓励功能

在制刑上,身体刑和生命刑的刑罚是一次性的消费品,只具有威慑的功能,而未能体现鼓励功能。自由刑剥夺的只是作为载体的自由,保全了犯罪人的肢体和生命,为鼓励其改过自新留有最大余地。在行刑上,自由刑的刑期可以随着犯罪人改造的效果而增减。减刑、假释、缓刑等行刑制度的设立,有效地鼓励犯罪人认真改造,实现鼓励功能的过程本身就是对人道的追求过程。当然,我国现行刑罚体系对缓刑、减刑、假释的制度设计和运作都有缺陷,没有很好地体现出鼓励的功能,在此暂略不表,留待下文详述。

---

① 陈兴良:《刑法的价值构造》,中国人民大学出版社2006年版,第249页。

(二) 自由刑之和谐展望

和谐社会的构建,要求国家在秩序与价值之间找到平衡点,在尊重和保障个人自由的同时,维护社会必要的秩序,更多地增进社会福利;在建立和巩固国家秩序、社会秩序的同时,保障和发展个人自由,更好地促进经济和社会的全面发展。相应的,由于我国法律文化具有过分强调秩序的特点,因此,强调自由价值、自由意识,才可能在和谐社会建设中找到这样的平衡点。这就要求执政者和执法者、司法者,不仅要有高度的权利意识,更重要的是要具有人权意识,以中庸之道寻求公正和人道的价值。自由刑的设计就是在强调自由价值的前提下,剥夺、限制犯罪人的自由,换取社会的秩序。可以说,自由刑的横空出世,遏制了生命刑和身体刑的泛威慑化,回到等价报应的公正轨道之上;同时,为犯罪人创造了重返社会的矫正机会。自由刑的刑罚理念和公正、人道的伦理是相吻合的。但是,我国的自由刑在制刑、量刑和行刑诸阶段都有不尽如人意之处,离和谐的状态尚有一定距离,需要我们不懈的努力追求。

1. 制刑的和谐追求

如果立法不能与社会伦理保持高度一致,如果法律及其运行不能体现和实现公平正义,那么,社会是不可能和谐的。相反,如果立法能够最大限度地与社会伦理保持一致,法律及其运行是"以人为本"的,不仅能够体现而且能够实现公平与正义,那么,社会和谐就有了法治保障。

(1) 重重轻轻的伦理蕴含

重重轻轻是 20 世纪中叶以来世界刑事政策的发展趋势——对严重犯罪加重打击力度,而对轻微犯罪向"三非"(非犯罪化、非刑罚化、非监禁化)发展,愈加轻缓。

犯罪是针对他人和社会、国家的挑衅和侵犯,必然引起受害人、受害人亲友和社会的激烈反应,为了遏制私力报复的无序和过度的非正式反应,国家才设置了刑罚这种正式的理性反应。随着生产力的进步和时代的发展,国家对待犯罪的理性认识是与时俱进的。我们早已认识到,犯罪的根源在于社会本身,这种现象将长期存在,无法消灭。据此,犯罪率的高低,不应作为评价一个社会进步程度的标准。20 世纪五六十年代我国的犯罪率是比较低的,古代中国也有维持低犯罪率的昌平时期,但这种刚性秩序是以牺牲民众的自由为代价的,是以社会经济的停滞为代价的。国家依赖对社会进行无孔不入、无所不在的高压管控而维护的秩序,并不值得我们留恋。有了理性的认识,才能组织对犯罪的合理反应。

刚性的秩序只能得到刑罚的效果,却无法收获刑罚的效益。我国正处于社会经济转型期,在这特殊的历史节点上,社会治安形势非常严峻,暴力犯罪骤增、新型经济犯罪层出不穷。对恶性暴力犯罪、严重破坏经济秩序、过分贪渎的犯罪人,对累犯、再犯予以坚决、严厉打击,保持"重重"的刑事政策,延长实际剥夺自由的时限,是现实的要求。但同时,历史和现实的经验教训都证明:重刑主义不是根治犯罪积弊的良药,企图用严刑峻罚来遏制犯罪甚至消灭犯罪无异于饮鸩止渴。我国正推行的节约型社会同样要求剔除昂贵之刑、滥用之刑、极端之刑和无效之刑,刑罚的谦抑就是社会节俭伦理的体现。对轻微刑事案件的犯罪人、对初犯、偶犯等人身危险性小的犯罪人,适用"轻轻"的刑事政策,把国家刑罚投入更多地用在打击严重犯罪上,乃是时代的要求。

笔者认为,在生命刑应该大力限制的前提之下,自由刑特别是长期自由刑理所当然地应肩负起弥补限制死刑留下空位的重任。刑法结构的合理与否直接关系到刑罚功能的实现程度。我国现行的刑罚结构存在不合理之处:死缓只相当于有期徒刑 24 年;无期徒刑则相当于有期徒刑 22 年,实际执行的时间还要更短。死刑与死缓、无期徒刑相比,一生一死,差距过大。刑罚的效益只有刑罚真正体现出公正的伦理价值时才能实现。无论是制刑、量刑还是行刑,都是围绕惩罚犯罪进行的,犯罪人、受害人和社会大众对刑罚的感知只能通过个案进行。死缓和无期徒刑在制刑和行刑上的脱节,使刑罚结构严重失调,让死刑立即执行的犯罪人及其亲友顿感显失公平,也让包括死缓和无期徒刑适用案件中的受害人及其亲友在内的广大民众心理失衡,难以体现刑罚公正和人道的伦理底蕴。为了配合限制死刑,就有必要加强死缓与无期徒刑的严厉性,对客观上难以矫正、短期回归社会有危险的"恶犯",体现"重重",做好死缓与死刑、无期徒刑与死缓间的无缝衔接,科学配置刑度,坚决捍卫社会的安全和利益。笔者主张直接将有期徒刑的最长期限延长至30年,相应调整减刑的幅度,假释的实际执行时间、假释的考验期也作相应提升。以自由刑的高昂代价,匹配死缓犯、无期徒刑犯已经显示出的社会危害性和人身危险性,符合公平的社会伦理。

辩证地看,刑罚毕竟只是众多控制、管理社会的手段之一,而不应当做管控的目的。"轻轻"的趋势关键在于对短期自由刑的制度再造,充分体现出"宽严相济"中宽和与人道的一面。比如监禁时间的改造,引入周末监禁、夜晚监禁、分期监禁等制度;比如犹豫制度的设立,不但改造现有的执行犹豫制度——缓刑,还可以引进并建立适合我国国情的侦查犹豫、起诉犹豫、宣告犹豫等制度。一味地靠严打严惩来追求社会的和谐,无异于缘木求鱼。自由刑依赖于监狱的建设,包括监所、劳动场地等硬件建设和管教人员、医生等软件投入,越多的人投入监狱、拘押时间越长,国家的刑罚投入越大、成本越高;高成本投入可能还换不来太明显的效果,更勿论效益——监狱的亚文化对罪犯的不良心理影响、罪犯间的交叉感染、监狱的封闭对罪犯回归社会的反作用等,都在消解国家的刑罚效益。对轻微刑事犯罪人而言,无区别地对待,只会无端树立社会的对立面,不符合刑罚的功利追求,也有损刑罚的公正和人道。制刑和量刑时贯彻"轻轻"的刑事政策,行刑时考量行刑社会化的措施,在刑法之内体现了罪责刑均衡原则,在刑法之上则是公正、人道的伦理体现。

(2)亲亲相隐的现代解读

国家主义者为了竭力维护执政所需要的社会秩序,一般会强调亲亲相隐的社会危害性——对秩序的侵犯。人本主义者会因为重视社会细胞即家庭的稳定、亲情的巩固对于社会稳定的意义而不仅在刑法中免除相隐者的刑事责任,而且在诉讼法中免除其作证义务(在刑法规定有拒证罪的国家也相应免除其拒绝作证的刑事责任)。我们都知道，法律应当符合大众伦理道德，即符合常理、常情，才能获得民众拥护和信赖。大众伦理道德与人道具有交叉关系。重视亲情、尊老爱幼，家庭关系讲究孝顺、邻里之间讲求和睦、朋友之间讲究信义、社会一般人之间讲究平等，这既是大众伦理，也是为人之道。道德的底线是不害人、不损害他人而利己，更不要损人而不利己。正因为这样，中国古代从春秋时期开始，就规定了亲亲相隐制度，外国许多国家从古至今也规定了这一制度，如当代的德国、意大利、法国、加拿大、西班牙等，前社会主义国家如捷克、波兰、保加利亚、东德等。它们不是不知道容许亲属隐瞒、包庇自己亲友的罪行，为犯罪亲属提供帮助会在增进亲情的同时损害国家利益，但它们都能宽谅人之亲情，不作违背人伦之情的规定，相反，对相隐者不仅不处罚或者减轻处罚，而且确认亲属有拒绝作证的权利。[①] 新中国从"反右"至今，一方面鼓励所谓"大义灭亲""夫妻反目""父子成仇"，另一方面，在立法上完全否定了旧时代的规定，道德体系的崩溃不能不说与此有关。试想，亲人之间尚不能互相信任、互相帮助，还有什么值得信任呢？

秩序的维护是一个非常复杂的问题。执政者、决策者完全可能出于美好的愿望，试图建立或者维护一定的社会秩序却反而打破某种不该打破的秩序，如前述亲情人伦秩序的处理问题。笔者建议立法修改《刑法》第310条窝藏、包庇罪，把"明知是犯罪的人而为其提供隐匿处所、财物、帮助其逃匿或者作假证明包庇的"行为主体限定在行为人亲属以外的人范围，明确规定父母、配偶、兄弟姊妹等三等亲以内的人除外，同时立法在程序上免除近亲属的作证义务。

2. 量刑的和谐追求

自由刑的特征在于除无期徒刑外的其余刑种都有刑格和刑度，在区别对待人身危险性不同的犯罪人和社会危害性各异的犯罪时，体现了灵活和机动的一面，给量刑留下了自由裁量的空间。法律是死的，需要不同的法官来适用、来自由裁量，这样一来，判决不可避免地受到

[①] 参见范忠信：《中西法文化的暗合与差异》，中国政法大学出版社2001年版，第68—99页。

法官个人文化程度、社会阅历甚至喜怒哀乐的情感因素的影响。怎样才能避免量刑的区别对待带来的刑罚不公？除了制定全国统一适用的量刑指导意见外，笔者认为在我国实行判例制度，肯定判例法的效力，有利于国家刑罚权的统一和公正的最大化实现。

本书所讲的判例，是指中级以上人民法院发布的、具有指导同类案件审理效果的生效判决。判例法，是体现在判例中的规则和原理。比如，司法实践中，"被害人有重大过错，可以从宽处罚被告人"，在认定重罪和较轻罪问题上存在疑问则"就低不就高"的原则等，都属于判例法的内容。判例法，早就已经是司法的客观存在，然而，由于人们片面认识大陆法系与英美法系的界限，看不到两大法系日益融合的现实，从而死守成文法的旧制不变，因此，判例制度一直未能在我国得以建立。

在刑事司法实践中，同样的案件，不仅东部地区法院与西部地区法院在同一时期的处理结果悬殊，甚至同一地区法院在同一时期的处理结果也大不相同。许多学者主张一般公正优于个别公正，程序公正优于实体公正。这些笔者都赞成，问题是，老百姓最关心的是自己的那一份公正能不能得到保证和实现。

如前所述，公正的基本要求是在法律面前人人具有平等的法律地位和平等的权利义务，简单地说，就是同样的案情得到同样处理。判例给公民提供了鲜活的例证，是公民判断司法结果即个别公正的天平秤星和参照物。知假买假从而打假，在甲地法院受到法律保护，在乙地法院却受到否定；同样是一场车祸的死伤者，城里人与乡下人得到的赔偿悬殊数倍；贪污受贿百万元，在西部法院领受死刑，在东部法院还有颐养天年的机会，这是什么公正？任何公民面对这样的判例，都会发出这样的疑问。

人权不能因为公民生存地域不同而有悬殊，公正的司法不能因为当事人生活地域不同而区别对待。没有判例制度，就很难有司法公正。

3. 行刑的和谐追求

再完善的刑罚制度，在行刑过程中，如果不能在每一个细节都倾注伦理的关怀,那么,制度的"善"最终也有可能沦为执行的"恶"。

(1) 行刑的人道制度构建

人道在刑罚执行环节,可以有许多具体体现。这几年全国各地监狱管理部门和监狱都在积极摸索,如河北省一些监狱在监狱内建盖监狱招待所,让已婚罪犯有条件过过夫妻生活;云南允许未成年罪犯中秋节回家过节,允许表现好的罪犯回家过春节,允许成年罪犯结婚;全国的监狱都实行了分类关押,基本上都开办了学校,允许在押人员读函授大学或者参加自学考试;等等。有的引起了社会上某些人的不满甚至斥责,比如过夫妻生活和结婚,这些非议者实际上是缺乏人道意识。夫妻生活对于任何常人来说都具有重要意义,除了传宗接代,还有使人精神愉悦、内分泌协调、缓解压力,等等。结婚是公民宪法上的权利,到目前为止,我们还没有看到现代刑法中规定有罪犯不得结婚的内容。而且,结婚后过夫妻生活,既是人的本能,又是人的社会权利和义务。因为是人的本能,所以是基本人权。人权不能剥夺,因为你剥夺了他的人权,实际上就是把他当做动物来对待了。刑罚作为特殊的社会治理方式,和所有社会治理手段一样,需要制度创新,应当允许各地监狱部门本着实现正义、人道的最大化原则,不断创新,推出因地制宜、因时制宜的行刑制度。

(2) 社区矫正的伦理蕴含

在社会学视野中,人际关系围绕统治、控制、冲突与合作四种模式展开。刑罚是一种特殊形态的社会冲突,在这种冲突中,国家作为刑罚权的执掌者,一方面与受到刑罚的犯罪人形成对立;另一方面在刑罚的流程中,国家又不可避免地需要犯罪人的合作。冲突与合作形成悖论,对立统一在刑罚中。刑罚的正当性取决于多大程度上体现了社会的正义,这种社会正义的价值取向又体现在刑罚被包括犯罪人、犯罪人亲友、被害人、被害人亲友和无利益相关公众所理解、接受和认同的程度。

《刑法修正案(八)》规定对缓刑人员和假释人员实行社区矫正,这是社区矫正第一次被纳入国家刑法的制度设计视野。社区矫正是行刑社会化的重要处遇模式,是将适用管制等限制自由刑和假释、缓刑、暂予监外执行等监外行刑方式的犯罪人，置于社区，在社区环境中开放式地监督、教育和矫正，是"轻轻"刑事政策的在行刑阶段的具体体现。其功能在于：一是避免犯罪人监狱化，最大限度降低剥夺自由刑的悖论（国家矫正犯罪人的目的与监狱亚文化导致犯罪人间交叉感染、心理扭曲等的悖论；国家促使犯罪人重返社会的目的与监狱的封闭性阻碍犯罪人重返社会的悖论；国家教育犯罪人降低其恶性与犯罪人因受刑烙上监狱印记而仇恨国家的悖论）。降低悖论的过程就是公正得以彰显的过程。二是通过犯罪人的赔礼道歉、社区劳动、公益服务等矫正措施，建立犯罪人与受害人、社会的交流平台，既保证犯罪人正常的生活、学习和工作，避免其与社会脱节，又促使其借助诚挚努力，获得被害人和社会的谅解，从而回归社会，恢复社会原态，充分体现以人为本的政治伦理价值。三是刑罚是国家、社会、犯罪人、被害人等多方的冲突，冲突的解决应当通过冲突各方的交换来完成。社区矫正恰恰提供了这种交换的平台：国家让渡一部分刑罚权力，仅仅起引导作用，节约不必要的刑罚资源；社会（具体包括企业、社区组织、NGO等）扩张相应的权力也承担起监督、教育的责任；民众付出更多的理解和信任，换取社区和谐；犯罪人付出真诚的悔过心、赎罪心和诚实勤勉的社区服务、公益劳动，换取免受监禁之苦；受害人接受道歉和赔偿，付出谅解和包容。冲突各方让渡权力、权利或付出义务，作为原态回复、社区和谐的交换。从国家管控的一元体系向国家—社会双层综合治理体系的演进，是和谐秩序的价值欲求。

犯罪人回归社会是刑罚人道性的要求；大量司法资源得以集中对付严重犯罪，以较小的投入换取最大的效益，乃是功利的选择；社会包括犯罪人对刑罚的认同是刑罚最大的公正；通过恢复性司法，重塑社会和谐，是社区矫正的终极目的。当罪犯认同其被判的刑罚时，刑罚意义就不限定在惩罚含义内，而可以说是一种谴责，是国家与社会对罪犯行为的否定，这种谴责，无论是生理的，还是心理的，都会被罪犯翻译成责难、罪有应得。于是刑罚惩罚由他罚走向自罚，刑罚由法律境界步入道德境界。①

三、财产刑的伦理分析

远在自由刑出现之前,财产刑就已存在,却始终未能进入我国刑罚的中心位置,无论古代的"五罚"还是现代的附加刑,都游离于主刑之外。财产刑在西方刑罚史上,虽广泛适用,但也一直甘当生命刑、自由刑的配角。直到现代资产阶级的人权运动蓬勃发展,人权理念深入人心,刑罚轻缓化成为世界各国共识时,财产刑的地位才得以大幅度提高。因为财产刑不伤及人身和自由,饱含人文关怀的伦理因素,甚至代表了未来刑罚发展的趋势。

(一)财产刑的善恶评价

笔者将从财产刑被人们的接受程度,或者说从其使用价值的大小来检讨财产刑的善恶。

所谓价值,即客体有利或有害于达成主体的目的,实现主体的欲望,满足主体的需要之效用。有利者为正价值,有害者为负价值。刑罚伦理性的价值,主要是指刑罚伦理性的过程与程度对社会发展、社会和谐的正价值,更多的是在使用价值上来理解。刑罚以公平正义、自由、秩序、功利、人道、谦抑、均衡、中庸等为自己的伦理价值,真正符合伦理性或者说与这些伦理价值符合程度高的刑罚,其本身的价值也就与其伦理性的价值同步。

人们对财产刑的欲望和需求应当包括但不限于如下方面:① 实现剥夺功能,针对牟利型经济犯罪人,剥夺其再犯的资本。在剥夺功能的实现过程中,刑罚的财产性质和犯罪人破坏的社会经济关系是相对应的,彰显了罪刑均衡和公正的伦理价值。② 实现威慑功能,财产刑的科处,剿灭了犯罪人"坐牢一阵子,快乐一辈子""牺牲一个人,幸福一家人"的幻想,充分阐释了刑罚分配的正义。同时,财产刑带来的

---

① 参见翟中东:《刑法问题的社会学思考》,法律出版社 2010 年版,第 166 页。

行为成本远远大于犯罪预期收益,对被告人及潜在犯罪人形成有效的威慑。财产刑的严厉性完全通过犯罪人对收益和经济成本的评估体现出来,不涉及生命、身体和自由,是刑罚人道性和谦抑性的最佳注脚。③ 财产刑的行刑在一缴一收间完成,免去了生命刑严格的证据证明、繁琐的审判和复核程序,也省去了自由刑大量的硬件和软件投入成本。可以说,财产刑带给国家的是净利润。财产刑以最小的成本维护社会秩序,体现了刑罚经济的伦理价值。④ 财产刑于20世纪中期后在欧洲国家(美国一直怀疑财产刑的功效)兴起,用以克服短期自由刑的弊端,避免了短期自由刑造成犯罪人间的交叉感染和再社会化障碍的负价值,人道的伦理在此再次得以彰显。⑤ 财产刑的可分性。没收财产刑的全部与部分没收之别、罚金刑的数额罚、倍比罚等,与犯罪情节、犯罪数额、犯罪收益形成对应格局,刑与罪相匹配,追求刑罚分配的结果正义。⑥ 财产刑的易纠正性,具有生命刑、身体刑和自由刑无法望其项背的优越性。生命、身体、自由都是一次性消费品,不可替代是其本质属性,剥夺了便不可能恢复原状,唯有金钱是耐耗品、可替代品,即使出错,计算了利息退还即可基本恢复原状。从这个层面而言,财产刑的公正、人道和中庸是无可比拟的"善"。

列举了财产刑在使用价值层面的正价值或者说"善"之后,我们再分别来审视其同样显著的"恶":

1. 没收财产刑

首先,从制刑的角度来看:第一,与物权法确定公民财产权属并予以保护的旨趣相冲突。在一个法治社会里,公民私有合法财产神圣不可侵犯,是国家必须遵守的伦理原则,这一原则,与公共财产神圣不可侵犯具有同样重要的地位。作为没收犯罪工具和犯罪所得之外的制裁措施,没收财产具有侵犯公民财产权的不正当性。从报应的角度来看,它缺乏与制刑相对应的侵害事实和伦理基础,缺乏正当性的伦理基础;在功利的层面,它断绝了死刑犯以外的犯罪人回归社会的物质基础,与刑罚的功利目的相违背。第二,现行《刑法》总则第59条规定:"没收财产是没收犯罪分子个人所有财产的一部或者全部。没收全部财产的,应当对犯罪分子个人及其扶养的家属保留必需的生活费用。在判处没收财产的时候,不得没收属于犯罪分子家属所有或者应有的财产。"对没收的范围、对象仅仅作了原则性的规定,制刑的粗疏使量刑和行刑不具操作性,制约了其功能的发挥,为量刑和行刑的不公正、不平等埋下了伏笔。第三,对贪利型犯罪与侵财型犯罪不加区别地规定了没收财产刑,无视不同犯罪的犯罪人的经济差别,违背了刑罚个别化的原则,导致财产刑体系的配置混乱,也直接导致了在行刑过程中如"两抢"等犯罪人大多无财产可执行,与贪污等犯罪人执行的额度对比鲜明,失去了公平的伦理支持,也让没收财产刑本身沦陷于"被空置"的尴尬境地,贬损刑罚的尊严。第四,它有可能引导执政者产生不正当的物质欲望,从而借"打击犯罪"将他人合法财产占为公有甚至占为私有。薄熙来、王立军在重庆的"打黑"运动,为这一结论提供了有力佐证。

其次,在量刑和行刑的过程中,作为一种理想化的设计,没收财产被用来为达到彻底剥夺犯罪人再次犯罪的经济能力服务,然而,这一刑罚远未达到设计的目的,与人们的欲求相去甚远。其中原因在笔者看来主要有:第一,犯罪人不是已经组成自己的家庭(包括同居关系),就是与自己的父母、兄弟姐妹同财共居,除了动产,其有份额的不动产与家人的不动产形成不可分割的整体,导致其不动产无法没收;即使是动产,也可能是罪犯家人共同使用的生产资料和生活资料,如大型牲畜、车辆等,没收后必然影响罪犯亲属的正常生产与生活。适用没收财产刑,必然引起犯罪人家属的对抗情绪,树立过多社会对立面,既有违人道又不利于社会秩序的维护,还可能造成对"罪止一身"刑罚原则的背逆,有失公正。所以,贝卡里亚指出:"没收财产是在软弱者头上定价,它使无辜者也忍受着罪犯的刑罚,并使他们沦于必然也去犯罪的绝境。"[①]第二,行刑不具可操作性。一方面刑罚的执行不属于法院执行部门的职权范围,刑法又没有规定该刑罚应当由公安机关执行,导致执行主体不明;另一方面法律没有规定对犯罪公民的财产进

---

① 〔意〕贝卡里亚:《论犯罪与刑罚》,黄风译,中国方正出版社2004年版,第53页。

行分家析产的程序和规则。最终都可能导致没收财产无法执行。刑罚要符合伦理的价值取向并推动伦理的社会化,绝对不是依靠刑罚的严厉,而是得益于刑罚的确定性和及时性。没收财产刑的大量空置化,使公正遭遇沦陷,只会使公众丧失对刑罚的信仰和敬畏。第三,对生命刑以外的刑种、行刑方式(死缓)并科处没收财产,更多地体现了国家主义的功利选择,却忽略了以人为本的伦理。试想没有了财产的犯罪人怎么回归社会——人们期望刑罚体现再社会化的愿望可能落空;改造期间没有早日出狱的愿望支撑又何来动力认真改造——刑罚的矫正功能很难实现;出狱后没有经济依靠会否重新犯罪——刑罚的特殊预防效果大打折扣,对秩序的维护也弊大于利。功利的膨胀倾斜了公正的天平。

2. 罚金刑

首先,在制刑上,罚金刑满足不了社会伦理、政治伦理的价值要求。我国现行罚金刑的设计一味地迎合国家主义,国家在获得净利润的同时没有考虑对犯罪人的教育和矫正,罚金刑的功能设计有重大缺陷。在内容上,罚金刑的配置有不当之处:第一,罚金刑的配置没有遍及所有贪利型犯罪,如腐败犯罪,与配置了罚金刑的假冒专利罪等大量轻罪相比形成极大落差。第二,在罚金刑的犯罪类别配置上,大量适用于故意犯罪,在过失犯罪上适用率低,与国际惯例不符,降低了罚金刑修补短期自由刑的缺陷的功能。第三,在科处类别的配置上,大量采用了必并制,相反更为灵活机动的可并制却被忽略。罚金刑的结构失调、配置不当,必然减损其功能的发挥,也折射出与公正、人道、均衡等伦理相悖的负价值。

其次,在执行上,罚金刑的量刑和行刑是饱受诟病的领域:第一,"先执后判"大量存在。第二,罚金刑的大面积不执行或不完全执行,让包括如数缴纳罚金的被告人在内的所有社会成员感到司法不公,减损了刑之威慑和尊严。第三,罚金刑存在很普遍的亲友代缴现象,特别是未成年犯罪人和低收入犯罪人,无形中罚金刑成了违背"罪止一身"原则而"株连"无辜的替罪羊,与公正、以人为本的伦理背道而驰。第四,缴纳了罚金的有钱人通常换来惩罚程度降低的结果,让没钱的犯罪人和被害人、社会公众切身体验罚金刑"以钱赎罪"的"原罪",刑罚带来的社会不公的印象更为深刻,也更加恶劣。

(二)财产刑的和谐展望

公平正义、自由、秩序、人道、谦抑、宽严相济等价值都有手段性特点,而和谐才是人类社会的目标性价值。刑罚体现伦理性的最大价值就是促进社会和谐。这是伦理刑法化与刑罚体现伦理性的交叉点。刑罚惩罚犯罪,保障公民自由,维护社会秩序,保障犯罪嫌疑人、被告人人权,恢复社会正义,改造、矫正犯罪人的种种努力,最终目标是促进社会和谐。针对前述列举的财产刑的弊端,笔者认为,改革财产刑迫在眉睫。

1. 废除没收财产刑

刑罚的存在理性在于无可替代,可以替换的刑罚都是无效之刑、昂贵之刑。组成刑罚体系的刑种,理应具备鲜明的品行,以各自独立的专属功能紧密配合成就刑罚体系的良性运作。如下缘由,没收财产刑可以被罚金刑替换,也就失去存在的价值:

首先,价值观的进化,要求刑罚与时俱进。没收财产刑是国家主义至上的一元化社会的当然产物,以国家利益为本位的价值观带来的就是对社会、公民个人利益和诉求的轻忽。当历史的车轮进入国家——社会二元化的时代时,社会基本价值已经不需要维系刚性秩序,面对冲突不是打压,而是倡导交流和沟通,刑罚提倡国家和社会的互动、犯罪人与被害人的对话,刑罚的轻缓化势在必行。正如贝卡里亚在其不朽之作《论犯罪与刑罚》的第 47 章所言:刑罚的规模应该同本国的状况相适应。刑罚应该是公开的、及时的、必需的,在既定条件下尽量轻微的、同犯罪相对称的并由法律规定的。[①]

其次,昂贵之刑、极端之刑、滥用之刑、无用之刑非善刑,理应从刑罚体系中剔除,剔除的判断标准至少应当包括无效果、可替代两个必

---

① 参见〔意〕贝卡里亚:《论犯罪与刑罚》,黄风译,中国方正出版社 2004 年版,第 100 页。

要条件。《刑法》第64条已经明文规定了对供犯罪使用的财物的没收和对犯罪所得的追缴,如果第64条能够得到很好的执行,犯罪人剩下的财产就是合法财产了,再科处没收之刑,既无必要又有侵犯人权之嫌,无端让犯罪人及其家属走到社会的对立面,和公正、人道的伦理背道而驰,也非功利所欲,无法收取刑罚功能之效。退一步说,纵使犯罪人的危害和恶性很大,非常有必要在生命刑或自由刑之上并处财产刑,完全可以由罚金刑替代。追缴犯罪所得和没收供犯罪使用的财物之后,留下的不动产大都是家庭共有财产,区分的可操作性很低,也不符合以人为本的价值取向。科处罚金刑才是最经济最理性的选择,才能和社会伦理并行不悖。

2. 优化罚金刑

(1) 依照"轻轻重重"原则,重新布局,构建更有效对付犯罪、控制社会的财产刑体系

"重重"的层面,填补没收财产刑的空白;"轻轻"的层面,扩大过失犯罪的罚金刑适用。罚金刑的选科制度可以为刑罚个别化、刑罚社会化的实现另辟蹊径,修补短期自由刑的缺陷,这是罚金刑制刑的功利目的。特别是对非贪利侵财性过失犯罪和其他轻微刑事案件,增加一种等价的报应路径,也是体现刑罚谦抑性的经济路径。

(2) 并科制只为极少数罪名保留,普及选科制立法

在保留并科制的领域,大幅减少必并制的立法,增加可并制的设计。并科罚金刑是刑罚威慑的片面功利冲动,制刑与量刑、行刑的脱节,背离了功利的目的,功利的目的只有在公正、人道和效益的轨道内运行才能实现。限制必并制、慎用可并制、普及选科制,当是罚金刑的上策。

(3) 设立罚金刑的易科制度

笔者认为死缓制度为生命刑和自由刑的衔接架设了桥梁,罚金刑的易科制度则是财产刑与自由刑间的节点,这个节点控制得当,不仅能修补短期自由刑的弊端,也为不能缴纳罚金或者故意隐匿财产不愿缴纳罚金的犯罪人准备了可供选择的执行方式,根据犯罪的情节、犯罪人的恶性程度和是否未成年人,决定科处自由刑或者带有社区矫正

性质的社区服务,避免罚金刑判决成为一纸空文;通过强制社区服务来缴纳罚金,为犯罪人与社区交流建立平台。现代刑罚的威慑靠刑罚的确定性和及时性,罚金刑的执行不仅弱化了刑罚的威慑力,也给社会带来不公正的"恶"果。建立罚金刑易科制度,为罚金刑的个别化备选优化量执方案,也强化传统罚金刑所不注重的教育和矫正功能,不啻给刑罚体系的运转注入润滑剂,更能助推刑罚功能的发挥和公正价值的彰显。

四、资格刑的伦理分析

资格刑是以剥夺或限制犯罪人赖以从事某种活动的权利能力或身份象征的诸刑种的合称,是一种古老的刑罚,在西方有着涵盖广泛的调整范围,而我国现行刑罚目前仅限于剥夺政治权利和驱逐出境两种。

(一)资格刑的善恶评价

经过西方发达国家若干个世纪的发展和改造,现代资格刑具有了非物质性、经济性、轻缓性、刑种多样性、手段灵活性、调整范围宽广性等优点而备受热捧。

1. 资格刑应然的正价值

资格刑性善的一面,或者说资格刑应然的正价值至少体现如下:

(1) 有效的预防功能

与生命刑、自由刑、财产刑更多地着眼于已然的犯罪不同,资格刑的立足点更多地在于对未然犯罪的预防。资格刑是为了预防再犯的可能,先行剥夺其一定的参与国家管理、社会事务、经济活动的资格,从根本上杜绝其再次以同样方式危害国家社会的可能。

(2) 人道的剥夺功能

资格刑的剥夺不以生命、自由为代价,甚至不丧失金钱,发生错判也具备易纠性,对犯罪人来说,是人道的,而且资格刑剥夺的权利和犯罪性质之间形成一一对应关系,符合罪刑均衡的伦理,是公正的。

（3）刑罚节俭的表率

于国家而言，资格刑不用投入执行成本。生命刑的执行建立在最昂贵的生命价值之上，而且先前的充足证据证明、繁琐的审判程序、严格的复核程序，都以看不见的付出加大了成本。因此，必须限制甚至废除生命刑的理由之一，就是生命刑是最昂贵的刑罚。自由刑的执行必须配置监管场所、安保设施、管教人员、安保人员等整套软硬件系统，成本同样高昂。财产刑的执行成本低但执行效果不佳，降低了财产刑的效益。资格刑可以说是以最小的投入，换取最大的一般威慑和特殊预防效益，是功利的选择，体现了刑罚的谦抑性和经济性。

2. 我国资格刑实然的负价值

我国资格刑制刑的不均衡，在源头上造成了资格刑功能的缺损，不仅没能充分发挥资格刑自身的功能和体现出正价值，反而阻碍了我国刑罚体系的和谐运作，放大了"恶"的成分。

首先，资格刑设计的内容单一，仅仅限于剥夺政治权利，忽略了资格刑在社会、经济领域的巨大作用，功能设计残缺不全，制刑上有自宫之嫌，与功利、均衡的伦理不相吻合。

除剥夺政治权利以外的资格刑让位于行政法律，导致国家反击犯罪的手段和力度严重不足。例如，对于格外看重荣誉的公民来说，剥夺勋章、奖章、军衔、警衔、荣誉称号，能够唤醒其耻辱感从而配合实现刑罚的预防功能；剥夺一定期限的从业资格，可以断绝行为人东山再起、短期再犯的可能。然而，刑法立法者以行政法律、法规已经规定了这类处罚措施为由，将其排斥于刑罚体系之外。

其次，资格刑适用的主体单一，片面强调了对自然人的预防，对资格刑在预防单位犯罪方面的效益是短视的，直接导致刑事法网的疏漏。利用企业形式反复生产销售假冒伪劣产品，大量存在的单位环境犯罪，引起社会恐慌的食品安全犯罪，医疗卫生领域的血液制品、疫苗制剂等犯罪也大都是由企业实施的。对于这些犯罪，刑罚强制解散就可以有效防止犯罪单位再次犯罪，而我国刑罚对单位犯罪只能科处罚金刑，不能收到铲除单位犯罪的土壤的功效。资格刑的剥夺功能对单位犯罪是行之有效的，在报应其罪行的同时，先行剥夺其再从事该领域经济活动的资格,对犯罪单位而言,比科处罚金更能收取预防的功效;对其他单位的一般威慑也有立竿见影的效果。我国刑罚对单位犯罪领域的资格刑弃之不用,是非理性的。

最后,剥夺政治权利刑本身也存在漏洞。在制刑上,掺杂了剥夺人权的内容,有失正当性根据,与宪法颂扬的人权理念、与公正和人道的伦理都是背道而驰的。在我国,剥夺政治权利包括剥夺犯罪人的言论、出版、集会、结社的权利。从1948年12月10日联合国大会通过的《世界人权宣言》起,这些权利就被国际社会公认为基本人权,《公民权利与政治权利国际公约》更以国际法律文件的形式加以确认。作为应然的权利,人权与生俱来、不可剥夺。人区别于动物,不仅在于人会使用语言和工具,还在于人有思维和思想。人与人结成社会就必须交流,交流需要自由的表达。近距离的表达方式就是言论,远距离的表达方式借助媒体和出版进行。人与人交往的目的是通过群体的力量抗御自然,进而抗御强权的暴力,就需要和平结社;人与人交往的方式具有多元性,集会与结社都是交往的方式。因此,表达的自由要求人具有言论自由、新闻自由、出版自由、集会自由和结社自由。我们应该反对的是非和平的集会与结社,是利用言论、新闻和出版造谣生事、侵犯他人权利、妨害公共安全和国家安全,而不应彻底剥夺上述权利。

(二) 资格刑的和谐之路

刑罚的目的虽然不是推行伦理道德,而是维护秩序,但秩序维护功利的捷径,却是伦理的彰显。伦理不仅是制刑、量刑和行刑的价值评判标准,更是刑罚得到敬畏、遵从的效益原则。刑罚的功利要求刑罚权执掌者追究刑罚效益最大化,用最小的投入换取最大化的产出——和谐的秩序。按照社会学的交换理论,刑罚体系只有严格建立在以公正为坐标、以人道为边界、以效益为功利价值的基础之上,才能换来社会伦理的呼应,公众内心皈依的秩序才真正称得上和谐秩序。

我国正在由国家本位的一元化社会向国家—社会二元化社会转型,资格刑的改良理性顺应历史的潮流,跳出国家主义的桎梏,理性定位资格刑的要素功能,更多地着眼于社会控制的有效性、经济性的功利选择,在公正和人道的轨道内,体现出资格刑谦抑、经济的特性,均衡制刑,充分发挥预防功能和对特定人的威慑功能。

资格刑的功利基础在于特殊预防和一般威慑的结合,资格刑的内容有待扩充,应当更多考量社会、经济方面的资格准入,才能更好地维护社会主义市场经济体制下的政治、经济和社会秩序。改变由行政法律法规规范资格的现状,根据社会控制的需要甄别,升格行政处罚权为刑罚权。刑罚对犯罪人的心理强制是任何法律无法比拟的,这种心理强制对犯罪能收到良好的一般预防之效。对醉驾科处罚金的心理强制效果就远远不及科处剥夺其驾驶资格的效果;对毒奶粉、毒疫苗生产企业的行政处罚的效果,与刑罚剥夺其从事奶粉、疫苗生产的市场准入资格的效果相比,也同样望尘莫及。刑罚统一执行体现出的教育和警示意义、对社会伦理正确引导的价值,是令出多门、分散执行的格局无法实现的。资格刑只有将公权资格、亲权资格、荣誉资格、从事特定活动资格、职业准入资格、市场准入资格等充分纳入刑罚规范视野,才能构建严而不厉的刑事法网。

要增加资格刑的对象。市场经济社会的主体更多是公司企业,在资源环境、食品安全、医疗卫生、公共安全等领域,单位犯罪是常态,危害也更大,罚金刑的作用相当有限,资格刑的功能特性正好可以收到明显效益,实现自然人、法人在刑罚面前一律平等的公正诉求。

资格刑的人道性建立在报应和剥夺的内容与犯罪的性质具有等价性和等量性的基础之上,预防的内容建立在以不剥夺犯罪人实在的物质性权利的前提之下。据此,应当修改剥夺政治权利刑的内容,将剥夺政治权利刑对四项权利的必罚制改为可分的选罚制;制刑上删除妨害基本人权的内容,与犯罪性质形成对应格局。资格刑应辩证统一其人权保障机能和社会保护机能,才能真正实现以人为本的政治伦理和人道主义的一般社会伦理。

第五章　刑罚体现社会伦理的基本途径

理论研究的终极目的不在于解释世界,而在于改造世界。因此,研究刑罚的伦理价值其目的也不在于单纯地从公平、正义、平等、人道、人权等大词中找出刑罚现象的正当性根据,而在于思考如何在刑罚实践中体现伦理价值。不可否认,刑罚虽然专属于政治上层建筑,但其作为一种存续了上千年的社会现象,其之所以能随着人类文明之发展而发展,原因不仅在于刑罚能够完整地体现统治阶级的政治伦理,更在于刑罚能够体现一定历史时期的社会伦理,能够成为社会大众寄托个人感情,满足大众"正义"理想的工具。

一、刑罚体现社会伦理的观念准备

广义上说,社会伦理就是社会道德,就是社会道德规范,是社会制定或认可的行为应该如何的规范,具有主观任意性,因此,社会伦理无所谓真假,却具有优良与恶劣或正确与错误之分。[①] 优良的社会伦理有见义勇为、尊老爱幼等,而恶劣的社会伦理有女子裹小脚、男尊女卑等。由于社会伦理的优良与恶劣的区分涉及元伦理学更深层次的内容,在此不作展开。本书此处及以下诸处所提及的社会伦理均表示为优良的社会伦理,而不涉及恶劣的社会伦理。原因在于:一方面"人的行为应该如何的规范虽然都是人制定的、约定的;但是,只有那些恶劣的、不科学的规范才可以随意制定、约定。反之,优良的规范决非可以随意制定,而只能通过主体的需要、欲望、目的,从人的行为事实如何

[①] 休谟说,道德无非是人们所制定的一种契约,具有主观任意性,因而虽然无所谓真假,却具有优良与恶劣或正确与错误之分。参见王海明:《伦理学原理》(第三版),北京大学出版社2009年版,第1页。

的客观本性中推导、制定出来"。① 另一方面,恶劣的社会伦理与刑罚的结合,只会将恶劣的社会伦理所具有的反社会价值进一步放大,使刑罚敌视人,这不符合"刑罚体现社会伦理"的研究初衷。

(一) 刑罚体现社会伦理的意义

"一般说来,刑法和伦理应当是一致的,刑罚支持伦理道德并成为其后盾,即刑罚承担着道德使命,同样,伦理也维护刑罚并成为其道义基础。"②因此,刑罚应当体现社会伦理,这是刑罚与伦理两者辩证关系使然。

第一,刑罚体现社会伦理是促成当代刑罚向真正的人道主义刑罚转变的必然要求。

刑罚体现社会伦理的理论依据在于刑罚所面对的人不是一个抽象的、静止的人,而是一个处在人与人交往关系过程中的人。社会伦理作为人与人之间交往关系的基础行为规范,不仅为人的正当行为提供着行为依据,而且也为人的不正当行为甚至犯罪行为之所以发生提供了分析线索,使犯罪人成为一个可以理解的人。因此,刑罚体现社会伦理不仅要求在刑罚立法时要考虑打击犯罪的需要,考虑社会伦理对刑罚的要求和期待,而且还要求刑罚在实践过程中,不是将犯罪人当做一个纯粹的物来对待,而是要将犯罪人在犯罪前、犯罪中和犯罪后的所有交往关系考虑进来,使进入刑罚视野中的人由抽象的人还原为一个真实的人,一个需要被认真对待、具有人的尊严的人。也就是说,刑罚体现社会伦理这一命题不仅在立法上而且在司法、执法上都为"人情""人道"进入刑罚提供了充足的空间,能促成刑罚向真正的能够理解人的、有价值内涵的人道主义刑罚转变。

在此,需要进一步指出的是:本书所提倡的人道主义是马克思主义意义上的人道主义,这种人道主义与近代人道主义不同的地方在于

---

① 王海明:《伦理学原理》(第三版),北京大学出版社 2009 年版,第 54—55 页。
② 高铭暄:《刑法问题研究》,法律出版社 1994 年版,第 60 页。

它的实践性和革命性而非解释性。如马克思一方面指出私有制发展到资本主义,人的联系已被异化为物的联系。个人的劳动产品不受自己支配,反而却受自己创造物的奴役和统治。因此,资本主义制度本身就是反人道主义的,异化劳动使劳动者丧失了作为一个"人"的地位,甚至退化到比动物还不如的地位。劳动异化使"物"成为了"人"的主人,"物性"压倒了"人性",如同中世纪是"神性"压制"人性"一样。① 另一方面,马克思提出"无神论是以扬弃宗教作为自己中介的人道主义,共产主义则是以扬弃私有财产作为自己中介的人道主义"②。这意味着人道主义并没有过时,反而具有新的现实意义。这种意义就在于实现用"人性"来压倒"物性",使人从异化劳动中解放出来,实现人的全面发展。因此,在马克思主义人道主义意义上说,真正的人道主义的刑罚是对"去价值化"刑罚的扬弃,它的立场与原则在于同情人和理解人,对于任何人,不管他多么坏,对他的坏、他给予社会和他人的损害,固然应予以相应的惩罚,应把他当做坏人看,但首先因其是人、是最高价值而爱他、善待它、把他当人看:这是善待他人的最高道德原则,它的最终目标在于促成人从"物"的桎梏中解放出来,实现人的全面发展。③

第二,刑罚体现社会伦理是刑罚证明自身正当性的必要途径。

众所周知,刑罚作为社会上层建筑之组成部分,属于政治伦理范畴。但政治伦理不是脱离社会伦理而独立存在的价值判断体系,政治伦理的实现方式和手段要受到社会伦理的限制和制约。对此,孟子说:"得道多助,失道寡助。"韦伯则说:"一切经验表明,没有任何一种统治自愿地满足于仅仅以物质的动机或者仅仅以情绪的动机,或者仅

---

① 参见周林东:《人化自然辩证法:对马克思的自然观的解读》,人民出版社2008年版,第385、388页。

② 《马克思恩格斯全集》(第42卷),人民出版社1979版,第174—175页。

③ 参见王海明:《伦理学原理》(第二版),北京大学出版社2005年版,第251页。显然,这与孔子所主张的"仁"是相通的。换言之,人道主义在中国原本拥有深厚的文化基础。

仅以价值合乎理性的动机,作为其继续存在的机会。毋宁说,任何统治都企图唤起并维持对它的'合法性'的信仰。"①还有学者提出:"真正强有力的,一以贯之的政治统治秩序的形成必须依赖于对伦理正当性的追问。实质合法性是形式合法性的根基,离开对实质性问题的探索,形式合法性的政治统治秩序就如无源之水、无本之木。"②不难看出,这些论点其实都表达了同一个道理,即政治制度的正当性不能从自身找到根源,而只能在社会伦理的土壤中找寻,政治伦理要受制于社会伦理,政治制度的正当性根基于社会伦理。因此,一国有关刑罚的观念、政策、立法、司法实践同样都要受到社会伦理的制约,都必须且应该体现一国社会伦理的要求,仅仅靠公平与正义、报应与预防、罪刑均衡和罪刑法定等政治制度伦理论证是无论如何也不能说明刑罚制度存在的正当性的。换言之,工具本身的可行性与科学性并不能证明工具本身的合理性、正当性,工具的正当性与否必须而且应当取决于社会道德的评价。更具体地说,社会伦理不是某种附加在刑罚中的额外要素,而是其本身应当具有的构成要素之一。只有与一国社会伦理价值观念保持一致的刑罚手段才能够得到民众的认可,才具有社会伦理上的正当性,也才具有执行力、感召力和生命力;与一国社会伦理价值观念相悖的刑罚手段,由于违反人性,不具有社会伦理上的正当性,不能够得到民众认可,因此其执行力、感召力和生命力得不到保证。

第三,刑罚体现社会伦理是刑罚学走出实证主义影响,获得学科发展的必然。

自西方启蒙运动以来,科学的价值中立性(value neutrality)观念越来越成为一种思想潮流,广泛渗透自然科学和社会科学领域。价值中立性对于自然科学来说,理应是不言而喻的。如在启蒙思想家眼

---

① 〔德〕马克斯·韦伯:《经济与社会》(上册),林荣远译,商务印书馆1997年版,第239页。

② 刘爱龙:《立法的伦理分析》,法律出版社2008年版,第22页。

里,"牛顿的科学是独立的、自发的、理应无主观价值可言的知识领域"①。然而,20世纪以来,不仅自然科学为了纯化研究对象,使研究进一步精确化而强调价值中立、价值无涉,而且人文及社会科学为了证明自身的科学性,也开始拒绝价值判断。据考证,"价值中立性"这一术语最先是由人文学者提出的,它是对韦伯的德文名词 Werfreiheit(价值无涉)的英译。② 价值中立性观念源自"事实—价值"二分的思想,英国人大卫·休谟在其处女作《人性论》中强调知识与非知识(形而上学)的区分,这其中就包含了事实(知识)与价值(道德与审美)的区分,他指出价值不是客观事实,而只是主观心灵的知觉,因而它不是科学的对象,而只是感情的对象,并提出:"这个推理不但证明,道德并不成立于作为科学的对象的任何关系,而且在经过仔细观察以后还将同样确实地证明,道德也不在于知性所能发现的任何事实。"③"事实"与"价值"的区分在康德那里变成了事实科学与规范科学的区分,在康德那里,道德规范既不是客观的,也不是主观的,而是先验的,是一种"绝对命令"。新康德主义继承了康德科学界分的理论,将"价值关联"视为科学内部的分界标准,进一步提出了人文科学与自然科学的分界问题,他们将康德视为事实科学的自然科学说成是规范科学,将人文科学视之为描述科学,这里自然科学之所以是规范的,原因在于它所研究的对象是具有可重复的规律性的自然现象,而人文科学之所以是描述的,则是因为它所研究的对象是不可重复的个别性的历史现象。④ 韦伯作为新康德主义者,将"事实"与"价值"的区分发挥到了极致,他认为不能将"价值关联"视为科学内部的分界标准,这种分界标

---

① 〔美〕乔伊斯·阿普尔比等:《历史的真相》,刘北成、薛绚译,中央编译出版社1999年版,第5页。
② 参见苏国勋:《理性化及其限制:韦伯思想引论》,上海人民出版社1988年版,第275页。
③ 〔英〕大卫·休谟:《人性论》,关文运译,商务印书馆1980年版,第508页。
④ 参见周林东:《人化自然辩证法:对马克思的自然观的解读》,人民出版社2008年版,第504页。

准很容易把社会科学与伦理科学混为一谈,他认为社会科学是经验科学,完全不同于作为规范科学的伦理学;前者要解决的是有关"存在"(is)的问题,而后者只关心"应当存在"(should be)的问题,他说:"经验学科提出的问题从学科本身这方面而言当然应以'价值无涉'的方式予以答复。它们不是价值问题。"[1]至此,不仅自然科学对价值中立,而且社会科学也对价值中立,整个科学都与价值中立了。在这种社会科学价值中立思想的影响下,刑罚学作为社会科学的组成部分,当然也被价值中立了,而且也正是由于价值中立,才造成了当代刑罚理论视现实的人于不顾,继续把抽象的人作为自己的研究对象。在这种刑罚学理论的指导下,当今世界各国几乎都在寻求刑罚改革的方案就是对这种学科发展令人大失所望结果的现实反映。事实上,社会科学的价值中立性并不像自然科学的价值中立性那样容易理解。有学者提出因为社会对象本身不像自然对象那样是没有价值负荷的,所以对社会科学价值中立性的强调无疑是提出了如下的悖论性要求,亦即要求对有价值负荷的对象作出客观的非价值判断。这实际上是办不到的。[2] 甚至实证主义的创始人孔德、马赫和石里克在其各自理论研究过程中也不约而同地认识到事实与价值的区分本身就是产生现代科学危机的根源之一,如孔德说"现代实证观念的早期大危机主要是只把道德理论与社会理论置于本义的科学运动之外"[3],石里克则明确批判康德主义者"将规范科学和事实科学对立的方式是根本错误的"[4]。20世纪50年代以后,以富勒、德沃金、罗尔斯、博登海默、哈贝马斯等为代表的新自然法学派、以庞德为代表的社会法学派和以哈特为代表的新实证法学派兴起,前两派均主张法律与道德协调一致的观

---

[1] 〔德〕马克斯·韦伯:《社会科学方法论》,韩水法译,中央编译出版社2002年版,第156页。

[2] 参见周林东:《人化自然辩证法——对马克思的自然观的解读》,人民出版社2008年版,第506页。

[3] 〔法〕奥古斯特·孔德:《论实证精神》,黄建华译,商务印书馆1996年版,第35页。

[4] 〔德〕石里克:《伦理学问题》,孙美堂译,华夏出版社2001年版,第15页。

点,后者继续主张法律与道德的分离,但也不得不承认道德有时对法律是有影响的。① 显然,复兴自然法思想已经形成并成为主流,刑罚体现社会伦理是恢复刑罚学本身价值判断属性,走出价值中立误区,获得学科发展的必要前提。

(二) 刑罚应该体现什么样的社会伦理

社会伦理就是社会道德。基于地区与地区之间、国家与国家之间的发展不平衡现状,要想详细说明哪些社会伦理内容可以通过刑罚来体现具有相当的难度,而要在这种个别化的基础上寻求"道德共识"则更加难上加难。对此,有学者指出虽然像"不偷盗""不奸淫""不无故伤人"等"黄金规则"形成了人类千百年来维持道德生活和伦理秩序的基本规范,也使得人类世界有了达成某种普世伦理的可能性基础。"然而,这些道德共识仅仅是一般观念上的,甚至是'道德直觉'层面上的,并不意味着生活在不同类型的文明和文化传统中的人们对这些观念性的道德共识的理解和实践必然相同,恰恰相反,人们的理解和实践可能会因为他们各自所接受的道德文化传统的滋养熏陶各不相同,他们的道德生活经验各不相同,以及,更为重要的是,他们的道德实践的社会生活条件和道德伦理环境各不相同,因而最终使得他们对这些道德共识的观念理解和实践价值取向也不尽相同,甚至相互冲突。"②因此,笔者认为,由于社会伦理起源于人生存与发展的需要,所以可以设想各种类型的社会伦理其起源的目的大致相同。也就是说,虽然我们无法在纷繁复杂的社会伦理范畴中选择出可以达成道德共识的刑罚应该体现的具体伦理内容,但我们可以围绕社会伦理的起源和目的,就刑罚体现社会伦理的切入方向作出一个相对比较明确的说明。

社会道德是社会制定或认可的关于人们具有社会效用的行为应

---

① 参见刘同君:《守法伦理的理论逻辑》,山东人民出版社2005年版,第25—30页。

② 万俊人:《寻求普世伦理》,北京大学出版社2009年版,第367页。

该而非必须如何的非权力规范。简言之,道德是具有社会效用的行为应该而非必须如何的规范,是具有社会效用的行为应该如何的非权力规范。① 由此可见,一个人是不需要社会道德的,社会道德只有在两个人以上组成的群体中才有存在价值,因为此时,单个的人之间已经彼此形成了一个天然的利益共同体——人类社会,不论他们彼此是否愿意成为这一利益共同体的一员,除非他能够脱离这一利益共同体走进深山,恢复到一个人世界的原初状态,否则的话,只要人一出生,此人和彼人就共同构筑起一个利益共同体,他们都是这一利益共同体的组成成员。这就如罗尔斯所说的:"没有任何社会能够是一种人们真正自愿加入的合作体系,因为每个人都发现自己生来就在一个特定的社会中处于一个特定的地位,这一地位的性质实质上影响着他的生活前景。"② 为了维护这一利益共同体的存在,增进人类的整体利益,因此,才会有"社会契约"③这一假设,假设社会的每一个组成成员都向社会让渡最少限度的自由用以形成公共权力。也只有在"社会契约"这种情况下,人与人之间或者说社会才需要道德,道德也才能够产生。这就是道德的起源。然而,道德起源于群体性生活并没有说明:为什么一群人生活在一起会需要道德来约束自己的行为,也就是说,道德的目的是什么? 从功利主义的角度看,道德的本质是他律的,人们遵守道德并不是出于完善自我品德之需要,而是遵守道德能为自己带来名誉、地位甚至金钱等其他利益,因此说到底,道德是对人的欲望、需要的压抑和约束。对此,伦理学指出,"道德起源于道德之外的他物,亦即起源于人类社会和利益共同体的道德需要:直接起源于人类社会和

---

① 参见王海明:《伦理学原理》(第三版),北京大学出版社2009年版,第78页。

② 〔美〕约翰·罗尔斯:《正义论》,何怀宏、何包钢、廖申白译,中国社会科学出版社2003年版,第13页。

③ 罗尔斯指出,社会契约这种原初状态不可以看做是一种实际的历史状态,也并非文明之初的那种真实的原始状况,它应被理解为一种用来达到某种确定的正义观的纯粹假设的状态。参见〔美〕约翰·罗尔斯:《正义论》,何怀宏、何包钢、廖申白译,中国社会科学出版社2003年版,第12页。

利益共同体的存在发展之需要；最终起源于每个人利益增进之需要。道德目的在于保障道德之外的他物，亦即满足人类社会和利益共同体的道德需要：直接目的在于保障人类社会和利益共同体的存在发展，最终目的在于增进每个人的利益"①。简言之，道德的起源和目的都在于"增进社会共同体的利益和增进每个人的利益"。

基于上述考查，笔者认为，刑罚体现社会伦理首要的也是最为本质的核心，在于刑罚应该以道德目的为自身的目的，即刑罚的目的也应是"增进社会共同体的利益和增进每个人的利益"，这也是当代刑罚转向真正人道主义立场的必然要求。因为，一方面，从政治伦理的起源和目的来看，人类是先有群体性生活组织（社会）后有国家，国家的起源和目的显然是为了更好地维护社会生活，增进人类的生存利益，增进每个人的利益而不是相反，如果国家的成立是为了毁灭社会，毁灭人类的生存，那么，每一个人是否还会自愿向社会让渡其自身的权利用以形成国家公权力，"社会契约"的假设是否还能够成立，国家是否还有成立的必要，就成了问题。因此，最好的也是最贴切的假设就是国家的成立是为了维护社会生活，增进人类的生存利益，增进每个人的利益。如果上述有关国家起源的假设能够得到认同，那么国家作为政治伦理的主要制定者和主要实施者，显然应该而且也必须将社会伦理、社会道德目的作为自身行为的目的，刑罚当然也不例外。另一方面，刑罚虽然可能存在自身的特殊目的，比如说报应与预防、正义与公平、自由与平等、民主与法治等，但这些特殊目的只能在各目的所设定的范围内产生作用和影响，当这些特殊目的之间发生冲突时，裁决冲突、指挥天平朝向的还是社会道德目的，难道说为了坚持杀人者死这一正义条文我们应该对所有的杀人者（无论是故意杀人还是过失杀人，甚至是被冤枉的杀人者）予以死刑的处罚？要知道，单靠杀人是无法实现增进人类社会的整体利益、提升司法公正的社会价值形象的。因此，刑罚应该以道德目的为自身的目的。难道我们可以说同情人、理解人，促成人的解放和全面发展的目的不是"增进社会共同体的利

---

① 王海明：《伦理学原理》（第三版），北京大学出版社2009年版，第112页。

益和增进每个人的利益"吗?!

二、刑罚体现社会伦理的实现途径

刑罚体现社会伦理的基本途径,不外乎政策调适、立法确认和司法强化,其他途径还可以包括观念普及、行刑实践、法学研究、自觉守法等。不过,上述基本途径若能体现刑罚应有的社会伦理,刑罚这一政治统治手段就已足够在社会统治中发挥出自己的伦理德性,证明自身存在的正当性。

(一) 刑罚体现社会伦理的政策调适

刑罚是国家依照法律规定对犯罪人实施的直接侵害,因此所谓刑罚规范,其主要内容是(且应该是)对国家动用刑罚的行为进行规范。刑罚规范的目的主要在于避免国家以非理性的方式动用刑罚的情况发生,否则犯罪构成上那么多的构成要件、筛选层次就变得没有意义了。从规范的构成上来看,刑罚规范主要指法律和统治阶级的政策,具体而言,刑罚规范包括由统治阶级主导,将统治阶级政治意识形态的内容通过立法程序形成的成文化、定型化的规范——规定刑罚发生和动用条件的法律——刑法;也包括尚未成文化、法律化,但已经成为统治阶级意识形态组成部分,指明统治阶级对刑罚总的看法、总的认识的政党政治纲领,即统治阶级的刑罚政策;还包括尚未成为统治阶级意识形态组成部分,但在刑罚具体实践中具体的刑罚执行主体用以处理刑罚过程中出现的个别现象、个别问题的临时性规范,即刑罚执行过程中的临时措施、临时政策。由于在统治阶级看来,社会大众属于被管理的阶层,因此社会大众对于刑罚的看法,对刑罚运作的期待虽然能够在社会舆论上发出"赞扬"或"批驳"的声音,但终究不能成为刑罚规范的组成部分。只有社会大众对于刑罚的看法,对刑罚运作的期待被统治阶级采纳并融入统治阶级的政治意识形态中,这些看法、期待才能够成为刑罚规范的组成。

从中国的政治实践来看,政策总是法律的先导。政策在实践中经过检验,如果证明政策内容成熟,那么经过一定的立法程序就可以成为法律;如果经过实践检验,证明政策内容不成熟,那么就需要对政策内容进行变更和修改;如果经过实践检验,证明政策内容是成熟的、符合实践工作的,但政策内容不宜形成纸面上的规定(如"少杀、慎杀"政策),那么政策就只能保持其现有外在形式,可以指导工作开展,但难以成为法律规定。因此,为了保证整个刑罚规范体系的价值取向一致性,确保整个刑罚规范体系的效用最大化,从刑罚政策的调整入手,逐步实现由政策到法律、由法律到实践的整个过程,这既是刑罚规范体系构成的必然,也是刑罚体现社会伦理的实践需要。

1. 现行刑罚政策简述

恢复法制伊始,我国实行的刑罚政策大抵有少杀、慎杀,惩办与宽大相结合等。从1981年开始,逐渐强调"严打"。进入21世纪后,开始提出"宽严相济"的刑事政策。由于"宽严相济"被公认为是基本的刑事政策,因此,其涵盖面自然包含了刑罚领域,换言之,"宽严相济"也可以说是刑罚政策。

少杀、慎杀政策,是对新中国成立后刑事司法反思的结果,其逻辑的必然延伸即惩办与宽大相结合。这些政策内容实际上体现了中国传统法律文化中的慎刑思想和德主刑辅的伦理观念,当然,更体现了报应主义的刑罚伦理观,因为上述政策隐含的内容是:谁犯了罪,就该接受刑罚惩罚,只不过可以适当考虑宽宥而已。之后不断张扬的"严打"政策,与其说是对少杀、慎杀、惩办与宽大相结合政策的否定,不如说是对原有政策的调整,是中国传统法律文化"出礼则入刑"伦理观念的复辟。因为"严打"的社会背景是"礼崩乐坏"、道德沦丧导致的犯罪率急剧上升。

"宽严相济"政策的提出,是对古今中外刑事政策的扬弃和借鉴,其社会背景是科学发展观的提出。科学发展观强调以人为本、构建社会主义和谐社会,"以人为本"昭示了执政阶层在新的历史时期处理国家与公民之间的相互关系的基本行为规范,"和谐"则是国家处理自身与国民、国民与国民相互之间的社会关系、政治关系的价值目标,因而属于政治伦理。这一政治伦理逻辑上包含了人道主义的伦理原则,而人道主义也是国民相互之间应当遵循的伦理原则,因而也是一种社会伦理,是"社会治理的最完美道德原则"①。

所谓"现行的刑罚政策",既包含政治文件确定的现阶段的刑罚政策,也包含社会实践中实际发挥作用的刑罚政策。理解现行的刑罚政策,不能脱离社会实际得出新的政策已经取代原有政策的结论。如果把"宽严相济"政策之前的刑罚政策称为原有政策,那么,应当承认原有政策的痕迹至今存在于刑罚制度和刑罚适用之中。这是因为,原有政策在恢复法制后,指导刑法立法、刑罚适用、刑罚执行已近30年。众多学者的研究表明,30年来,报应主义的刑罚伦理观念根深蒂固,功利主义的刑罚伦理观念总是让位于报应主义。

报应主义的刑罚伦理观认为,人的故意犯罪以及某些过失犯罪,如滥用职权、危险驾驶等,是行为人基于自己的自由意志的选择,犯罪是一种恶害,行为人不选择善而选择恶,自然应当接受刑罚这种恶的报应(即惩罚),否则任何人都无法合理解释刑罚存在的必要。然而,报应并不是也不应当是执政阶层制定刑罚、适用刑罚的目的,报应只是手段,其目的是矫正已然的犯罪人养成遵守社会秩序的习惯,同时引导蠢蠢欲动的潜在犯罪人遵守社会秩序,为社会和谐作出忍让——对实施了极其严重的犯罪的行为人例外。对于后者,报应也就是目的,因此可以不吝惜死刑的适用。遗憾的是,我国原有的刑罚政策,要么过分张扬报应,要么功利受制于报应,导致刑罚制度随着刑法的不断修订而迅速走向严厉化,司法官员尤其是不同层级的决策者已经形成"严打"和报应的惯性思维,因此,尽管在逻辑上,宽严相济与原有刑罚政策之间存在矛盾,应当取代原有刑罚政策,但在实践中,宽严相济政策在制度上和司法上都远未消除原有政策的影响,因此可以说,现行刑罚政策是原有刑罚政策对新的刑罚政策的延续性渗透,"宽严相济"政策的实践过程中存在"惩办与宽大相结合""严打"等因素,现行的刑罚政策在价值取向上具有一定的矛盾性。

以上是从报应与功利的角度对现行刑罚政策进行的初步分析。

---

① 王海明:《伦理学原理》(第二版),北京大学出版社2005年版,第248页。

这也是目前大多数学者对现行刑罚政策的分析结论。但从社会伦理的角度看,现行刑罚政策的伦理价值分析结论远非如此简单,它还有其他内容。

2. 现行刑罚政策的社会伦理分析

伦理学的研究指明:"人的行为应该如何的规范虽然都是人制定的、约定的;但是,只有那些恶劣的、不科学的规范才可以随意制定、约定。反之,优良的规范决非可以随意制定,而只能通过主体的需要、欲望、目的,从人的行为事实如何的客观本性中推导、制定出来。因此,所制定的行为应该如何的规范之优劣,直接说来,固然取决于对行为应该如何的价值判断之真假;但根本说来,则一方面取决于对行为事实如何的客观规律的认识之真假,另一方面取决于对主体的需要、欲望、目的的认识之真假:二者皆真,则由二者合乎逻辑地推导出的行为应该如何的价值判断必真,因而在其指导下所制定的行为应该如何的规范必定优良;如果所制定的行为应该如何的规范恶劣,则关于行为应该如何的价值判断必假,因而它所推导出的行为事实判断和主体需要必假:或者其一假,或者二者皆假。"① 这就是伦理学上判断社会道德规范优劣与否的标准。借鉴伦理学的研究成果,可以推导出判断现行刑罚政策是否优良的标准,即判断现行刑罚政策是否优良,主要取决于现行刑罚政策有关刑罚应该如何的价值判断是否为真,如果现行刑罚政策所根据的刑罚应该如何的价值判断为真,那么现行刑罚政策就是优良的刑罚规范,不需要进行调整;反之则反。现行刑罚政策所根据的刑罚应该如何的价值判断是否为真,又取决于该价值判断所根据的刑罚事实如何的判断内容是否为真,或者对社会道德目的的判断是否为真,两者皆真,则现行刑罚政策所依据的刑罚应该如何的价值判断必为真;两者皆假,或两者之一为假,则现行刑罚政策所依据的刑罚应该如何的价值判断必为假。这就是现行刑罚政策伦理价值分析的方法。

---

① 王海明:《伦理学原理》(第三版),北京大学出版社 2009 年版,第 54—55 页。

刑罚在事实判断上是一种完全害人的行为,这一判断是否被现行刑罚政策所认同?答案是肯定的。在我国占据通说地位的刑法理论均肯定,刑罚是统治阶级用于惩罚犯罪或威慑犯罪的工具。刑罚凭什么来惩罚犯罪或威慑犯罪,难道是凭借刑罚的"柔情"?显然不可能。因此,刑罚之所以能够惩罚犯罪或威慑犯罪,完全凭借的就是刑罚的"害人"本质。一种不害人的工具是不会让人感到害怕和恐惧的!虽然犯罪人在犯罪之时想到的不是刑罚的恐怖和痛苦,想到的只是如何能够逃脱刑罚的惩罚,远离法律的追索,但不可否认的是,如果不是源于刑罚所具有的害人本质,犯罪分子又何尝需要想到逃脱刑罚的惩罚呢?因此,"刑罚在事实本体上是一种完全害人的行为"这一判断能够被我国现行刑罚政策所认同,我国现行刑罚政策所根据的刑罚事实如何判断为真,判断的内容符合刑罚的本性。

"保障人类社会和利益共同体的存在发展,最终目的在于增进每个人的利益"的社会道德目的是否被现行刑罚政策所认同呢?这需要进一步分析。简单来看,"保障人类社会和利益共同体的存在发展,最终目的在于增进每个人的利益"可以被简化为"增进社会利益和个体利益"。从伦理学的角度看,社会利益是由无数个体利益组成的,个体利益得到发展,相应的社会利益也就会得到最大化;个体利益被压抑,社会利益无法实现利益最大化,社会利益的发展也会丧失动力,因此,个体利益的发展是整个社会道德目的实现的原动力和核心。毕竟,即便是每一种利益都是自我利益,但并非每一种利益都只有利于自我,当每一个个体在为自我创造利益、争取利益时,他也在为增加社会利益的总量做出了自己的贡献。那种只肯定社会利益而否定个体利益存在价值的社会道德目的,由于看不到社会利益与个体利益之间的相互依存关系,因此注定是一种不能实现的社会道德目的。如此,一种强调社会利益的发展观,同时是也应当是强调个人利益发展的发展观,而且越是强调社会利益发展,就越应该注重个人利益发展的保护。这就是和谐发展、科学发展的真谛!对此,马克思指出:

> 从前各个个人所结成的那种虚构的集体,总是作为某种独立

的东西而使自己与各个个人对立起来,由于这种集体是一个阶级反对另一个阶级的联合,因此对于被支配的阶级说来,它不仅仅是完全虚幻的集体,而且是新的桎梏。在真实的集体的条件下,各个个人在自己的联合中并通过这种联合获得自己。①

在虚幻的集体中,私人利益与公共利益常常是矛盾的,"正是由于私人利益和公共利益之间的这种矛盾,公共利益才以国家的姿态而采取一种和实际利益脱离的独立形式,也就是说采取一种虚幻的共同体的形式"②。换言之,马克思主义认为在虚幻的集体下强调整体主义、国家主义必然导致对个人利益的扼制,因为它不能代表社会成员的根本利益。而在真实的集体中,它的存在是以根本的、普遍的代表大多数社会成员的利益为前提的,因此真实的集体是个人全面自由发展的手段和条件,真实的集体主义是个人与集体的和谐与统一。③ 对此,还有学者指出:"一种真正合法性的统治必须奠基于德性基础上,奠基于源自价值合理性之上的伦理正当性基础上,其本身所型构的社会生活样式和图景必须确保能在解放人性的基础上导引到一种人人可欲的幸福生活的轨道上来。"④这些都说明,个体利益是社会利益得以存在和发展的前提,社会利益的发展与个体利益的发展是社会道德目的的完整组成,合乎社会道德目的的政策应该是同时强调社会利益发展和个体利益发展的政策。因此,结合社会道德目的的内在结构,可以看出,一种合乎社会伦理的政策,其在利益冲突的情况下(如社会利益和个人利益发生冲突),由于社会利益与个体利益不可两得,因此牺牲个人利益,增进社会利益或实现他人利益,实现功利主义"最大多数人的最大幸福"原则,具有伦理上"善"的意义;而在"无害一人"情况下即利益与利益之间不发生冲突的情况下,同时增进社会利益与个人利益的行为才具有"善"性。这有如罗尔斯所说:"对于某种社会基本结构

---

① 《马克思恩格斯全集》(第3卷),人民出版社1960年版,第37—38页。
② 同上书,第79页。
③ 参见倪愫襄:《制度伦理研究》,人民出版社2008年版,第264页。
④ 刘爱龙:《立法的伦理分析》,法律出版社2008年版,第32页。

的安排来说,如果没有别的可改善某些人的前景而不损害另一些人的前景的再安排方式,这种安排就是有效率的。"① 如果在"无害一人"的情况下发生了只增进社会利益而减损个人利益或只增进个人利益而减损社会利益的行为,那么这就是"恶"而不是"善"。如此看来,判断一项政策的价值取向是否符合社会道德目的,不能只看其在利益冲突时的抉择,还要看其在"无害一人"情况下的作为。由于古今中外刑罚制度在犯罪发生(利益发生冲突)时的反应都是一样的,都是以社会利益为重,对犯罪人的个体利益进行剥夺以恢复被破坏了的正义,因此判断一项政策价值取向的最关键指标还是该项政策在"无害一人"的情况下,政策的反应是什么。那么,在刑罚政策实践过程中是否存在"无害一人"的情况呢?答案是肯定的。比如闻名全国的"黄碟案"、公民批评政府机关或其领导人而被追究诽谤罪案等,充分说明现行刑罚政策与刑罚制度、刑罚政策与社会伦理之间还存在矛盾冲突。在"黄碟案"中,夫妻两人在家这一私密空间里观看黄色光碟就属于典型的"无害一人"情况。然而我国的刑罚机器却在这种情况下没有丝毫犹豫地就启动了,也就是说,夫妻双方在私密空间里共同探讨性生活乐趣,成就男女情欲,增进个人利益且无害于他人、无害于社会、无害于阶级统治的行为被纳入刑罚的打击范围,这种政策何其恐怖!换言之,如果性生活领域这种个人私密生活都能被刑罚纳入打击范围,那么又有什么样的增进个人利益的行为不能被纳入刑罚打击范围的呢?这是一种完完全全张扬国家主义、彰显社会利益高于一切利益的刑罚政策。这种政策所根基的社会道德目的是一种只强调"社会利益发展"的道德目的,与"同时增进社会利益和个体利益"的社会道德目的相比,这种社会道德目的由于在结构上"个体利益"的缺失,因此这种政策所能导致的一个恶果就是极度压缩个体利益存在的空间,直接摧毁公民增进个体利益的发展信心,间接破坏社会生产力、创造力,间接毁灭社会利益共同体,不能实现社会道德目的,甚至不能实现增进

---

① 〔美〕约翰·罗尔斯:《正义论》,何怀宏等译,中国社会科学出版社2003年版,第71页。

社会利益的最初政策初衷。对此,卢梭指出:"把人置于与他自己相矛盾境地之中的一切制度都毫无价值。"①约翰·密尔则说:"人类之所以有理有权可以个别地或者集体地对其中任何分子的行动自由进行干涉,唯一的目的只是自我防卫。这就是说,对于文明群体中的任一成员,所以能够施用一种权力以反其意志而不失为正当,唯一的目的只是要防止他人的危害。"②当然,可能会有读者说,"黄碟案"毕竟只是我国刑罚实践中的一个个别事例,它并不能代表我国整个刑罚实践的总体价值取向。但笔者认为,这种认识并不妥当。原因在于:第一,"无害一人"是检验一项政策(特别是刑罚政策)价值取向最好的标准,如果一项政策在"无害一人"的情况下仍然会产生"恶行",也就是说,在"无害一人"的情况下该项政策仍会拿无辜百姓开刀,那么不管这种恶行多么少见,多么微小,都表明支撑现有政策的价值导向有问题。也就是说,现行刑罚政策在实际运作过程中远不是其字面表述上的那样简单。第二,不仅仅是"黄碟案",在很多诸如"黄碟案"的"无害一人"情况下,我国的刑罚政策都会血脉偾张,宁肯减损个体利益也不愿意同时增进"社会利益和个体利益",如"对濒临死亡的自由刑受刑人不予刑罚执行终结"。

正是根源于对社会道德目的的不完全认识,致使"严打""少杀、慎杀"等原刑罚政策的内容仍旧能够在"宽严相济"的现行刑罚政策中得以继续,重刑罚化的主张得到各级各类政法机构的积极支持。如实践中不断强调"治世用重典",强调"从重、从快、从严",强调用人民战争的手段来消灭犯罪,强调死刑的社会威慑作用,强调非常时期(如"严打"期间)与平时的"同罪不同罚",等等。也许有人会说,上述现象不能归结为刑罚政策,充其量只是执行政策的偏差。然而,笔者认为,它们实际上是原有政策的自然效应,是动用刑罚过程中体现出来的实

---

① 〔法〕卢梭:《社会契约论》(第3卷),载《卢梭全集》,第128、464页,转引自〔英〕韦恩·莫里森:《法理学:从古希腊到后现代》,李桂林等译,武汉大学出版社2003年版,第162页。

② 〔英〕约翰·密尔:《论自由》,许宝骙译,商务印书馆1959年版,第10页。

然的刑罚政策,是现行刑罚政策价值结构上的缺陷所致。

3. 我国现阶段刑罚政策的调适

正是源于我国现阶段刑罚政策的价值判断上出现了问题,因此有必要就现行的刑罚政策进行调整。

第一,基于"增进社会利益和个体利益"这一总的道德目的,在总体的刑罚政策上树立刑罚轻缓化的认识。受社会利益单方影响的刑罚政策一般都认为犯罪是犯罪人自身原因所致,社会之于犯罪的形成、产生没有任何责任或责任很少,所有犯罪的恶果(包括刑罚)都应该由犯罪人自己来承担。在此认识基础上,这种政策认为,刑罚特别是重刑是对犯罪人进行报应、对潜在犯罪人进行威慑的最好工具,而且刑罚越重对犯罪的治理效果越好,刑罚的打击方式越是暴风骤雨式,治理效果越好。对此有学者指出,在"从重从快"的刑事政策驱动下,"不可多杀的死刑政策发生了动摇,死刑随之大量适用。从'可杀可不杀的不杀'演化到了'可杀可不杀的也要杀'"①。这种政策由于没有看到个体利益在道德目的实现中的地位和作用,因此是不完全的认识。众所周知,道德目的是同时增进社会利益和个体利益,因此如果每一项社会活动都能以实现道德目的为最终目标,那么犯罪现象就不会发生;既然犯罪发生了,也就意味着道德目的未实现,更进一步说,犯罪之所以产生是源于社会和个人两方面原因的共同作用。因此,着眼于同时增进社会利益与个体利益,一项符合社会伦理要求的刑罚政策必定是既有能力、有胆识分担产生犯罪的社会责任的政策,又是专注于实现罪刑均衡,坚持人道主义行刑方式的政策,这就要求国家承担起自身应负的责任,将原来完全由犯罪人一人承担的犯罪责任分担出来,实现刑罚轻缓化。也就是说,为了与当前建设和谐社会、小康社会这一总体形势相适应,为了实现同时增进社会利益和个体利益的道德目的,现行的刑罚政策应该改变过去一贯坚持的重刑立场,从而向刑罚轻缓化转向。诸如对未成年罪犯不应适用无期徒刑、剥夺政治权利和没收财产;对轻刑犯以及确有悔改表现的某些长期徒刑犯

---

① 陈兴良主编:《中国死刑检讨》,中国检察出版社2003年版,第13页。

应当尽可能实行社区矫正;对古代刑法中符合现代伦理的制度,如议功、议能、议贤、议勤等制度加以肯定;适用剥夺政治权利刑罚时不应剥夺公民的基本人权;没收财产刑应予取消;等等。

第二,在死刑政策上树立限制死刑的认识。从道德目的的实现上看,让人活总比让人死更符合道德目的,至少让一个人活下来就多一分增进社会利益和个体利益的有生力量。但不可否认的是,对于那些天生就具有杀人偏好的犯罪人来说,如果让其继续活在社会上,其所带来的害恶将远远超过其所带来的利益,特别是对于我国这样一个人口大国,现有的物力财力难以支撑将所有天生杀人犯予以终身监禁[①],因此死刑的适用对于中国来说不可避免。对此,有学者从伦理的角度出发认为,"任何人,只要他给社会和他人的损害大于或等于其贡献,以至净余额是损害或零,那么,他就不应该再享有人权——他至多只应享有人道待遇,享有他作为人所应享有的利益而非权利",具体来说,当一个人坏到不能再享有人权的时候,他要么应该被赶出社会成为野人,要么应该被处死。[②] 换言之,在社会利益与个体利益发生冲突且不可调和的情况下,牺牲个体利益,让杀人犯享有人道主义的死刑,这同样符合道德目的。因此,在废除死刑尚不具备条件时,限制死刑就是一个次佳的方案。对此,有学者指出"中国现状不存在废除死刑的社会基础。当刑罚成为预防犯罪的最主要手段的时候,当不害人不能成为被社会公认的社会基本行为准则的时候,当每个人都为自己的生命安全担忧的时候,废止死刑是不可能的。保留死刑的根本原因是

---

① 如有学者指出,从特殊预防的角度,终身监禁完全可以剥夺犯罪分子的再犯能力;从一般预防的角度,当整个刑罚的严厉性降下来,终身监禁成为最严厉的处罚时,想到要在监牢里度过一生,其威慑力应不亚于死刑。转引自刘仁文:《刑事政策初步》,中国人民公安大学出版社2004年版,第334页。

② 参见王海明:《伦理学原理》(第三版),北京大学出版社2009年版,第227—228页。

应对社会的基本行为规则丧失的情况"①。不过,应当指出的是:虽然保留死刑符合社会伦理目标,但与构建和谐社会的终极价值目标或者说政治伦理存在一定的矛盾——杀人越多,社会积怨和矛盾越多,社会就难以和谐,因此,必须限制死刑。

从体现社会伦理的角度上看,限制死刑有几方面的意思:一方面,在犯罪总量一定的情况下,对于适用死刑的罪名应当严格控制,至少对于那些不以害人性命为目的的犯罪不应该配置死刑刑种,对于那些不以害人性命为目的的犯罪配置死刑将导致轻罪向重罪、牟利性犯罪向杀人犯罪转化的恶果。对此,孟德斯鸠曾说:"在中国,抢劫又杀人的处凌迟,对其他抢劫就不这样,因为有这个区别,所以在中国抢劫的人不常杀人;而在俄罗斯,抢劫和杀人的刑罚是一样的,所以抢劫者经常杀人,他们说:'死人是什么也不说的'。"②孟德斯鸠的总结值得引起当代中国刑事政策制定者的高度重视。另一方面,绝对死刑应予修改,死刑的适用标准应该全国统一。再一方面,在死刑的执行时,不得以粗暴的方式执行死刑,不得对将死之人进行拷讯,而应该对其施以人道待遇,保证死刑犯死得像个人一样,等等。

第三,在刑罚执行政策上树立行刑方式人道化的认识。从社会伦理的角度上看,人道的行刑方式由于将受刑人当人看,保存了受刑人最基本的人格尊严,同时兼顾了社会利益和个体利益,因此比野蛮、残酷、冷漠的行刑方式更符合道德目的。应当承认,我国在人道行刑方面已经探索出了许多值得立法肯定的做法,如在监狱建立学校,让罪犯学习回归社会所必要的知识和技能,让改造表现好的罪犯能够在春节与家人团聚,允许罪犯结婚,让已婚的罪犯能够定期享受天伦之乐,引入社区矫正制度,等等。不过笔者认为,人道行刑还有拓展的空间,

---

① 此观点为陈忠林教授在2002年12月在《人民司法》编辑部组织召开的"关于刑罚适用及其价值取向问题研讨会"上所作发言的观点。转引自李洁:《论罪刑法定的实现》,清华大学出版社2006年版,第187页。

② 〔法〕孟德斯鸠:《论法的精神》(上),张雁深译,商务印书馆1961年版,第92页。

比如以注射方式执行死刑的推广;对年满七十周岁以上的老年罪犯不应适用死刑;等等。

这里顺便指出一点:传统上认为野蛮、残酷、冷漠的行刑方式只包括以直接暴力方式作用于受刑人肉体上的刑罚,如砍头、砍手脚、剥皮、将人剁成肉泥、用野兽扑咬、唆使其他监管人员对受刑人进行毒打、强迫受刑人从事奴役性劳动(甚至包括为狱管人员提供性服务)、对受刑人进行拷讯、对重病受刑人不予施救等。但笔者认为,野蛮、残酷、冷漠的行刑方式除了上述对受刑人肉体施予超乎想象的痛苦方式外,还包括对受刑人精神上施予超乎想象的痛苦方式,如恶毒的辱骂、长时间对受刑人予以单独禁闭、几年或几十年如一日让受刑人重复同一内容的活动、禁绝受刑人与家人保持联系、禁绝受刑人与其他被监管人员进行交流、禁绝受刑人学习任何新知识、限定受刑人的信息获取来源等。这些方式虽然不是直接对受刑人的肉体予以摧残,但对受刑人的精神予以折磨,使受刑人精神萎靡不振,丧失生活希望,甚至丧失活下去的信心,其害尤过于肉体摧残!

此外,野蛮、残酷、冷漠的刑讯逼供方式也应该杜绝。刑讯逼供本不属于狭义上的刑罚范畴,只属于刑事诉讼程序中的一部分。但读者们多半从电视、评书、小说中见过和听过"你说还是不说?不说?来啊,大刑伺候!"这句台词。诸如闻名全国的"杜培武案""佘祥林案",受害人之所以被打成招,也都是源于"扛不过刑讯逼供这种大刑"。这说明,至少在老百姓的意识里,刑讯逼供也是一种"刑罚",是一种"大刑"。甚至,在福柯的名著《规训与惩罚》一书中,福柯就将刑讯逼供称之为"司法酷刑"。① 因此,从最广义的国家暴力限制人身自由、剥夺人身财产利益的层面上说,刑讯也可以被看做是刑罚之一种,只不过此"刑罚"属于法庭宣判前的"刑罚"而非法庭宣判后的刑罚。在此,笔者认为,野蛮、残酷的刑讯,诸如用手铐将犯罪嫌疑人双手反铐起来并吊起来毒打、连续十几个小时或几十个小时不给犯罪嫌疑人休

---

① 参见〔法〕福柯:《规训与惩罚:监狱的诞生》,刘北成等译,三联书店2003年版,第38—46页。

息、电击犯罪嫌疑人、用烧红的铬铁烧烫犯罪嫌疑人皮肤和阴私部位等，无疑都是不符合道德目的的行为方式；相反，按照法律要求，动用技术侦查手段，甚至赋予犯罪嫌疑人沉默权，在未经法律授权以前不得对犯罪嫌疑人予以肉体、精神上的侵害等，则属于符合人道的刑事侦查手段。而且，靠暴力刑讯得来的证据终究是"有毒之树"，暴力的强度与证据的真假之间也没有必然联系，更没有任何一个人能够保证染满了人血的证据就一定是反映案件真实情况的证据，既然如此，暴力刑讯之于案件事实的查清没有任何用处，这种"损人不利己"的制度还有必要继续下去吗？因此，一个好的刑罚政策必须是一个体现人道精神、杜绝野蛮、残酷、冷漠的行刑方式（包括刑讯逼供方式）的刑罚政策。

第四，在犯罪与刑罚的关系上树立罪刑均衡的认识。罪刑均衡，通俗地说就是重罪重罚，轻罪轻罚，用伦理学的术语来说就是等利害交换，就是正义和公正在刑罚制度方面最直接的体现。如有学者指出："确实，公正是平等（相等、同等）的利害相交换的善的行为，是等利交换和等害交换的善行，是等利（害）交换的善行；不公正则是不平等（不相等、不同等）的利害相交换的恶行，是不等利交换和不等害交换的恶行，是不等利（害）交换的恶行。"① 对于道德目的的实现来说，等利害交换是确保每一个社会成员与其他社会成员和平相处的底线原则。试想：予人害反得利或予人利反得害，还有人愿意为社会利益、为他人利益付出自己的精力吗！因此，柏拉图说："正义就是还给每个人以合适的东西。"② 乌尔比安则说："正义乃是使每个人获得其应得的东西的永恒不变的意志。"③ 因此，"受人滴水之恩当涌泉相报"是公认的美德，即便是"受人滴水之恩报人滴水之利"也符合等利害交换的原则，但"受人涌泉之恩滴水相报"甚至"恩将仇报"就是不公正，就是

---

① 王海明：《伦理学原理》（第三版），北京大学出版社2009年版，第207页。
② 〔古希腊〕柏拉图：《理想国》，张竹明译，译林出版社2009年版，第7页。
③ 转引自王海明：《伦理学原理》（第三版），北京大学出版社2009年版，第206页。

恶,为人所不齿。"救人和杀人,无所谓公正不公正。但是,若出于报恩,救的是自己昔日的救命恩人,便是等利交换,便是公正的行为;若是为父报仇,杀的是曾经杀死自己父亲的仇人,便是等害交换,因而也是一种公正的行为;若是忘恩负义,见昔日恩人有难而坐视不救,便是不等利交换的恶行,便是不公正的行为;若是因对方辱骂自己而竟然杀死对方,便是不等害交换,因而也是一种不公正的行为。"①因此,从刑罚政策的角度看,一项符合道德目的的政策应该是大恶报以大害,小恶报以小害,刑种与罪质相均衡的刑罚政策,如以杀人为犯罪目的的犯罪应该用死刑来惩罚,以剥夺他人财产的犯罪应该同样剥夺犯罪人的财产利益;相反,对财产犯罪、违反社会秩序的犯罪报以死刑威吓,对偷人五百元现金报之五万元罚款的处罚就是不正义,就是不符合等利害交换原则。对此,有学者提出:"在矫正正义中还要注意惩罚的正义性,就是对不公行为的惩戒必须与其对他人和社会利益的侵害程度相对应,不能以社会利益的名义造成对个人利益的过度惩罚。"②

(二)刑罚体现社会伦理的立法完善

立法是理论走向实践的第一环节,缺失立法支持的刑罚理论、刑罚政策,由于难以被社会大众所认识,因此其生命力和影响力有限。理论的分析意见只有被立法所采纳,理论才会获得实践生命力。

1. 我国现行《刑法》中有关刑罚的立法现状分析

刑罚立法不是凭空而来的,而是基于一定的价值立场,基于一定的刑罚政策,由特定的统治阶级代表经过一定程序制定的。因此,刑罚政策能够影响刑罚立法是一个不容置疑的事实。很难想象一个有重刑倾向的政府会制定出一部轻刑法,或者相反。难道在个人身上所表现出来的"表里不一"真的会在国家这一统一人格体上发生,难道国家真会发生人格分裂吗?毕竟,要将个体身上的弱点放大到国家层面上,这其中所涉及的民主结构异化和规范共同体变异远非一二人之力

---

① 王海明:《伦理学原理》(第三版),北京大学出版社2009年版,第207页。
② 倪愫襄:《制度伦理研究》,人民出版社2008年版,第123页。

可为。因此，在国家层面上，有什么样的刑罚政策就会有什么样的刑罚立法。

(1) 从功利与报应相矛盾的角度看

现行刑罚政策虽然提出了"宽严相济"的口号，但其政策运行过程中不可避免地仍旧保留有"惩办与宽大相结合""严打"等政策中报应主义过重的痕迹，反映在刑罚立法最明显的例子就是，虽然现行刑罚立法中设置有减、免刑罚的规定，但死刑设置过多、重刑色彩浓厚仍旧是不容忽视的特点。如我国现行《刑法》有55个条款规定了死刑，导致死刑使用过滥，严重削弱了政府积极发展经济、努力改善民生的形象光辉；又如《刑法》中绝大部分条款都设置了10年以上有期徒刑、无期徒刑，即使过失犯罪，也有可能被判处7年以上有期徒刑，如交通肇事罪，执行判决、裁定失职罪，失职致使在押人员脱逃罪等。

(2) 从社会伦理的角度看

由于现行刑罚政策在道德目的的理解上忽视了"个体利益"，简单保留并突出"社会利益"的重要性，因此，在刑罚的设置上轻轻重重失衡，欠缺结构性分析，特别是条文规定中，"公""私"对立相当严重，表现在以下几方面：

第一，刑罚设置上，"公""私"区别对待。如对侵害公有经济、国有财产犯罪所规定的刑罚远重于侵害公民私有财产的犯罪。

第二，没收财产制度不合理。如国家可以在条件成就的情况下剥夺犯罪人全部的财产，但并没有规定国家可以剥夺经济体的全部财产，使其破产。同时，没收财产，是指没收犯罪人本人财产的一部或者全部的刑罚。一方面，积累了一定财产的公民，往往已经组成自己的家庭，或者与自己的父母同财共居，除了动产，其有份额的不动产与家人的不动产形成不可分割的整体，导致其不动产无法没收；即使是动产，也可能是罪犯家人共同使用的生产资料和生活资料，没收后必然影响罪犯亲属的正常生产与生活。另一方面，没收财产与《物权法》确定公民财产权属并予以保护的旨趣相冲突。这些原因都导致目前我国的没收财产制度没有达到立法所设计的目的。

第三，以剥夺政治权利为名，剥夺公民的基本人权，剥夺政治权利内容失当。不难发现,剥夺罪犯言论自由、出版自由、集会、结社、游行、示威自由的做法,与国际法律文件确认的基本人权存在冲突。

第四,在刑事责任上的规定上,明显忽视个体(特别是弱势个体)的利益。如没有明确规定对未成年人不得适用无期徒刑,没有规定未成年人从宽适用缓刑等。无期徒刑又被称为终身监禁。无期徒刑的适用,将给未成年罪犯带来沉重的心理压力,同时,监狱的交叉感染很容易使可塑性很强的未成年人受到精神和心智的污染。又如没有明确规定对老年人免除死刑、无期徒刑,没有明确规定人道行刑的内容等。

2. 立法完善的建议

有学者提出,"在立法活动中,任何立法者所表达的法律主张并非都是来自自身的主观臆想,相反的,都要体现统治阶级对社会生活的应有模式的反映和对现有模式的反思,这两者都要求立法实践来体现统治者的价值追求,而道德是这一体系的核心。同时,立法又要努力追求形式上的公正与公平。在形式上满足全体社会成员对社会公正、公平等基本道德价值的渴望和要求,这说明立法活动和法律条文本身都内含着重要的价值诉求"①。这一观点为笔者所赞同。由于我国现行《刑法》立法上存在伦理价值取向上的缺陷,因此本书提出如下立法建议:

(1) 将限制死刑的内容写入现行法律

死刑虽然有报应主义的伦理基础,但泛滥的报应主义,既与功利主义的刑罚目的相冲突,也违背人道主义的政治伦理。笔者认为,由于在当代中国并不具备废除死刑的社会基础,因此,为了避免突然废除死刑给社会带来情绪的爆发而急剧增加严重暴力犯罪的可能发生,我们可以按照联合国《公民权利与政治权利国际公约》的要求,把死刑保留在以故意剥夺他人生命的犯罪为代表的极个别犯罪范围,并通过制定严格、统一的死刑适用指南,严格控制死刑适用的数量。

第一,不应该对那些非以剥夺他人生命为目的的犯罪——如侵财

---

① 黄立:《刑罚的伦理审视》,湖南师范大学 2004 年博士论文,第 5 页。

型犯罪、职务型犯罪、破坏社会经营秩序类犯罪——配置死刑,如果配置了死刑也应该严格解释,严格适用条件。对此,有学者在分析我国《刑法》第 48 条的规定后指出:"如果将这条规定理解为是对全部犯罪之死刑适用条件的规定,那么这里所说的罪行极其严重不是就一个罪每种不同的行为情况进行比较,而是就刑法中所规定的死刑罪的情况有一个适用于所有死刑罪的一般判断标准。在这种标准之下,那些不以剥夺他人生命为内容的犯罪,即使是本罪中极其严重的情况,如果与故意剥夺他人生命的犯罪中比较严重情况相比,其谴责的程度也未必可以达到一致。如果这样考虑问题,应该说,不以剥夺他人生命为内容的犯罪,虽然规定了死刑,但其达到法律所规定的死刑适用标准的情况应该是极个别的,否则就难以使死刑的适用标准达到统一,由此导致死刑适用的不公正。"①可能正是出于上述原因,《刑法修正案(八)》中就取消了走私文物罪,走私贵重金属罪,走私珍贵动物、珍贵动物制品罪,走私普通货物、物品罪等 13 个经济性非暴力犯罪的死刑。

第二,废除现行《刑法》中 6 个条文 7 种死罪的绝对死刑法定刑。我国现行《刑法》中规定的绝对死刑的 6 个条文分别是:第 121 条的劫持航空器罪,"致人重伤、死亡或者使航空器遭受严重破坏的,处死刑";第 239 条的绑架罪,"致使被绑架人死亡或者杀害被绑架人的,处死刑,并处没收财产";第 240 条的拐卖妇女、儿童罪,"情节特别严重的,处死刑,并处没收财产";第 317 条的暴动越狱罪和聚众持械劫狱罪,"情节特别严重的,处死刑";第 383 条的贪污罪,"个人贪污在十万元以上的","情节特别严重的,处死刑,并处没收财产";第 386 条的受贿罪,"个人受贿在十万元以上的","情节特别严重的,处死刑,并处没收财产"。② 这些绝对死刑的设置所针对的犯罪类型不仅不是直接剥夺他人生命的犯罪,而且从社会伦理的角度来看,将暴力型犯罪、侵

---

① 李洁:《论罪刑法定的实现》,清华大学出版社 2006 年版,第 188 页。
② 参见刘仁文:《刑事政策初步》,中国人民公安大学出版社 2004 年版,第 325 页,注[1]。

财型犯罪相提并论,完全有失"重罪重罚、轻罪轻罚"的罪型均衡原则,在刑罚立法上规定了不等利(害)交换,应予废除。

第三,在死刑的执行上规定人道的行刑方式。一是规定对于即将被执行死刑的死刑犯,规定其与家属见面的权利,使死刑犯最后再享受一下天伦之乐,享受一下亲情,增加受刑人及其家属的个人利益,这符合无害一人增加社会利益及个人利益的道德目的。二是规定死刑宣判后一般应允许有几个月的暂缓执行期,因为死刑一旦执行,即便发现判决错误也无法让死去的生命复活。正如毛泽东所说:"一颗脑袋落地,历史证明是接不起来的,也不像韭菜那样,割了一次还可以长起来,割错了,想改正错误也没有办法。"①因此,暂缓一段时间执行,用时间来检验一下判决结论的正确与否,是否符合道德目的;同时,即便判决没有错误,死刑宣判后暂缓一段时间执行,让受刑人尽可能多地享受一下活着的乐趣,同样增加了受刑人的个人利益,这也比死刑宣判后立即执行更符合社会道德目的。三是规定对独生子女犯罪人一般不适用死刑,如有特别需要,则也应适用死缓而不应该适用死刑立即执行。

(2) 将刑罚轻缓化的内容写入现行法律

从社会伦理的角度上看,刑罚轻缓化的主张远比重刑化的主张更符合和平时期、建设时期的社会道德目的。毕竟,从当代中国整体发展情势来看,我们已经从激烈的革命斗争时期进入和平建设时期,已经从"以阶级斗争为纲"进入"构建和谐社会",已经从频繁依靠运动治国进入依法治国时期,阶级斗争已经不再是我国当前和今后一段时间的主要工作重心和指导方针。因此,作为处理和平时期国内犯罪问题(而不是敌我斗争问题)的刑事法律体系,现行刑事法律有必要在立法条文上明确表明刑罚轻缓化的立场,间接向社会传递"个体利益"与"社会利益"同样重要的观点。

(3) 规定对老年人免除死刑和无期徒刑

我国已经逐步进入老年社会,更需要彰显尊老矜老伦理。老年人

---

① 《毛泽东选集》(第5卷),人民出版社1977年版,第281页。

随着生理功能的下降,再犯能力自然降低,也无处死或者终身监禁之必要。同时,老年人长期处于被监禁状态,除了监禁成本问题外,还有亲情疏远淡化,家人拖累增加等一系列问题难以解决。考虑到目前各地制定的有关老年人权益保障的地方性法规中,大多把70岁作为老年人的标志,故宜将免除死刑和无期徒刑的年龄规定为70岁以上。

(4)在刑事责任上,对未成年人不得适用无期徒刑,条件允许的情况下应当对未成年人予以缓刑处理

上述认识在《刑法修正案(八)》中有一定的反映,如规定不满18周岁的人和已满75周岁的人犯罪,只要符合缓刑条件的,应当予以缓刑;规定已满75周岁的人故意犯罪的,可以从轻或者减轻处罚,过失犯罪的,应当从轻或者减轻处罚;规定对已满75周岁的人,不适用死刑。但修正案将年龄高限设置在"七十五周岁"似乎与我国现行人口政策相抵触,是否合适应予进一步斟酌。

(5)修改剥夺政治权利刑的内容

由于我国《刑法》所规定的剥夺政治权利包括了对基本人权的剥夺,因此剥夺政治权利的刑罚内容需要修改。

(6)废除没收财产刑

作为没收犯罪工具和犯罪所得之外的制裁措施,没收财产具有侵犯公民财产权的不正当性。作为报应刑,它缺乏所对应的侵害事实和伦理基础;作为功利刑,它断绝了死刑犯以外的犯罪人回归社会的物质基础,与刑罚的功利目的相违背。因此,没收财产刑应予废除。

(7)将人道行刑的内容写入法律

我国现行《刑法》只规定了刑罚的种类和执行机关,但没有规定刑罚的执行方式,甚至没有规定死刑的执行方式,这种立法现状为刑罚的执行方式留下了相当大的空白。从利的方面看,立法上的空白为全国各地探索新型的行刑方式提供了方便;从弊的方面看,立法上的空白也为行刑人员在行刑过程中以非人道方式对待受刑人提供了操作空间。从保障受刑人人权,彰显刑罚伦理性的角度上看,在现行《刑法》的立法上有必要补充相应的人道行刑内容。如规定人道主义的行刑原则,规定刑罚变更、中止的程序与方式,规定死刑犯执行前与家属

会面、徒刑的执行方式应当有助于受刑人生理和心理健康、财产刑执行过程中的区别对待等具体刑罚执行方式。

(三) 刑罚体现社会伦理的司法实现

体现社会伦理的刑罚要由书面上的法向生活中的法转向,关键还在于司法环节。司法是刑罚立法走向刑罚实践的桥梁。由于刑罚司法并不涉及权利义务的分配、刑罚种类的创制,因此刑罚司法体现社会伦理的关键在于如何将刑罚立法中的伦理特征表现出来,实现法律效果、社会效果相互之间的统一。

在我国刑事司法实践中,伦理性的司法取得了许多进步,标志着中国刑事司法文明化程度大大提高,比如:宽严相济政策的提出,体现了惩办与宽大处理相结合的政治伦理;《律师法》关于律师辩护言论免受追究的规定,体现了国家尊重被告人辩护权和保障律师执业自由的伦理道德;允许被告人身穿体面服装接受审判,在一定程度上传达了无罪推定原则已经成为司法官员自觉遵守的伦理原则的信息;让被告人从离开看守所到进入法庭途中戴着头套,体现了司法官员尊重被告人人格尊严的伦理道德;刑事和解的试行,直接使"和谐"的伦理道德理想付诸实践。各地检察院、法院在贯彻宽严相济政策的实践中已经取得了一些成功经验。但我们也应看到,现实司法伦理性的程度还应得到进一步加强:

第一,没有规定辩诉协商制度,导致监察机关基于法律之外的种种考虑而将证据上存在重大疑点的案件提起公诉,法院也基于此类考虑而作出有罪判决,以致错案不断发生。辩诉协商制度隐含了中庸思想,是侦查机关、公诉机关在缺乏定案的直接证据的情况下,为了实现相对的公平正义而被迫作出的妥协。如果没有这种妥协,司法机关将陷入要么勉强作出有罪判决,要么释放犯罪嫌疑人、被告人的两难境地。选择前者,可能冤枉无辜,侵犯人权;选择后者,可能放纵犯罪,被害人失去的正义无法得到伸张。即使日后正义得到伸张,已是明日黄花,被害人的亲属以及被冤枉的无辜者的亲属早已经受了精神上、经济上的痛苦折磨,甚至家破人亡,此时到来的正义,对他们来说已经毫无意义,即所谓迟来的正义不是正义。相反,辩诉协商制度有可能让心中无底、担心招致更严重处罚的犯罪嫌疑人、被告人主动坦白认罪,换取较轻处罚,实现相对的公平正义。同时,国家有限的司法资源还能得到节约,效率价值得到充分实现。因此,该制度具有合理的伦理价值,也是坦白从宽政策的法律化体现。

第二,《刑事诉讼法》虽然规定了刑事和解程序,但《刑法》没有就刑事和解制度进行实体上的规定。刑事和解是建立在恢复正义理论基础上的诉讼制度,是指特定范围内的犯罪的被告人在中立者的调停下,通过真诚的赔礼道歉和适当的经济赔偿取得被害人及其亲属的谅解,司法机关由此对犯罪嫌疑人、被告人作出不起诉决定或者从轻处罚或者免除处罚判决,以此尽快恢复正义的制度。以交通肇事、过失致人重伤、故意伤害、故意杀人等侵犯人身权利的犯罪为例,被告人积极向被害人及其家属道歉、悔罪和赔偿,以求得其谅解,无疑是十分重要的从宽处罚或免除处罚情节,"被害方、加害方通过相互沟通协商,就加害方的道歉、悔罪和赔偿,被害方表示原谅,司法机关对其不予追究或者从轻处罚,这对加害人而言无疑是一种宽大、宽容"①。简言之,刑事和解有利于缓解被害人及其家属与被告人之间的紧张关系,体现了人际关系和谐的伦理道德。因此,司法实践中应当进一步倡导刑事和解制度。而且,在司法实践中要特别重视的是该制度蕴含的伦理价值。这种价值,不仅仅体现为效率价值、正义价值,更重要的是和谐价值。

第三,对封建刑罚中合理的内容予以继承,如八议(即对亲、故、贤、能、功、贵、勤、宾 等八种人中的犯罪者网开一面)。八议之制,既有法理支撑,也符合宽严相济政策,还有刑罚个别化原则作为依据。对八议范围里的人网开一面,实质上是对贤、能、勤、功行为表现的肯定,有利于鼓励公民平时积极建功立业、奋勇上进。若其与不贤、无能、不勤、无功之流犯同样的罪错,对两类不同的人作同样的处理,恰

---

① 曾粤兴、李霞:《刑事和解与刑法基本原则的关系:兼及刑事和解的价值取向》,载《法学杂志》2009 年第 9 期,第 34 页。

恰违背公平正义的要求。从法理上说,对实施了同样的罪行(指行为),具备了同样的人身危险性的人,应当作出同样的处理;对实施了同样的罪行(指行为),但不具备同样的人身危险性的人,当然应当作出不一样的处理。这是一种法、理、情高度统一的选择,也是刑法伦理性的合理选择。在刑法领域反思传统的伦理规范,应当进行这样的选择。

第四,刑罚司法应当以中庸为常态。中庸即不偏不倚,不走极端。极端化的刑罚适用,必将衍生新的社会矛盾而导致社会不和谐,因此,和谐的政治伦理决定了社会治理中庸化的必要。中庸与相对的公平正义,与辩诉协商制度、刑事和解制度具有内在联系,在被告人与被害人之间,进而在社会利益与个人利益之间容易找到利益的平衡点,而这种平衡点,也就是法律效果与社会效果相统一的联结点。

(四)刑罚体现社会伦理的行刑实践

如果说刑罚的立法及宣判彰显的是刑罚外在的刚性之美,那么在刑罚已经确定的情况下,人道主义的行刑方式则是最能体现刑罚的柔性之美。因为,人道主义的行刑是将人当做人来看的行刑方式,这种行刑方式拒绝对受刑人施加额外的痛苦。这就如同电影《阿凡达》中纳美人猎杀动物时,都以一刀毙命的方式结束猎物的生命,而不给动物带来额外的痛苦,这才是以一种对生命的敬畏方式还生命以本真的猎杀,是一种不需要论证而能够为所有社会成员所接受的社会伦理。有鉴于此,"二战"后,《世界人权宣言》以及《囚犯待遇最低限度标准》《公民权利和政治权利国际公约》《保护人人不受酷刑和其他残忍、不人道或有辱人格待遇或处罚宣言》《禁止酷刑和其他残忍、不人道或有辱人格的待遇或处罚公约》相继提出了禁止酷刑,赋予罪犯人道主义待遇的伦理和法律要求。如《世界人权宣言》第 5 条规定:"任何人不得被加以酷刑,或被施以残忍的、不人道的或侮辱性的待遇或刑罚。"改革开放后,我国刑罚执行的文明化程度大为改观。"文革"期间那种敌视、蔑视罪犯及其亲属的做法,逐渐被平等对待罪犯,关心罪犯及其亲属的态度所取代,军事化管理的色彩也逐渐减少,开办特殊学校,向罪犯传授知识,让罪犯接受正常教育改变了过去单纯的劳动改造的行刑过程。愿意求学的青年罪犯能够参加自学考试获取文凭,绝大多数罪犯可以学到一技之长以便回归社会后赖以谋生;行使申诉权利不再被视为"认罪态度不好";生日不仅能够得到亲属朋友探视,而且有可能得到监狱监管人员祝福,能够邀请狱友改善生活;逢年过节,表现好的罪犯还能回家数日与亲人团聚;罪犯的通信自由基本得到保障,参加劳动能够获得比较正常的报酬。近年来,符合法定结婚条件的罪犯的婚姻权利已经能够得到有效行使;以注射方式执行死刑得到推广;监狱环境、罪犯生活条件大为改善。一些监狱甚至已经看不到铁丝网,取而代之的是整洁的房舍、成荫的绿树,如果不是大门口悬挂的牌子提醒,路人不会想到这就是监狱。总之,刑罚执行状况与改革开放前相比已不可同日而语。如此,在行刑过程中消灭酷刑,以人道主义方式行刑将更有利于突显刑罚的社会伦理特性。

(1) 人道执行死刑

如在死刑的执行方式上选择温和的死刑执行方式(如注射死、电击死、枪决等方式);在死刑执行前让受刑人与家属会面,最后享受一下天伦之乐,享受一下亲情;对于独生子女死刑犯一般不适用死刑立即执行而适用死缓;对未成年人及70岁以上的老年人不适用死刑;等等。

(2) 自由刑的执行

从人道的角度看,在自由刑执行期间,为受刑人提供尽可能多的狱内工作机会、学习机会、与家人见面的机会、与社会生活保持联系的机会、为已婚者提供合法性生活的机会等。

这里有必要提及行刑社会化问题。众所周知,我国行刑社会化程度很低,绝大部分罪犯都是在监狱或者看守所服刑,交叉感染一直是一个难以解决的问题,分类关押也无法完全避免交叉感染。同时,罪犯生活在与社会几乎完全隔绝的世界,时间一长,便不知外面社会的发展变化,尤其不知道社会交往规则和习俗的变化,出狱后找不到回归社会的感觉,难以甚至根本无法重新融入社会。而且,大量在监狱内关押犯罪人,使得大量司法成本支出,如果没有或者减少这样的开支,社会将能获取巨大的机会效益,如增加穷人的孩子接受教育的机会,提高社会福利,扩大社会就业,增进文化的普及,促进公益事业的发展等。因此,大幅度提高行刑社会化程度,是我国刑罚执行伦理性的必然选择。对此,《刑法修订案(八)》规定,对判处管制的犯罪分子、对宣告缓刑的犯罪分子(在缓刑考验期限内)、对假释的犯罪分子(在假释考验期限内)等三种类型的犯罪分子实行社区矫正。可以说,这是我国刑罚立法上的一大进步。但修正案中未明确执行社区矫正的执行主体,是该修正案的一大不足,应予以明确。

(3) 财产刑的执行

从人道行刑的角度看,财产刑的执行范围只应限于受刑人非生活基本用财产(比如奢侈品)上,而且应该废除没收全部财产这一刑罚,使受刑人在刑罚过后不因生活困苦再次走上犯罪道路。同时,针对经济贫困的受刑人,应该允许其以工抵罚,或者及时终止财产追缴,使贫困受刑人不因刑罚的逼迫而再次走上犯罪道路。

(4) 资格刑的执行

从人道主义行刑的角度上看,符合道德目的的资格刑执行应该是同时具有复权可能性的资格刑。此外,适用剥夺政治权利刑罚时不应剥夺受刑人的基本人权,毕竟,基本人权是一个人之所以成为社会人的基本权利,基本人权被剥夺意味着受刑人被整个社会所驱逐,整个社会可以视受刑人为草芥,这不符合人道主义尊重人的原旨,因此剥夺政治权利的刑罚在执行的时候不能变相地将受刑人的基本人权一并剥夺。

(5) 适时进行刑罚变更

如根据受刑人的服刑情况,有条件地变更刑罚,如死刑变更为无期徒刑,无期徒刑变更为有期徒刑,有期徒刑变更为社区矫正,等等。

(6) 刑罚的终结

如适时的大赦、特赦,让全社会都能感到刑罚的宽容之美、从容之美;适时终结年老受刑人(如年满70岁或75岁)的自由刑执行,让年老受刑人能够回到家庭以享天年;适时终结对生活困难的受刑人进行财产追缴的刑罚执行,避免受刑人因贫困而再次犯罪;适时对濒临死亡的受刑人终结自由刑的执行,使其能在将死之前与亲人团聚;等等。

参考文献

一、中文著作

焦国成:《传统伦理及其现代价值》,教育科学出版社 2000 年版。

焦国成主编:《公民道德论》,人民出版社 2004 年版。

罗国杰主编:《伦理学》,人民出版社 1989 年版。

任剑涛:《道德理想主义与伦理中心主义》,东方出版社 2003 年版。

黎国智主编:《马克思主义法学论著选读》,中国政法大学出版社 1993 年版。

王海明:《伦理学原理》(第二、三版),北京大学出版社 2005、2009 年版。

王海明:《新伦理学》,商务印书馆 2001 年版。

刘可风主编:《伦理学原理》,中国财政经济出版社 2003 年版。

高力主编:《公共伦理学》,高等教育出版社 2002 年版。

马绍周、隋玉梅:《回族传统道德概论》,宁夏人民出版社 1998 年版。

本书编写组:《以科学发展观统领经济社会发展全局》,中共党史出版社 2005 版。

北京大学哲学系中国哲学教研室:《中国哲学史》,北京大学出版社 2003 年版。

董治良:《中国政治伦理研究》,云南民族出版社 2006 年版。

何怀宏:《伦理是什么》,北京大学出版社 2002 年版。

刘同君:《守法伦理的理论逻辑》,山东人民出版社 2005 年版。

任喜荣:《伦理刑法及其终结》,吉林人民出版社 2005 年版。

黄立:《刑罚的伦理审视》,人民出版社 2006 年版。

周林东:《人化自然辩证法:对马克思的自然观的解读》,人民出版社 2008 年版。

刘爱龙:《立法的伦理分析》,法律出版社 2008 年版。

苏国勋:《理性化及其限制:韦伯思想引论》,上海人民出版社 1988 年版。

万俊人:《寻求普世伦理》,北京大学出版社 2009 年版。

倪愫襄:《制度伦理研究》,人民出版社 2008 年版。

童伟华:《法律与宽容》,社会科学文献出版社2008年版。
陈根发:《宽容的法理》,知识产权出版社2008年版。
梁治平:《寻求自然秩序中的和谐》,中国政法大学出版社2002年版。
梁治平:《法意与人情》,中国法制出版社2004年版。
马长山:《国家、市民社会与法制》,商务印书馆2002年版。
吕世伦、文正邦主编:《法哲学论》,中国人民大学出版社1999年版。
吕世伦:《理论法学经纬》,中国检察出版社2004年版。
沈宗灵主编:《法理学》(第二版),北京大学出版社2003年版。
李龙主编:《法理学》,人民法院出版社、中国社会科学出版社2003年版。
张文显主编:《法理学》(第二版),高等教育出版社、北京大学出版社2003年版。
张文显:《二十世纪西方法哲学思潮研究》,法律出版社1996年版。
李桂林、徐爱国:《分析实证主义法学》,武汉大学出版社2000年版。
瞿同祖:《中国法律与中国社会》,中华书局2003年版。
武树臣:《儒家法律传统》,法律出版社2003年版。
武树臣:《中国传统法律文化》,北京大学出版社1994年版。
潘丽萍:《中华法系的和谐理念》,法律出版社2006年版。
范忠信:《中西法文化的暗合与差异》,中国政法大学出版社2001年版。
浦坚主编:《新编中国法制史教程》,高等教育出版社2003年版。
杨鹤皋:《中国法律思想史》,群众出版社2000年版。
马小红:《中国古代法律思想史》,法律出版社2004年版。
李梦生撰:《左传译注》,上海古籍出版社2004年版。
周密:《宋代刑法史》,法律出版社2002年版。
郝铁川:《经国治民之典:周礼与中国文化》,河南大学出版社1995年版。
张全民:《〈周礼〉所见法制研究(刑法篇)》,法律出版社2004年版。
韩兆琦评注:《史记·殷本纪》,岳麓书社2004年版。
钱大群译注:《唐律译注》,江苏古籍出版社1988年版。
薛梅卿点校:《宋刑统》,法律出版社1999年版。
陈应鼓:《老子注释及评介》,中华书局1984年版。
沈家本:《历代刑法考》,张全民点校,中国检察出版社2003年版。
赵增祥、徐世虹注:《汉书刑法志》,法律出版社1983年版。
高铭暄:《刑法肄言》,法律出版社2004年版;

高铭暄、马克昌主编:《刑法学》,北京大学出版社、高等教育出版社 2005年版。

高铭暄主编:《新中国刑法学研究综述》,河南人民出版社 1986 年版。

王作富:《刑法论衡》,法律出版社 2004 年版。

马克昌:《比较刑法原理》,武汉大学出版社 2002 年版。

马克昌主编:《刑罚通论》,武汉大学出版社 1995 年版。

马克昌主编:《近代西方刑法学说史》,中国人民公安大学出版社 2008 年版。

储槐植:《刑事一体化与关系刑法论》,北京大学出版社 1997 年版。

储槐植:《美国刑法》(第三版),北京大学出版社 2005 年版。

韩忠谟:《刑法学原理》,中国政法大学出版社 2002 年版。

赵秉志主编:《海峡两岸刑法各论比较研究》(上),中国人民大学出版社 2001 年版。

赵秉志主编:《酷刑遏制论》,中国人民公安大学出版社 2003 年版。

赵秉志:《刑法》(第 2 版),高等教育出版社 2007 年版。

陈兴良主编:《宽严相济刑事政策研究》,中国人民大学出版社 2007 年版。

陈兴良、周光权:《刑法学的现代展开》,中国人民大学出版社 2006 年版。

陈兴良:《刑法的价值构造》,中国人民大学出版社 1998 年版。

陈兴良:《刑法哲学》,中国政法大学出版社 1992 年版、2004 年版。

陈兴良:《走向哲学的刑法学》,法律出版社 1993 年版。

陈兴良:《本体刑法学》,商务印书馆 2001 年版。

卢建平:《刑事政策与刑法》,中国人民公安大学出版社 2004 年版。

梁根林:《刑事政策:立场与范畴》,法律出版社 2005 年版。

梁根林:《刑事法网:扩张与限缩》,法律出版社 2005 年版。

刘远:《刑事法哲学初论》,中国检察出版社 2004 年版。

刘远:《刑事政策哲学解读》,中国人民公安大学出版社 2005 年版。

刘家琛主编:《当代刑罚价值研究》,法律出版社 2003 年版。

侯宏林:《刑事政策的价值分析》,中国政法大学出版社 2005 年版。

蔡道通:《刑事法治:理论诠释与实践求证》,法律出版社 2004 年版。

孙万怀:《刑事法治的人道主义路径》,北京大学出版社 2006 年版。

王牧主编:《新犯罪学》,高等教育出版社 2005 年版。

许福生:《刑事政策学》,中国民主法制出版社 2006 年版。

汪明亮:《犯罪生成模式研究》,北京大学出版社 2007 年版。

张明楷:《刑法格言的展开》,法律出版社2003年版。

张明楷:《刑法学》,法律出版社2004年版。

张明楷:《刑法的基本立场》,中国法制出版社2002年版。

张智辉:《刑法理性论》,北京大学出版社2006年版。

张小虎:《刑法的基本观念》,北京大学出版社2004年版。

齐文远主编:《刑法学》,法律出版社1999年版。

冯军:《刑事责任论》,法律出版社1996年版。

邱兴隆:《刑罚的哲理与法理》,法律出版社2003年版。

何秉松主编:《刑法教科书》,中国法制出版社1997年版。

韩轶:《刑罚目的的建构与实现》,中国人民公安大学出版社2005年版。

田宏杰:《中国刑法现代化研究》,中国方正出版社2000年版。

夏勇主编:《如何根除酷刑》,社会科学文献出版社2003年版。

熊秋红:《转变中的刑事诉讼法学》,北京大学出版社2004版。

马贵翔:《刑事诉讼结构的效率改造》,中国人民公安大学出版社2004年版。

刘强编:《各国(地区)社区矫正法规选编及评价》,中国人民公安大学出版社2004年版。

何显兵:《社区刑罚研究》,群众出版社2005年版。

曾粤兴:《刑法学方法的一般理论》,人民出版社2005年版。

张光宇:《边缘刑法学》,中国人民公安大学出版社2008年版。

翟中东:《刑法问题的社会学思考》,法律出版社2010年版。

卓泽渊:《法的价值论》,法律出版社1999年版。

刘作翔:《法律文化理论》,商务印书馆1999年版。

高绍先:《中国刑法史精要》,法律出版社1999年版。

罗昶:《伦理司法》,法律出版社2009年版。

王凯石:《刑法适用解释》,中国检察出版社2008年版。

《马克思恩格斯全集》(第25卷),人民出版社1974年版。

《马克思恩格斯选集》,人民出版社1995年版。

二、译著

[美]富勒:《法律的道德性》,商务印书馆2005年版。

[美]路易斯·谢利:《犯罪与现代化》,何秉松译,中信出版社2002年版。

[美]博登海默:《法理学:法律哲学与法律方法》,中国政法大学出版社2004

年版。

〔美〕约翰·罗尔斯:《正义论》,何怀宏等译,中国社会科学出版社 2003 年版。

〔美〕斯坦利、艾兹恩:《犯罪学》,谢正权等译,群众出版社 1989 版。

〔美〕庞德:《法律与道德》,陈林林译,中国政法大学出版社 2003 年版。

〔美〕伯尔曼:《法律与革命》(第 1 卷),法律出版社 2008 年版。

〔美〕弗里德曼:《法律制度》,李琼英等译,中国政法大学出版社 1994 年版。

〔美〕德沃金:《法律帝国》,李常青等译,中国大百科全书出版社 1996 年版。

〔美〕麦金太尔:《谁的合理性,谁的正义》,当代中国出版社 1996 年版。

〔美〕帕克:《刑事制裁的界限》,梁根林等译,法律出版社 2008 年版。

〔美〕凯伦·法林顿:《刑罚的历史》,希望出版社 2003 年版。

〔美〕贝勒斯:《法律的原则》,张文显等译,中国大百科全书出版社 1996 年版。

〔美〕克鲁克洪等:《文化与个人》,高佳等译,浙江人民出版社 1986 年版。

〔美〕菲尼斯:《自然法与自然权利》,董娇娇等译,中国政法大学出版社 2005 年版。

〔美〕尼布尔:《道德的人与不道德的社会》(第二版),贵州人民出版社 2009 年版。

〔美〕约书亚·德雷斯勒:《美国刑法精解》(第四版),王秀梅等译,北京大学出版社 2009 年版。

〔英〕休谟:《人性论》,关文运译,商务印书馆 1991 年版。

〔英〕凯伦·法林顿:《刑罚的历史》,陈丽红等译,希望出版社 2003 年版。

〔英〕吉米·边沁:《立法理论:刑法典原理》,孙力等译,中国人民公安大学出版社 1993 年版。

〔英〕吉米·边沁:《立法理论》,李贵方等译,中国人民公安大学出版社 2004 年版。

〔英〕弗里德利希·冯·哈耶克:《自由秩序原理》,邓正来译,三联书店 2003 年版。

〔英〕约翰·密尔:《论自由》,商务印书馆 1959 年版。

〔英〕穆尔:《伦理学》,中国人民大学出版社 1985 年版。

〔英〕彼得·斯坦、约翰·香德:《西方社会的法律价值》,王献平译,中国法制出版社 2004 年版。

〔英〕韦恩·莫里森:《法理学:从古希腊到后现代》,李桂林等译,武汉大学出版社2003年版。

〔法〕孟德斯鸠:《论法的精神》(下),商务印书馆1982年版。

〔法〕罗伯斯庇尔:《革命法制和审判》,商务印书馆1985年版。

〔法〕马布利:《马布利选集》,商务印书馆1983年版。

〔法〕涂尔干:《职业伦理与公民道德》,上海人民出版社2001年版。

〔法〕狄骥:《宪法论》,载《西方法律思想史资料选编》,北京大学出版社1983年版。

〔法〕卢梭:《社会契约论》,何兆武译,商务印书馆2005年版。

〔法〕卢梭:《论人类不平等的起源和基础》,高煜译,广西师范大学出版社2002年版。

〔法〕勒鲁:《论平等》,王允道译,商务印书馆1988年版。

〔美〕大卫·格里芬:《后现代科学:科学魅力的再现》,中央编译出版社1995年版。

〔德〕威廉·魏特林:《和谐与自由的保证》,孙则明译,商务印书馆2004年版。

〔德〕米歇尔·鲍曼:《道德的市场》,肖君等译,中国社会科学出版社2003年版。

〔德〕罗克辛:《德国刑法总论》(第1卷),王世洲译,法律出版社2005年版。

〔德〕马克思·韦伯:《经济与社会》(上),商务印书馆1997年版。

〔德〕石里克:《伦理学问题》,孙美堂译,华夏出版社2001年版。

〔德〕康德:《法的形而上学理论》,沈叔平译,商务印书馆1997年版。

〔德〕洪堡:《论国家的作用》,中国社会科学出版社1988年版。

〔意〕贝卡里亚:《论犯罪与刑罚》,黄风译,中国方正出版社2004年版。

〔日〕小野清一郎:《犯罪构成要件理论》,中国人民公安大学出版社1991年版。

〔日〕西原春夫:《刑法·儒学与亚洲和平》,山东大学出版社2008年版。

〔日〕川岛武宜:《现代化与法》,中国政法大学出版社1994年版。

〔日〕大谷实:《刑事政策学》,法律出版社2000年版。

〔日〕曾根威彦:《刑法学基础》,法律出版社2005年版。

〔俄〕库兹涅佐娃等:《俄罗斯刑法教程(总论)》,中国法制出版社2002年版。

〔希〕柏拉图:《理想国》,商务印书馆1986年版。

〔澳〕凯恩:《法律与道德中的责任》,商务印书馆2008年版。

〔韩〕李在祥:《韩国刑法总论》,〔韩〕韩相敦译,中国人民大学出版社2005年版。

三、期刊论文及析出文章

李林:《发展民主法治,构建和谐社会》,载李林主编:《依法治国与和谐社会建设》,中国法制出版社2007年版。

严存生:《和谐社会建构中的执政党角色探析》,载李林主编:《依法治国与和谐社会建设》,中国法制出版社2007年版。

常纪文:《和谐社会与绿色法治》,载李林主编:《依法治国与和谐社会建设》,中国法制出版社2007年版。

赵秉志:《宽严相济刑事政策视野中的中国司法理念》,载卢建平主编:《刑事政策评论》,中国方正出版社2007年版。

时延安:《刑法的谦抑还是刑罚权的谦抑?》,载《刑法论丛》第13卷,法律出版社2008年版。

黄京平、陈鹏展:《无被害人犯罪研究》,载赵秉志主编:《刑事政策专题探讨》,中国人民公安大学出版社2005年版。

刘艳红:《刑法调控范围之理性思考与启示》,载梁根林、张立宇主编:《刑事一体化的本体展开》,法律出版社2003年版。

游伟、肖晚祥:《期待可能性理论研究》,载陈兴良主编:《刑事法评论》(第8卷),中国政法大学出版社2001年版。

黄芳:《酷刑及酷刑罪的界定》,载赵秉志主编:《酷刑遏制论》,中国人民公安大学出版社2003年版。

李汉军:《当代中国的酷刑及反酷刑状况》,载赵秉志主编:《酷刑遏制论》,中国人民公安大学出版社2003年版。

周振想:《论刑罚个别化原则》,赵秉志主编:《刑法基本原则专题整理》,中国人民公安大学出版社2009年版。

曾粤兴:《法律的终极价值与法治的核心理念》,载云南省法学会编:《法治理念之光》,中国人民公安大学出版社2006年版。

曾粤兴:《判例是什么》,载《法学家茶座》第10辑,山东人民出版社2005年版。

曾粤兴:《死刑条款的体系解释》,载赵秉志、郎胜主编:《和谐社会与中国现代刑法建设》,北京大学出版社 2007 年版。

陈作国等:《可持续发展是人与自然、人与人的双重和谐》,载《天府新论》2006 年第 3 期。

朱西周:《和谐社会的内涵和特征》,载《北方经济》2005 年第 4 期。

郭齐:《朱熹对孔子中庸思想的继承和发展》,载《孔子研究》2005 年第 5 期。

李玉福:《论中国古代礼刑互动关系》,载《法学论坛》2004 年第 4 期。

张文香、萨其荣桂:《传统诉讼观念之怪圈:无讼、息讼、厌讼之内在逻辑》,载《河北法学》2004 年第 3 期。

李蕴辉:《"和为贵"语境下我国刑罚制度的创新》,载《政法论丛》2007 年第 3 期。

李祖全:《农村息讼问题的法理解读》,载《农村观察》2006 年第 1 期。

王石磊:《试析中国传统诉讼观念:官府无讼息讼与百姓畏讼厌讼》,载《北京市工会干部学院学报》2005 年第 1 期。

金艳:《中国传统法律文化的亲属伦理取向》,载《黄冈师范学院学报》2005 年第 1 期。

陈天林:《中庸:中国传统和谐文化的基本精神》,载《社会主义研究》2006 年第 5 期。

任剑涛:《中庸:作为普世伦理的考量》,载《厦门大学学报(哲学社会科学版)》2002 年第 1 期。

田广清:《中庸:实现社会和谐的正确思想方法》,载《孔子研究》2000 年第 3 期。

苗润田:《论儒家的宽容的思想》,载《东岳论丛》2006 年第 6 期。

吕翠凤:《宽容意识与和谐社会》,载《上海电机学院学报》2006 年第 1 期。

梁家峰:《法治视界内的宽容》,载《新视野》2005 年第 6 期。

钟李钧:《社会呼唤宽容:兼论刑罚人道主义》,载《法制与社会》2006 年第 4 期。

王岩云:《法治与和谐社会研究》,载《法制与社会发展》2004 年第 4 期。

葛晨虹:《社会公正理念与社会和谐》,载《河北学刊》2005 年第 4 期。

冯建军:《论公正》,载《河南师范大学学报(哲学社会科学版)》2007 年第 3 期。

王桂艳:《正义、公正、公平辨析》,载《南开学报(哲学社会科学版)》2006 年第 2 期。

高其才等著:《司法公正观念源流略论》,载《清华大学学报(哲学社会科学版)》2003年第2期。

李铁根:《论刑法的平等、公正观》,载《河南师范大学学报(哲学社会科学版)》2002年第5期。

苏力:《司法解释,公共政策与最高法院》,载《法学》2003年第1期。

储槐植:《刑事政策:犯罪学的重点研究对象和司法实践的基本指导思想》,载《福建公安高等专科学校学报》1999年第5期。

陈兴良:《宽严相济刑事政策研究》,载《法学杂志》2006年第1期。

陈卫东,石献智:《刑事政策在刑事司法中的地位和作用》,载《江海学刊》2002年第5期。

杨红文:《非监禁刑乃刑罚轻缓之必然》,载《学术交流》2007年第3期。

姜涛:《刑罚轻缓化与中国刑罚制度改革》,载《四川警官高等专科学校学报》2006年第6期。

田宏杰:《宽容与平衡:中国刑法现代化的伦理思考》,载《政法论坛》2006年第2期。

陈妮:《对刑罚轻缓化和社会化的思考》,载《理论探索》2001年第5期。

曾广乐:《全球化与宽容美德建设》,载《学术论坛》2002年第5期。

罗金远:《论道德自律》,载《哲学研究》2006年第4期。

彭勃:《"无被害人犯罪"研究:以刑法谦抑性为视角》,载《法商研究》2006年第1期。

张明楷:《论刑法的谦抑性》,载《法商研究》1995年第4期。

莫洪宪、王树茂:《刑法法谦抑主义论纲》,载《中国刑事法杂志》2004年第1期。

刘咏、王雪琪:《论刑法的谦抑性》,载《中州大学学报》2007年第2期。

黄立:《刑罚的伦理反思》,载《中国人民公安大学学报(社会科学版)》2006年第2期。

朱丽欣:《我国刑事人权保障的理念与实践》,载《吉林大学社会科学学报》2006年第3期。

赵秉志:《当代中国刑法中的人权保护(上)》,载《中共中央党校学报》2004年第4期。

黄立:《人权视野中的犯罪控制和打击》,载《甘肃社会科学》2006年第6期。

周光权:《论刑法的公众认同》,载《中国法学》2003年第1期。

陈兴良:《刑罚目的新论》,载《华东政法学院学报》2001 年第 3 期。

田宏杰:《刑罚目的研究:对我国刑罚目的理论的反思》,载《政法论坛》2000 年第 6 期。

谢望原:《实然的刑罚目的与应然的选择》,载《浙江社会科学》2000 年第 5 期。

王世洲:《现代刑罚目的理论与中国的选择》,载《法学研究》2003 年第 3 期。

李翔等著:《自由与秩序的和谐保证:从刑罚目的谈起》,载《中国刑事法杂志》2004 年第 3 期。

王思海:《无被害人犯罪与未成年人保护》,载《青少年犯罪问题》2002 年第 2 期。

黎宏、王龙:《论非犯罪化》,载《中南政法学院学报》1991 年第 2 期。

张明楷:《新刑法与法益侵害说》,载《法学研究》2000 年第 1 期。

彭勃:《无被害人犯罪研究》,载《法商研究》2006 年第 1 期。

赖早兴:《刑法平等原则辨析》,载《法律科学》2006 年第 6 期。

刘钦兴:《老年人刑事责任问题研究》,载《黄石教育学院学报》2005 年第 1 期。

姚建龙:《我国少年刑事责任制度之理论检讨》,载《法律科学》2006 年第 3 期。

刘正祥:《论未成年人犯罪的刑种适用》,载《政法学刊》2007 年第 1 期。

王东阳、樊洪:《未成年犯罪人适用无期徒刑问题研究》,载《人民检察》2008 年第 16 期。

杜文俊、安文录:《宽严相济刑事政策与我国未成年人刑罚制度的完善》,载《青少年犯罪问题》2007 年第 2 期。

张爱艳等:《精神障碍者刑事责任的立法现状与司法困境》,载《山东审判》2001 年第 6 期。

钱鹏、王忠祥:《辩诉协商的法哲学思考》,载《甘肃行政学院学报》,2005 年第 1 期。

戴中祥:《辩诉协商的条件分析》,载《武汉理工大学学报》,2004 年第 1 期。

伍玉功:《刑事诉讼模式视野中的辩诉协商》,载《邵阳学院学报》2005 年第 1 期。

周欣:《论辩诉协商及配套措施》,载《中国人民公安大学学报》2004 年第 3 期。

陈朝勇：《刑罚与伦理冲突解决模式之构建可能性探求》，载《文教资料》2006年第10期。

时统君：《法律的伦理和伦理的法律》，载《东岳论丛》2004年第1期。

陈光中：《刑事和解的理论基础与司法适用》，载《人民检察》2006年第5期（下）。

王瑞君：《论刑法的私法化倾向》，载《山东警察学院学报》2006年第3期。

丁钢全：《"刑事和解"制度分析》，载《广东行政学院学报》2005年第5期。

颜河清：《刑法中的"情节"剖析》，载《江西社会科学》2005年第4期。

刘亚丽：《论情节犯》，载《江苏公安专科学校学报》2002年第1期。

李翔：《刑事政策视野中的情节犯研究》，载《中国刑事法杂志》2005年第6期。

杨向华：《论被害人过错对过失犯罪定罪量刑的影响》，载《甘肃政法成人教育学院学报》2005年第3期。

赵良剑：《刑事被害人过错认定的若干实务问题》，载《四川警官高等专科学校学报》2006年第3期。

苏虹丽：《论弱势群体的法律保护》，载《青海社会科学》2007年第2期。

王祎敏：《"期待可能性"的合理性探微》，载《邢台学院学报》2006年第1期。

万明之：《从王斌余案浅析期待可能性理论的借鉴与运用》，载《前沿》2006年第4期。

徐岱：《期待可能性的机能：扩张或紧缩》，载《吉林大学社会科学学报》2002年第6期。

杨建广、杜宇：《期待可能性的理论根基》，载《法学》2000年第12期。

张艳华、张波：《简论中国刑法中的立功制度》，载《社科纵横》2006年第10期。

崔爱鹏、李淑娟：《立功本质问题研究》，载《河南省政法管理干部学院学报》2000年第3期。

郑磊：《立功制度的功利和良知》，载《广西政法管理干部学院学报》2007年第3期。

张维新、汤威：《论立功和立功制度》，载《重庆工学院学报》2005年第4期。

刘京华：《减刑假释制度的发展趋势和利弊》，载《北京政法职业学院学报》2005年第2期。

王利荣：《减刑运作与刑罚合理弹性》，载《云南法学》2000年第1期。

张传伟:《假释的基本趋向:从国家恩惠到罪犯权利》,载《政法论丛》2006 年第 4 期。

刘远:《罪刑法定主义的哲学视域》,载《北方法学》2009 年第 3 期。

冯卫国:《构建我国社区矫正制度的若干思考》,载《广西政法管理干部学院学报》2003 年第 4 期。

翟中东:《刑罚制定个别化问题研究》,载《国家检察官学院学报》2002 年第 3 期。

周国强、李萍:《论假释与保护管束制度》,载《常熟高专学报》2001 年第 1 期。

李根宝等:《对社区矫正工作的认识与司考》,载《法治论丛》,2003 年第 2 期。

梁玉霞、何正华:《完善我国社区矫正制度的司考》,载《政法学刊》2006 年第 1 期。

屈耀伦:《关于我国社区矫正制度的若干思考》,载《法学》2006 年第 10 期。

段金贤、袁敏勤:《社区矫正制度运行中存在的问题及其对策研究》,载《河南司法警官职业学院学报》2005 年第 1 期。

曹扬文:《社区矫正制度本土化构建研究》,载《中国司法》2007 年第 6 期。

郭建安、郑霞则:《略论改革和完善我国的社区矫正制度》,载《法治论丛》2003 年第 3 期。

罗翔:《从风俗到法益:性刑法的惩罚边界》,载《暨南学报》2012 年第 1 期。

高铭暄、曾粤兴:《刑罚体现社会伦理的基本途径》,载《华东政法大学学报》2010 年第 5 期。

曾粤兴、张勇:《刑罚权发动的合理性》,载《中国人民公安大学学报(社会科学版)》2005 年第 4 期。

曾粤兴:《刑法伦理性研究》,载《河南政法干部管理学院学报》2010 年第 4 期。

曾粤兴:《死刑的立法与司法限制》,载《时代法学》2005 年第 5 期。

曾粤兴、李霞:《刑事和解与刑法基本原则的关系:兼及刑事和解的价值取向》,载《法学杂志》2009 年第 9 期。

贾凌、曾粤兴:《〈刑法〉基本原则的新解读》,载《云南大学学报(法学版)》2002 年第 2 期。

刘建、金镒:《六名未成年持刀抢劫犯被判缓刑的背后》,载《法制文萃报》2007 年 11 月 22 日第 11 版。

朱春先:《见死不救事件的法律追问》,载《法制周报》2007 年第 119 期头版。

贾洛川:《伦理视角的监狱善恶标准研究》,载《河南社会科学》2011年第4期。

贾洛川:《试论监狱行刑的伦理精神》,载《河北法学》2011年第10期。

陈异慧:《缺失与重构:生态环境刑法保护的伦理反思》,载《河南师范大学学报(哲学社会科学版)》2011年第4期。

曲三强:《社会主义初级阶段刑法伦理观探要》,载《中外法学》1989年第2期。

宋英辉、李哲:《一事不再理原则研究》,载《中国法学》2004年第5期。

付立庆:《论刑法适用中的隐性不平等》,载《法律科学》2004年第2期。

三、学位论文及网络文章

冯英菊:《期待可能性的理论与实践》,中国人民大学2004年博士学位论文。

廖万里:《中国当代基本刑事政策研究》,中国人民大学2005年博士学位论文。

李敏:《无被害人犯罪初探》,云南大学法学院2007年硕士学位论文。

李桂华、梁志勇:《保外就医的法律条件及其制度完善》,载 www.cslawyer.com.cn/。

李小科:《现代西方政治哲学视野中的和谐社会》,载 www.iolaw.org.cn/shownews.asp? id = 12242。

《夫妻家中看黄碟是否违法?》,载 www.southcn.com/news。

《宽严相济促和谐:昆明市人民检察院在全省率先试行刑事和解制度》,载 www.yndaily.com。

王泽应:《我国政治伦理学研究的回溯与前瞻》,载 www.ethics.hunnu.edu.cn/Article/ShowArticle.asp? ArticleID = 228。

卢建平:《未成年人犯罪的刑事政策完善》,载 www.legaldaily.com.cn/fxy/content/20。

李宇先、钟玺波:《未成年人犯罪刑罚适用之价值选择及其实现》,载 www.article.chinalawinfo.com/ArticleHtml。

主题词索引

八议 059,060,256

报应 006—008,012,013,015—017,022—024,040,045,062,064,065,085,094,095,103,123,153,154,158—165,167,169,170,185,188,192,196,200,202,203,207—210,218,222,224,226,230,235,237,238,244,250,251,254

剥夺政治权利 056,064,065,125,153,154,166,190,191,223—226,244,245,250,254,259

财产刑 006,056,064,089,153,217—224,245,254,259

存留养亲 004,204—206

法律文化 003,004,018,024,025,027,032,046—055,149,150,210,237

公平 008,010,014,016,021,025—031,033,043,046,052,055,056,060,072,073,079,109—113,116—122,124—126,144,147,154,170,175—178,184,191,194,197,199,202,207,210—212,217,219,221,227,230,235,251,255—257

功利 008,010,013,014,016,022—024,041,045,061,062,064,065,073,095,127,153,154,159,162—165,191,192,199—204,208,209,212,216—218,220,222,224—226,234,238,241,250,251,254

观念 004,007—010,013,020—022,024,026,027,030,031,033,034,036,038—044,046,048,050,052—054,069,081,086,093,094,096,098,099,111,113,118,121,134,136—138,147,153,157,159,165,174,176—180,195,201,227,230—233,236—238

和谐 001,004,005,022,024—027,029—034,039,041—043,045,046,054—057,061,068,070,071,077,079,083,091,098—100,102,106,107,117—119,121,126,143,144,148,149,156—158,165—167,169,170,172,178,180,181,196—200,202,203,205,206,209,210,212—214,216,217,221,224,225,237,238,240,241,244,246,253,255—257

价值 001—004,006—010,012,016,017,019—022,025—030,032—034,036—040,042—044,046,048—058,065,070,071,076—082,084—089,093—114,116—122,124—128,130,132,134,136,137,140,144,146—149,152—154,156—170,172—174,

177—181,186,187,189,191,196,
198—204,206,209—211,215—218,
220—235,237—246,249,251,256

宽容　002—004,008,025,026,040,
043,044,052,055,079,115,137,147,
148,150,158,160—167,170,172,
189,204,256,259

老年人　066,067,070,152,193,194,
203,251,253,254,258

伦理　001—006,008—012,016—031,
034,036—052,054—066,069—071,
073,074,076—088,092—095,098,
101,103—106,109—114,116,117,
119—128,130—135,137,138,140,
143—150,152,153,155—167,169—
172,174—181,183—187,189,190,
195—208,210—215,217—225,227—
241,244,245,248,249,251,253,
257,259

谦抑　002,007,008,021,032,038,039,
052,079,090,115,120,121,134,147,
156,163,165,170,172,211,217,218,
221,222,224,225

亲亲相隐　003,058,059,069,212,213

人道　002,005,007—009,011,012,
016,019,024—026,030—034,036,
037,040,043—046,052,055,056,
058,059,062,065,073,074,077,079,
090,095,119,123,125,127,130,137,
138,140,145—150,152,158,160—
166,170,173,174,177,180,184,
187—189,193—197,200—202,207—

213,215—223,225—229,235,237,
244—246,248,251,253,254,
257—259

社会伦理　001,004,010,013,015,
025—027,030,031,033,034,039,
041—043,045,048,055—058,061,
070,072,073,077,094,095,109,113,
122,123,126,127,130,135,136,
146—148,152,153,156—158,163,
170,179,196,197,199,202—204,
210,212,220,222,225—230,233,
235—239,241,242,244,246,249,
250,252,253,255,257,258

生命刑　005,006,089,168,198—203,
206—211,217,218,220,222—224

死刑　004,005,010,011,013,031,040,
044,046,051,052,056,062—067,
073—075,077,089,148,150,152,
154,161—163,166—168,170,177,
180,194,198,200—205,211,212,
214,218,235,238,243—247,249—
254,258,259

途径　008,016,022,023,033,043,056,
079,152,153,157,170,179,227,
229,236

未成年人　031,040,044,062,071,150,
152,177,180,194,195,222,251,
254,258

无期徒刑　031,040,056,062,065—
067,150,152,154,155,167,168,194,
206,207,211—213,244,250,251,
253,254,259

刑罚的执行　039,045,046,056,064, 073,074,219,254

刑罚的制定　001,006,092,120,189

刑罚个别化　007,014,025,055,060, 061,126,127,136,149,158,165,179, 185—192,219,222,256

刑法平等适用　025,030,031,034, 055,060,126,127,174,178—181,185

刑事政策　001,003,004,008,009,031, 032,040,062,063,077,150,183,198, 204,210—212,216,237,244—246,252

义务的道德　012,019,020,041,076, 077,134

愿望的道德　012,019,020,041,061, 076,077,134

正义　006,008,010—013,016,019—021,025,026,028—031,033,034, 040,042,043,045,052,054—058, 060,072,073,079,083,090,102, 109—113,116—128,132,135,136, 138,141,142,144,147,160—164, 167,169,170,172,176—178,186, 188,191,194,197,199,201,202,204, 208—210,215,217,218,221,227, 230,234,235,242,248,249,255—257

政治伦理　001,002,013,015,024,025, 027—034,040,042,048,050,055—058,061,062,071,105,111,127,132, 150,153,158,196,197,199,202,216, 220,226,227,229,230,235,237,246, 251,255,257

中庸　031,033,039,055,056,106—109,170,197,200,207,208,210,217, 218,255,257

资格刑　005,006,056,064,065,089, 153,190,191,223—226,259

自然法　002,010,011,015,017,023, 035,036,081,101,111,127—132, 134—136,138,139,232,233

自由刑　005,006,089,167,168,190, 206—213,215—218,220,222—224, 243,258,259

罪刑法定　007,008,011,012,019,021, 025,030,031,052,055,066,111, 126—133,135—150,155,156,158, 164,166,171—173,182,186,188, 230,245,252

罪责刑相适应（均衡）　166,169, 204,207

后 记

带着对刑法与伦理关系的初步思考,我在2005年秋又回到中国人民大学,在哲学院伦理学博士后流动站合作导师焦国成先生门下进行博士后研究。焦先生是著名伦理学家罗国杰先生指导的第一位博士,曾经担任中央电视台《德行天下》节目的主笔。记得在入站时,陈章良等先生指点说,"刑法伦理化与和谐社会构建"是一个体系庞大的论题,具有相当的难度,要有足够的思想准备。

在焦先生的指导下,我一头扎进伦理学的书堆中,逐渐意识到刑法所有的问题都与伦理密切相关,而刑法伦理学还是一个尚未引起国内学者普遍关注的领域,虽然有个别学者涉足之,但离系统研究衡量还有相当的距离,我开始明白陈章良先生所说的"庞大"的意思,一方面为自己进入这片陌生的领域而感到兴奋,另一方面也意识到自己实际上是冒冒失失闯进了该领域。

2006年初,在焦国成先生的支持下,我离开中国人民大学伦理学博士后流动站,来到北京师范大学刑事法律科学研究院,在合作导师高铭暄先生门下继续刑法伦理问题的研究。在高老的指导下以"刑法伦理化与和谐社会构建"为选题申请获得了人事部博管办博士后基金项目。是年底,家父突发脑溢血病逝,几近万念俱灰的我在悲痛中采用对《刑法》总则规定进行切片式研究的方式完成了课题研究,并被评为优秀博士后出站报告。

出站当年,我又以"刑罚的伦理性分析"为选题申请获得了国家社科规划项目,带领课题组成员侧重研究刑罚的伦理性问题,陆续发表了一系列文章,并有幸与高老合作发表了一篇论文,其中一些观点引起了学界同仁的注意和呼应,一些建议已被立法实践证明具有合理性,一些主张被部分司法官员所接受。最后,由我主笔完成了课题研究报告。之后一年,我既要对付繁重的教学、科研、行政管理工作,又要完成各种社会兼职的近乎义务性的咨询、论证、讲学，还得操心孩子的高考大事，只能抽时间断断续续进一步对文稿修改润色，等书稿交到北京大学出版社时，时间已经过去整整9年。

需要说明的是，尽管本书的主要内容是由我本人执笔完成写作，但课题研究期间，我指导的博士生李霞、张勇、于涛、蒋涤非和同事杨锦芳副教授都参与了研究工作，并与我合作或者独立发表了相关论文。尽管最后成稿时我对合作部分已经进行了全新修改（与高老合作部分除外），但课题的完成有他们不同程度的智力贡献，在此一并致谢！特别令人感动的是，与高老合作的部分，许多重要观点是由高老提出来的，但写成本书时，高老放弃署名的权利，以甘为后学人梯的风范，注解了"德高望重"的内涵。

完成上述两项课题研究，得到了原博管办领导庄子健先生、原机械工业研究院刘保文副院长、《中国人民公安大学学报》仇加勉主编、中国政法大学昌伶芬老师、清华大学法学院高其才教授、北京航空航天大学法学院罗昶教授、中国人民大学吴鹏教授、中央党校庄玉瑞教授、卓泽渊教授、中国社科院法学所陈根发研究员、《华东政法大学学报》主编卢勤忠教授、原云南省社科规划办靳昆萍主任、北京师范大学刑事法律科学研究院赵秉志院长、卢建平副院长、刘志伟副院长、李希慧教授、黄风教授、吴宗宪教授、储槐植教授、左坚卫教授、阴建峰教授、郑延谱副教授和昆明理工大学校领导、同事的关心、帮助和支持。除此之外，还有家母、岳母的分忧，特别是妻子贾凌教授的悉心照料和懂事的孩子钜中带来的快乐，给我无尽的动力。千言万语，不足以表达心中的感谢！

本书的出版，得到了北京大学出版社蒋浩先生、责任编辑陈康的大力支持，特此鸣谢！

作者 2015 年春于谈笑斋